职业教育现代物流管理专业系列教材　物流企业岗位培训系列教材

物流包装

（第2版）

梁　旭　刘徐方　主编

清华大学出版社
北京

内 容 简 介

本书根据现代物流包装技术发展的新特点,结合物流包装操作规范,系统地介绍了包装概述,物流包装技术,包装机械,包装标记与标志,包装标准与法规,包装的合理化、现代化和规范化,包装管理,绿色物流包装,物流包装应用等基本知识,并通过实践课堂强化实操应用能力培养。

本书知识系统、案例丰富、注重创新,集理论和实践于一体,可以作为高职高专、应用型本科院校的教材,也可以用于物流、电子商务、会展、外贸、工商企业在职从业人员的培训,并为广大社会创业者提供有益的参考。

本书封面贴有清华大学出版社防伪标签,无标签者不得销售。
版权所有,侵权必究。举报:010-62782989,beiqinquan@tup.tsinghua.edu.cn。

图书在版编目(CIP)数据

物流包装/梁旭,刘徐方主编. —2版. —北京:清华大学出版社,2019(2025.2重印)
(职业教育现代物流管理专业系列教材 物流企业岗位培训系列教材)
ISBN 978-7-302-50871-7

Ⅰ. ①物… Ⅱ. ①梁… ②刘… Ⅲ. ①物流—包装—职业教育—教材 Ⅳ. ①F252 ②TB482

中国版本图书馆 CIP 数据核字(2018)第 178515 号

责任编辑:王剑乔
封面设计:傅瑞学
责任校对:刘　静
责任印制:丛怀宇

出版发行:清华大学出版社
网　　址:https://www.tup.com.cn,https://www.wqxuetang.com
地　　址:北京清华大学学研大厦 A 座　　邮　编:100084
社 总 机:010-83470000　　邮　购:010-62786544
投稿与读者服务:010-62776969,c-service@tup.tsinghua.edu.cn
质量反馈:010-62772015,zhiliang@tup.tsinghua.edu.cn
课件下载:https://www.tup.com.cn,010-62770175-4278
印 装 者:三河市龙大印装有限公司
经　　销:全国新华书店
开　　本:185mm×260mm　　印　张:13.75　　字　数:315 千字
版　　次:2010 年 5 月第 1 版　　2019 年 3 月第 2 版　　印　次:2025 年 2 月第 6 次印刷
定　　价:42.00 元

产品编号:080309-01

编审委员会

主　任

　　牟惟仲　中国物流技术协会理事长、教授级高级工程师

副主任

　　翁心刚　北京物资学院副院长、教授
　　冀俊杰　中国物资信息中心原副主任、总工程师
　　张昌连　中国商业信息中心原主任、总工程师
　　吴　明　中国物流技术协会副理事长兼秘书长、高级工程师
　　李大军　中国物流技术协会副秘书长、中国计算机协会市场发
　　　　　　展分会秘书长

委　员

　　田振中　车亚军　张建国　刘徐方　孟乃奇　李爱华
　　梁　旭　张劲珊　刘　华　林玲玲　赵立群　郑秀恋
　　孙　军　刘丽艳　李耀华　丁玉书　罗佩华　刘晓晓
　　王　艳　郑秋阳　李　青　于汶艳　温卫娟　刘阳威
　　王海文　郭晓燕　叶　靖　梁艳智　汤　宁　常冬雨

总　编

　　李大军

副总编

　　李爱华　孙　军　田振中　刘丽艳　刘徐方

序言

物流是国民经济的重要组成部分,也是我国经济发展新的增长点。加快我国现代物流业发展,对于调整经济结构,促进产业升级,优化资源配置,改善投资环境,增强综合国力和企业竞争能力,提高经济运行质量与效益,实现可持续发展战略,推进我国经济体制与经济增长方式的根本性转变,具有非常重要且深远的意义。

为推动我国现代物流业的健康、快速发展,国务院连续下发《物流业调整和振兴规划的通知》(国发〔2009〕8号)、《关于促进物流业健康发展政策措施的意见》(国办发〔2011〕38号)、《关于促进内贸流通健康发展的若干意见》(国办发〔2014〕51号)等多个文件,制定和完善相关配套政策和措施,以有序实施和促进物流企业加大整合、改造、提升、转型的力度,并逐步实现转型发展、集约发展、联动发展、融合发展,通过物流的组织创新、技术创新、服务创新,在保证我国物流总量平稳、较快增长的同时,加快供需结构、地区结构、行业结构、人力资源结构、企业组织结构的调整步伐,创新服务模式,提高服务能力,努力满足经济建设与社会发展的需要。

物流既涉及国际贸易、国际商务活动等外向型经济领域,也涉及交通运输、仓储配送、通关报检等多个业务环节。当前面对世界经济的迅猛发展和国际市场激烈竞争的压力,加强物流科技知识的推广应用,加速物流专业技能型应用人才的培养,已成为我国经济转型发展亟待解决的问题。

需求促进专业建设,市场驱动人才培养,针对我国高等职业院校沿用多年的物流教材存在知识陈旧和老化而亟须更新的问题,为了适应国家经济发展和社会就业需求,为了满足物流行业规模发展对技能型人才的需求,在中国物流技术协会的支持下,我们组织北京物资学院、大连工业大学、北京城市学院、吉林工程技术师范学院、北京财贸职业学院、郑州大学、哈尔滨理工大学、燕山大学、浙江工业大学、河北理工大学、华北水利水电学院、江西财经大学、山东外贸职业学院、吉林财经大学、广东理工大学等全国20多个省市高职高专院校及应用型大学物流管理专业的主讲教师和物流企业经理，共同精心编写了此套教材，旨在迅速提高高职院校物流管理专业学生和物流行业从业者的专业技术素质，更好地服务于我国物流产业和物流经济。

本套教材作为高职高专院校物流管理专业的特色教材，融入了物流运营与管理的最新教学理念，坚持以科学发展观为统领，力求严谨，注重与时俱进，根据物流业发展的新形势和新特点，依照物流活动的基本过程和规律，参考物流企业用人的需求模式，结合解决学生就业、加强实践能力训练的要求，注重校企结合，贴近物流行业和企业业务实际，注重新设施、设备操作技术的掌握，强化实践技能与岗位应用的培养训练，并注重教学内容和教材结构的创新。

本套教材根据职业院校物流管理专业教学大纲和课程设置编写，对强化物流从业人员教育培训，提高经营管理能力，帮助学生尽快熟悉物流操作规程与业务管理，毕业后能够顺利就业，具有特殊意义。本套教材既可作为本科和高职院校物流管理专业教学的首选教材，也可作为物流、商务贸易等企业在职员工的培训教材。

中国物流技术协会理事长　牟惟仲
2015 年 5 月于北京

第2版前言

物流既是流通的命脉,也是国家经济建设的重要支撑,而物流包装则是物流链条里的关键节点,也是物流经济活动运营中的核心价值和基础保障。物流包装在促进经营、降低成本、减少损失、提高经济效益、提升物流品质、获取客户满意度、增强企业核心竞争力和加速物流产业化进程等方面具有举足轻重的作用,因而,越来越受到我国物流行业主管部门和物流企业的高度重视。

在物流系统中,运输、装卸、搬运、仓储、配送等环节都与包装紧密相联,包装功能与实现商品的使用价值密切相关,包装始终贯穿于物流的整个过程,没有完善的包装就没有现代化的物流。现代物流发展对包装提出了更高的要求,也促进了包装设备与包装技法的更新。面对物流市场国际化的迅速发展与激烈竞争,加强现代物流产业化包装人才培养、强化物流包装作业管理、搞好物流包装业务各组成环节的有机结合与资源调配、提高我国物流包装管理水平,既是物流企业发展的战略选择,也是本书出版的目的和意义。

本书自2010年出版以来,因写作质量高、突出应用能力培养,而深受全国各高等院校广大师生的欢迎,目前已经第8次重印。此次再版,结合党的十九大报告为物流行业发展指明的方向,作者审慎地对原教材进行了反复论证、精心设计,做了结构调整、压缩篇幅、补充知识、增加技能训练等相应修改,以使其更贴近现代物流产业发展实际,更好地为国家物流经济和教学服务。

本书作为高职教育物流管理专业的特色教材,秉持科学发展观,以学习者应用能力培养为主线,根据国内外先进的包装工艺技法和物流包装所涉及的业务领域,循序渐进地讲解知识,力求使读者在做中学、在学中做,真正能够利用所学知识解决物流包装应用的实际问题。

物流包装是高职高专、应用型本科院校物流管理专业重要的核心课程,也是国际贸易、电子商务等专业常设的一门课程,还是学生就业、从事相关工作必须掌握的关键知识技能。全书共九章,根据现代化物流产业和物流包装技术发展的新特点,结合物流包装操作规范,系统介绍包装概述，物流包装技术，包装机械，包装标记与标志，包装标准与法规，包装的合理化、现代化和规范化，包装管理，绿色物流包装，物流包装应用等基本知识，并通过实践课堂强化实操应用能力培养。

本教材由李大军筹划并具体组织，梁旭和刘徐方任主编，梁旭统改稿，汤宁、梁艳智、胡姗姗任副主编；由物流包装专家刘华教授审定。作者编写分工：牟惟仲编写序言，梁旭编写第一章、第二章，刘徐方编写第三章，汤宁编写第四章、第六章，郭晓燕和叶靖编写第五章，常冬雨编写第七章，胡姗姗编写第八章，梁艳智编写第九章；李晓新进行了文字修改、版式调整并制作教学课件。

在教材再版过程中，我们参考了国内外有关物流包装的最新书刊资料和国家历年颁布实施的相关法规，并得到业界有关专家教授的具体指导，在此一并致谢。为配合教学我们提供了配套电子课件，读者可以从清华大学出版社网站（www.tup.com.cn）免费下载使用。

因作者水平有限，书中难免有疏漏和不足，恳请同行和读者批评指正。

编　者
2019 年 1 月

第1版前言

物流是流通的命脉,也是国家经济建设的重要支撑,而物流包装则是物流链条里一个关乎损益的关键节点,也是物流经济活动运营中的核心和基础支持。物流包装在促进经营、降低成本、减少损失、提高经济效益、提升物流品质、获取客户满意度、增强企业核心竞争力和加速物流产业化进程等方面具有举足轻重的作用。

在物流系统中,运输、装卸、搬运、仓储、配送等环节都与包装紧密相连,包装功能与实现商品的使用价值密切相关,包装始终贯穿于物流的整个过程,没有完善的包装,就没有现代化的物流。与此同时,现代物流发展又对包装提出更高的要求,促进了包装设备与技法的进步和发展。当前,面对物流市场国际化的迅速发展与激烈竞争,加强现代物流产业包装人才培养、强化物流包装作业管理、搞好物流包装业务各组成环节的有机结合与资源调配、提高我国物流包装的管理水平,既是物流企业发展的战略选择,也是本书出版的目的和意义。

本书共八章,作者严格按照教育部"加强职业教育、突出实践技能培养"的教育教学要求,根据职业教育与教学改革的实际需要,在全书内容的把握上进行了反复研究和讨论,并借鉴国内外先进的包装技法工艺和企业的实践成果,以使其更贴近现代物流企业实际、更符合社会经济发展、更好地为物流教学实践服务。本书主要介绍物流包装设备器材、物流包装标准规范、工艺技法、道德法律、物流包装的合理化以及物流包装管理等知识和技能,并通过指导学生实训,使其尽快掌握物流包装各环节的实际操作。

本书作为职业教育物流管理专业的特色教材,注重基础、注重知识体系完整、注重实践、注重操作技能和执行能力的培养,且全书采取新颖、统一的格式化设计。为方便教师教学,本书还配有教学指南、教学建议、电子教案及习题答案、教学课件等。正是由于本书结合物流包装业务实际、注重与时俱进,具有定位准确、理论适中、知识系统、内容翔实、案例丰富、贴近实际、突出实用、适用范围宽泛、通俗易懂、便于学习掌握等特点,因此本书既适用于物流管理(工程)、电子商务、会展、国际贸易、工商管理等相关专业各层次学历职业教育教学,也可用于物流、电子商务、商业流通企业从业人员的在岗培训,对于广大社会读者也是一本非常有益的读物。

本教材由李大军进行总体方案的策划并具体组织,罗松涛和谢淳主编并统稿,罗松涛负责本教材的修改,李作聚和黄振宁为副主编。由具有丰富实践经验的物流企业业务经理李姝玉审订。作者具体分工:牟惟仲(序言),李作聚(第一章),罗松涛(第二章),罗松涛、谢淳(第三章、第四章),罗松涛、黄振宁(第五章、第八章),陈春艳、董铁(第六章、第七章),王艳、赵立群(第八章),朱新民、卜晓玲、马瑞奇(附录);李晓新负责本教材课件的制作。

在教材编写过程中,我们参阅、借鉴、引用了大量国内外有关包装与物流管理等方面的书刊资料和业界的实践成果,并得到有关专家、教授的具体指导,在此一并致谢。由于作者水平有限,书中难免有疏漏和不足,因此恳请同行和读者予以批评指正。

编　者

2009 年 10 月

教学建议

根据职业教育注重岗位针对性和实际操作能力、突出技能培养的特点,结合物流包装的实际操作,建议教师在教学过程中,摆脱过于依赖教材的照本宣科式的教学方法,以教材的基本脉络为线索,向学生介绍"应知"的物流包装的基本知识,重点指导学生开展物流包装业务,强化物流包装操作技能培养。安排必要的学时,带领学生到物流企业的第一线参观、体验,并参加具体包装材料和容器的选择、包装机械选型、包装技术方法施用、包装废弃物回收等物流包装环节的实践。同时,指导学生搞好物流包装的实训和实习。

建议本教材的教学课时为54学时,课程实训时间为24学时,外出调研4学时,3学分,一学期开设。为了教师合理安排好有限的教学课时,突出教学重点,对课时分配做出如下安排,供教师参考。

章	教学内容	总课时	理论教学课时	实践教学课时
1	包装概述	4	2	2
2	物流包装技术	6	4	2
3	包装机械	6	2	4
4	包装标记与标志	6	2	4
5	包装标准与法规	6	4	2
6	包装的合理化、现代化和规范化	6	4	2
7	包装管理	6	4	2
8	绿色物流包装	4	2	2
9	物流包装应用	4	2	2
	外出调研	4		
	机动课时	2		
	总计	54		

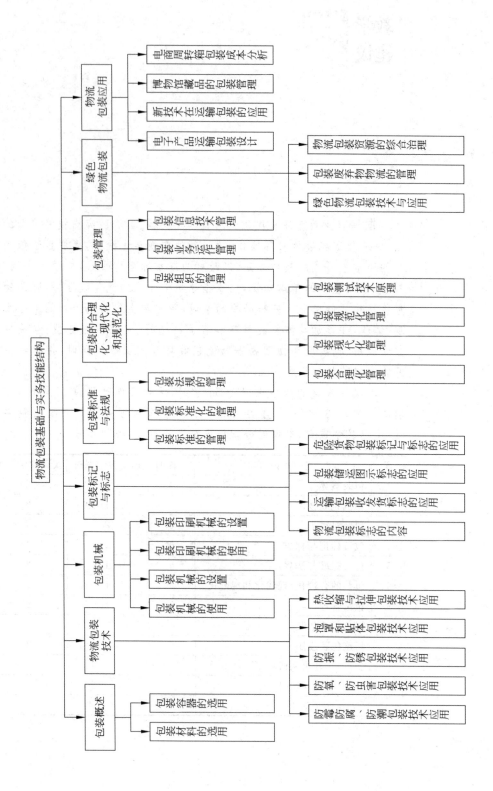

目录

第一章　包装概述 ·· 1

　　第一节　包装的含义与分类 ··· 2
　　　　一、物流与包装的关系 ··· 2
　　　　二、包装的含义 ··· 2
　　　　三、包装的分类 ··· 3
　　第二节　物流包装的地位与作用 ·· 5
　　　　一、包装在物流中的地位 ·· 5
　　　　二、包装的作用 ··· 5
　　第三节　物流包装材料与容器 ··· 7
　　　　一、包装材料 ·· 8
　　　　二、包装容器 ··· 10
　　第四节　集合包装 ·· 12
　　　　一、集合包装的概念 ··· 12
　　　　二、集合包装的优点 ··· 12
　　　　三、托盘 ··· 13
　　　　四、集装箱 ·· 16
　　本章小结 ··· 19
　　本章思考题 ·· 19

第二章　物流包装技术 ·· 20

　　第一节　防霉防腐包装技术和设计 ·· 21
　　　　一、影响物品霉腐的主要因素 ·· 22
　　　　二、物品防霉防腐包装技术 ··· 23
　　　　三、防霉防腐包装设计 ·· 26
　　第二节　防潮包装技术 ·· 27
　　　　一、防潮包装的基本概念 ··· 27

二、防潮包装的技术要求 ················· 28
三、防潮包装的形式 ··················· 29
第三节 防氧包装技术 ····················· 30
一、真空与充气包装 ··················· 30
二、脱氧剂的防氧包装 ················· 32
第四节 虫害及防虫害包装技术 ··········· 33
一、害虫的分类 ······················· 33
二、影响害虫生长繁殖的主要因素 ····· 34
三、防虫害包装技术 ··················· 34
第五节 防振包装技术 ····················· 36
一、常用防振包装材料及其性能要求 ··· 36
二、防振包装方法 ····················· 38
三、防振包装设计的原则和程序 ······· 39
第六节 防锈包装技术 ····················· 40
一、"永久性"防锈和"暂时性"防锈 ···· 40
二、防锈包装的预处理技术 ··········· 41
三、防锈处理技术 ····················· 41
四、防锈包装后处理技术 ············· 43
第七节 泡罩包装与贴体包装技术 ········· 43
一、泡罩包装技术 ····················· 43
二、贴体包装技术 ····················· 44
三、泡罩包装与贴体包装的选用原则 ··· 45
第八节 热收缩包装与拉伸包装技术 ······· 45
一、热收缩包装技术 ··················· 46
二、拉伸包装技术 ····················· 47
三、热收缩包装与拉伸包装的比较 ····· 49
四、热收缩包装与拉伸包装的选用原则 ···· 50
本章小结 ····································· 51
本章思考题 ··································· 51

第三章 包装机械 ························· 52

第一节 包装机械概述 ····················· 53
一、包装机械的功能 ··················· 53
二、包装机械的分类 ··················· 54
三、包装机械型号编制方法 ··········· 55
四、包装机械的特点 ··················· 59
第二节 主要的包装机械及其常用装置 ···· 59

  一、包装机械常用装置 ·· 59
  二、主要包装机械 ·· 63
  三、多功能包装机 ·· 67
  四、辅助包装机械 ·· 68
 第三节 包装印刷机械 ·· 70
  一、包装印刷机的基本组成 ···································· 70
  二、凸版印刷机 ·· 71
  三、平版印刷机 ·· 73
  四、凹版印刷机 ·· 74
  五、丝网印刷机 ·· 75
 本章小结 ·· 76
 本章思考题 ·· 76

第四章 包装标记与标志 ·· **78**

 第一节 物流包装标记与标志概述 ···································· 79
  一、物流包装标记的概念 ······································ 79
  二、物流包装标记的具体内容 ·································· 79
  三、物流包装标志的概念与分类 ································ 79
  四、物流包装标识制作的基本要求 ······························ 80
 第二节 运输包装收发货标志 ·· 81
  一、运输包装收发货标志的内容 ································ 81
  二、运输包装商品分类图示标志 ································ 82
  三、运输包装收发货标志的字体、颜色、方式和位置 ··············· 83
 第三节 包装储运图示标志 ·· 86
  一、包装储运图示标志的作用 ·································· 86
  二、包装储运图示标志名称、图形、尺寸、颜色及使用方法 ········· 86
 第四节 危险货物包装标志 ·· 90
  一、危险货物包装标志的标记和标签 ···························· 90
  二、危险货物包装标志的尺寸与颜色 ···························· 95
  三、危险货物包装标志的使用方法 ······························ 96
 本章小结 ·· 96
 本章思考题 ·· 96

第五章 包装标准与法规 ·· **98**

 第一节 包装标准和标准化 ·· 99
  一、包装标准 ·· 99
  二、包装标准化 ·· 99

三、包装标准和包装标准化的关系 ································· 100

第二节　包装标准化的作用和意义 ································· 100
一、包装标准化的作用 ································· 100
二、包装标准化的意义 ································· 101
三、提高包装企业标准质量的对策 ································· 102

第三节　我国包装标准体系 ································· 104
一、包装标准体系的有关术语 ································· 104
二、包装标准体系的形成基础 ································· 105
三、我国包装标准体系表 ································· 105

第四节　包装法规 ································· 109
一、技术贸易壁垒与包装标准法规 ································· 109
二、有关包装的法律、法规 ································· 112

本章小结 ································· 117
本章思考题 ································· 118

第六章　包装的合理化、现代化和规范化 ································· 119

第一节　包装合理化 ································· 120
一、包装合理化的意义 ································· 120
二、包装不合理的表现 ································· 121
三、包装合理化的措施 ································· 122

第二节　包装现代化 ································· 127
一、包装发展的现代化 ································· 127
二、实现物流包装现代化的要求 ································· 130
三、物流包装现代化的发展趋势 ································· 130
四、我国包装工业现代化的发展 ································· 131

第三节　包装规范化 ································· 132
一、包装规范化的概念 ································· 132
二、包装规范化的意义 ································· 132
三、实现我国物流包装规范化的思路 ································· 133
四、实现物流包装规范化的具体措施 ································· 134

第四节　包装测试技术 ································· 135
一、包装测试标准 ································· 135
二、包装的测试内容 ································· 137
三、常见产品包装测试设备 ································· 138

本章小结 ································· 140
本章思考题 ································· 140

第七章 包装管理 …………………………………………………………… 142

第一节 包装管理概述 ………………………………………………… 143
一、包装管理的概念 ………………………………………………… 143
二、包装管理的规范化 ……………………………………………… 144
三、包装质量管理 …………………………………………………… 146

第二节 包装设备与成本管理 ………………………………………… 147
一、包装设备管理 …………………………………………………… 147
二、包装成本管理 …………………………………………………… 149

第三节 包装运作管理 ………………………………………………… 153
一、企业包装组织与管理 …………………………………………… 153
二、企业包装计划管理 ……………………………………………… 154
三、流通领域中的包装管理 ………………………………………… 155

第四节 包装工作中的信息处理 ……………………………………… 157
一、信息处理的内容 ………………………………………………… 157
二、识别信息的方法 ………………………………………………… 158
三、采集数据的方法 ………………………………………………… 158
四、管理信息系统的应用 …………………………………………… 158
五、国内包装行业相关管理系统软件介绍 ………………………… 160

本章小结 …………………………………………………………………… 161
本章思考题 ………………………………………………………………… 161

第八章 绿色物流包装 ……………………………………………………… 163

第一节 绿色物流包装的理论及其内涵 ……………………………… 164
一、绿色包装的内涵 ………………………………………………… 164
二、绿色物流的概念 ………………………………………………… 164
三、绿色物流包装的概念 …………………………………………… 165
四、绿色物流包装的内涵 …………………………………………… 166

第二节 包装废弃物物流管理及处理流程 …………………………… 166
一、包装废弃物 ……………………………………………………… 166
二、包装废弃物管理 ………………………………………………… 167
三、包装废弃物的处理流程 ………………………………………… 167
四、包装废弃物物流 ………………………………………………… 168

第三节 国内外包装废弃物的综合治理 ……………………………… 170
一、治理包装废弃物的必要性和可能性 …………………………… 170
二、物流包装废弃物的治理措施 …………………………………… 171

第四节 物流包装资源的合理利用 …………………………………… 172

一、物流包装资源的危机 …………………………………………………………… 172
　　二、物流包装资源的利用与回收 …………………………………………………… 173
　本章小结 …………………………………………………………………………………… 177
　本章思考题 ………………………………………………………………………………… 177

第九章　物流包装应用 ……………………………………………………………… 179

　第一节　电子产品运输包装方案设计与优化 …………………………………………… 180
　　一、产品运输包装方案设计和优化的必要性 ……………………………………… 180
　　二、麻醉机的包装结构优化案例 …………………………………………………… 180
　第二节　新技术在物流运输包装中的应用 ……………………………………………… 184
　　一、缓冲气柱袋在运输包装中的应用设计 ………………………………………… 184
　　二、人工智能技术在金属容器包装中的应用与创新 ……………………………… 186
　第三节　博物馆藏品在包装运输中的保护 ……………………………………………… 189
　　一、参与藏品包装工作人员的资格条件 …………………………………………… 189
　　二、藏品运输前的包装保护 ………………………………………………………… 189
　　三、包装藏品一般采用的方法 ……………………………………………………… 191
　　四、藏品包装信息的编制 …………………………………………………………… 191
　　五、藏品包装程序 …………………………………………………………………… 192
　第四节　B2C电商使用周转箱替代纸箱包装成本分析 ………………………………… 192
　　一、B2C电商的包装成本结构分析 ………………………………………………… 192
　　二、可循环使用周转箱的成本分析 ………………………………………………… 193
　本章小结 …………………………………………………………………………………… 195
　本章思考题 ………………………………………………………………………………… 195

思考题参考答案 ……………………………………………………………………… 196

参考文献 ……………………………………………………………………………… 202

第一章

包装概述

【学习目标】

(1) 了解包装的含义与分类。
(2) 了解包装常用的材料和容器。
(3) 了解集装化设备与器具的概念、分类与作用。
(4) 掌握托盘的概念、规格及其应用。
(5) 掌握集装箱的概念、分类和应用。

【学习指导】

在学习的过程中,要理论联系实际,结合具体的包装材料、包装方法、包装容器理解包装基本理论知识。同时,还要进一步考虑一些产品采用某种包装的原因。

【引导案例】

包装产业亟须转型升级

包装产业是与国计民生密切相关的服务型制造业,在国民经济与社会发展中具有举足轻重的地位。我国已是仅次于美国的世界包装产业大国。为进一步提升我国包装产业的核心竞争力,巩固世界包装大国地位,推动包装强国建设进程,工业和信息化部与商务部于2016年12月发布了《关于加快我国包装产业转型发展的指导意见》(以下简称《意见》),将推动生产方式转变、供给结构优化、过剩产能化解和增长动力培育作为包装产业转型升级的重点。《意见》提出,到2020年,实现包装产业年主营业务收入达到2.5万亿元;积极培育包装产业特色突出的新型工业化产业示范基地,形成一批具有较强影响力的知名品牌。

随着我国国民经济快速发展,带动消费市场不断扩大,对包装产品的需求大幅增加,包装业发展迅速,取得了巨大成就。包装工业已位列我国38个主要工业门类的第14位,成为中国制造体系的重要组成部分。

但在快速发展的同时,包装产业仍存在大而不强的问题。行业自主创新能力弱,重大科技创新投入和企业技术研发投入严重不足,高新技术难以实现重大突破,先进装备和关键技术进口依赖度高;企业高投入、高消耗、高排放的粗放生产模式仍然较为普遍,绿色化生产方式与体系尚未有效形成;包装制造过程自动化、信息化、智能化水平有待提高;产业区域发展不平衡、不协调;低档次、同质化产品生产企业重复建设问题突出,无序竞争现象未能得到遏制。这些影响产业可持续发展的突出问题,必须通过转型发展来解决。转型升级是爬坡过坎关键时期我国包装产业发展的迫切需求和必然选择。

(资料来源:http://news.pack.cn/news-328222.html)

第一节　包装的含义与分类

一、物流与包装的关系

根据国家标准《物流术语》(GB/T 18354—2006),物流是物品从供应地向接收地的实体流动过程。根据实际需要,将运输、储存、装卸、搬运、包装、流通加工、配送、回收、信息处理等基本功能实施有机结合。

包装是物流系统的构成要素之一,与运输、装卸搬运、储存保管、加工均有密切的关系。在现代物流观念形成以前,包装被看作生产的终点,是属于生产领域的活动,包装的设计往往从生产终结的要求出发,因而常常不能满足流通的要求。现代物流认为,包装不仅是生产的终点,也是物流始点。包装应纳入物流系统之中,这是现代物流对包装的定位。

包装在整个物流活动中具有特殊的地位。包装是物流活动的基础,没有包装几乎不可能实现物流的其他活动。包装贯穿于整个物流过程,它的材料、形式、方法以及外形设计都对其他物流环节产生重要的影响。包装除了对物流活动的经济性产生影响以外,对物流活动的安全性也产生重要的影响。

二、包装的含义

在原始社会,人们利用自然界提供的植物作为包装材料,在经济与科技日新月异的今天,人们利用更多的物质作为包装材料,并对包装的认识不断深化,也给包装赋予了新的内涵。随着物流技术的不断开发和应用,以及人们对物流认识水平的提升,物流对包装也提出了新的、更高的要求。

产品从生产领域转移到消费领域须借助于包装。具体来讲,包装应包含两个含义,即包装材料和包装技术。

包装作为名词用,是包装物,指能够容纳产品、抵抗外力、保护和宣传产品、促进销售的物体,包括包装材料和容器。作为动词用,是包装时所采用的操作技术,指产品包裹、捆扎等工艺操作过程。

下述包装的含义就是从这两个角度，由一些国家给出的解释。

美国：包装是指使用适当的材料容器并施以技术，确保其能使产品安全地到达目的地。在产品输送过程的每一阶段，无论遭遇怎样的外来影响皆能保护其内容物，而不影响产品的价值。

日本工业标准规格[JISZ1010(1951)]：包装是指在运输和保管物品时，为了保护其价值及原有状态，使用适当的材料、容器和包装技术包裹起来的状态。

由上述概念可知，包装的主要目的是保护产品、维持价值，它涉及包装材料的选择、包装方法、防护措施、包装装潢等内容。在国家标准《物流术语》(GB/T 18354—2006)中对包装的定义为："为在流通过程中保护产品、方便储运、促进销售，按一定技术方法而采用的容器、材料及辅助物的总体名称。也指为了达到上述目的而采用容器、材料和辅助物的过程中施加一定技术方法等的操作活动。"

三、包装的分类

包装的种类可以从形态、功能、目的等多个角度进行划分，具体来说，可以按形态、功能、包装方法、包装材料、包装商品、内容状态、包装阶段等多个标志进行分类。其分类如下。

（一）按包装在物流过程中的使用范围分类

按照包装在物流过程中的使用范围，可以分为商业包装和运输包装两大类。

1. 商业包装

商业包装以促进销售为主要目的的，这类包装与商品直接接触，通常作为商品的组成部分而随商品一起销售给消费者。商业包装的特点是外形美观，有必要的装潢，包装单位适于顾客的购买量以及商店陈设的要求。

在流动过程中，商品越接近顾客，越要求包装具有促进销售的效果。商业包装不仅具有保护产品、方便流通等基本作用，还具有美化产品、宣传产品、促进销售的作用。

商业包装考虑的主要问题是视觉效果、美术装潢、宗教文化、人文习俗和消费功能等。这类包装直接与商品接触，因此使用的包装材料，既要保护商品，结构造型要便于流通，还要特别注意图案、文字、色调和装潢，能吸引消费者，能引起消费者的兴趣和喜爱，能激励消费者的购买欲，从而为促进商品的畅销创造良好的条件。如陈列展销型包装、识别型包装和方便型包装等。

常用的商业包装主要有以下几种。

（1）透明式包装。这种包装有全透明式和半透明式两种，如衬衣包装和一些食品包装。

（2）悬挂式包装。采用悬挂方式包装可方便悬挂展销，如服装的外包装等。

（3）开启式包装。这种包装用时开启，不用时闭合，方便实用，如硬盒香烟。

（4）配套式包装。这种包装指在包装时可以容纳两种以上的配套产品。

另外，还有堆叠式、挤压式、易开式和礼品式包装等。

2. 运输包装

运输包装也叫工业包装，是指以强化输送、保护产品为目的的包装。运输包装的意义主要体现在物流过程中保护物品、促进物流作业效率化、降低物流成本等方面。由于物流的效益背反规律,运输包装应在满足物流要求的基础上使包装费用越低越好。为此,必须在包装费用和物流时的损失两者之间寻找最优的效果。

运输包装主要考虑以下几个问题。

(1) 抵御储运过程中温度、湿度、紫外线、雨雪等气候和自然条件因素对商品的侵害,减缓静压力、振动、冲击、摩擦等外力对商品的作用。

(2) 防止商品撒漏、溢泄、挥发而酿成污染事故,便于流通环节中装卸、搬运、保管等各项作业。

(3) 提高运载工具的载重力和容积。

(4) 缩短各种作业时间和提高作业效率。

对于某些商品,商业包装和运输包装之间也存在矛盾。比如,为了方便运输,包装要求结实,但外形不够美观,不适宜销售。相反,商业包装很好,却很容易在运输过程中损坏商品。

(二) 按包装材料进行分类

按包装材料可分为塑料包装、金属包装、玻璃包装、陶瓷包装、木包装、纤维制品包装、复合材料包装和其他天然材料包装等,如图1-1所示。

图 1-1　包装图示

(三) 按包装形态进行分类

按包装形态可分为个装、内装和外装。个装指物品按个进行的包装,目的是提高商品的价值或者保护商品;内装指包装货物的内部包装,目的是防止水、湿气等对物品的破坏;外装指货物的外部包装,即将物品放入箱、袋、罐等容器中或直接捆扎,并做上标识、印记等,目的是便于对物品的运输、装卸和保护物品。

(四) 按包装技术进行分类

按包装技术的不同可分为透气包装、真空包装、充气包装、灭菌包装、冷冻包装、缓冲包装、压缩包装等。

(五) 按照产品流通渠道不同分类

按产品流通渠道不同,包装可分为内销包装和外销包装。

内销包装是指在国内市场上销售的产品包装。它应该根据国内的生产水平、原材料的易取性、消费需求的实际情况以及企业对包装成本的承受能力等来设计包装的构造、形态、图案、颜色等,使之起到保护产品,方便运输、仓储和销售,刺激消费的目的。

外销包装指出口产品的包装。它应该根据外销对象国的气候、环境、政策、法令、标准、运输要求而设计。包装的图案设计、质量标准等都要符合客户的特定要求,符合外销对象国的风俗和习惯等。

(六)按内装物内容分类

按内装物内容不同,包装可分为食品包装、药品包装、化妆品包装、纺织品包装、玩具包装、文化用品包装、电器包装、五金包装等。

另外,还可以按商品价值不同,把包装分为高档包装、中档包装和低档包装,如图1-2所示;按包装容器的刚性不同把包装分为软包装、硬包装和半硬包装,如图1-3所示;按适应的社会群体不同把包装分为民用包装、公用包装和军用包装;按内装物的物理形态不同,把包装分为液体包装、固体(粉状、粒状和块状物)包装、气体包装和混合物体包装等。

图1-2　不同价值包装　　　　　　　图1-3　软硬包装

总之,包装可从不同角度加以分类。包装的管理部门、生产部门、使用部门、储运部门、科研部门、设计部门等都可根据自己的特点和要求进行分类,以利于本系统工作的顺利进行。

第二节　物流包装的地位与作用

一、包装在物流中的地位

在社会再生产过程中,包装处于生产过程的末尾和分销物流过程的开头,既是生产的终点,又是分销物流的始点。包装作为物流系统功能之一,是物流系统活动中最基本的因素。在整个流通过程中,包装的结实程度、美观与否和标准性,决定着产品是否能以完美的使用价值达到用户满意。

如果中途有散包、破损、雨淋、受浸、变质、异味、溢泄、变形、撞裂等现象发生,则说明包装不善;如果包装规格尺寸不标准,不符合托盘、叉车作业要求,不能进行集装单元化保管和运输,则说明包装设计考虑不周;如果为了节约,包装材料选用不当,则运输或装卸搬运过程中就有可能发生问题;如果包装材料使用过多,包装过剩,则浪费资源,给回收造成困难;如果包装大小、形状不适于摆放、陈设,或包装过繁给消费者带来不便,则会影响销售效果。此外,包装还直接影响装卸、搬运、保管的质量和效率,关系到整个物流成本和销售效果,所以包装在物流中的地位十分重要。

二、包装的作用

在流通和消费过程中,包装对保护产品、方便储运、提高价值、传递信息和促销商品等方面起着非常重要的作用。

(一) 保护产品

保护产品是包装的首要作用。在整个生产流通过程中,产品途经多个环节,在这些环节中,产品要经过多次装卸、搬运,还要经受环境的考验,产品的包装对保护产品起到了重要作用。在物流过程中,产品变化形式有物理、机械、生理生化和生物学变化等。

物理变化有挥发、溶化、凝结、串味、沾污等形式;机械变化主要有破碎、变形、开裂、划伤等;化学变化有氧化、老化、锈蚀等;生理生化变化主要是指有生命的有机体商品(如种子、果实、鲜蛋等)的发芽萌发、抽薹、胚胎发育等;生物学变化主要是指以动、植物为主要原料的商品,受有害生物和微生物的侵蚀,发生的霉变、发酵等。研究物流商品的安全性就是要研究通过何种措施使商品的自然属性在物流过程中具有抵御外界环境条件的能力。

(二) 方便储运

在产品的整个流通过程中,产品的合理包装可以给流通环节提供巨大的方便,进而提高物流效率。

1. 方便产品储存

从保管的角度来看,产品的包装为保管工作提供了方便条件,便于维护产品原有的使用价值。同时,产品包装上的各种标志,使仓库保管者容易识别,给仓库的验收、堆放、发货提供了方便,并且可以减少差错和货物的损失。

2. 方便产品装卸

不同的包装对搬运装卸安全性影响不同:包装的重量,如采用人工装卸作业,其包装重量必须限制在人的允许能力之内;运用机械进行装卸作业,既能增大包装的重量,又能保证安全装卸。

同样,包装的外形尺寸,如采用人工装卸作业,必须适合人工的作业,必要时应考虑手搬动的手扣;运用机械进行装卸作业,包装的外形尺寸可以适当增大。当采用托盘搬运时,包装外形尺寸的选择余地就相对宽松。产品从生产厂到消费者手中要经受十余次的装卸搬运,由于有了货物的适当包装,使得装卸作业便利。

货物的合理包装还便于各种装卸、搬运机械的使用,有利于提高装卸、搬运作业效率。另外,包装规格尺寸的标准化也为集合包装提供了条件,能更好地提高装卸效率。例如,电子产品可通过缓冲包装来抵御搬运、装卸时跌落与碰撞以及运输过程中的振动与冲击;又如食品可通过防霉包装来抵御外界氧气的侵入。

3. 方便货物运输

包装的规格、尺寸、形状、重量等因素与产品运输有着密切的关系。比如产品的包装尺寸必须与运输工具的容积相吻合,以方便运输,提高运输效率。

合适的缓冲包装可以保证物资在运输过程中不受损伤。各种不同的包装材料因材质和结构不同,其减振和耐冲击的能力也不相同。诚然,采用不同的运输方式所产生的冲击力、振动力也不一样。为防止运输过程中由于振动、冲击造成产品的损伤,必须对其实施缓冲包装。

在进行缓冲包装设计时,需特别注意的是,在缓冲包装不足的场合下,由于产品遭受意料不到的情况而产生破损;反之,缓冲包装过分则由于包装材料费上升而提高包装费用。因此,对于普通物资产品的工业包装程度应当适中,才会有最佳的经济效果。

缓冲包装合理化很重要,它可以保证产品的安全运输,又由于缓冲包装的简化,不仅减少相应的包装费用,同时可以有效地利用包装资源。

(三)促销商品

产品的包装以其造型、图案、色彩、质量、质地等特征,直接展现在消费者面前,引起人们的注意,唤起人们的购买欲望,所以,包装的装潢设计在商品的销售过程中起到极其重要的作用。良好的包装可以成为产品推销的一种主要工具和有力的竞争手段,还能起到广告宣传的效果。

良好的产品经过包装后,利用包装的形体及其外部印刷的文字、图案、色彩等结构造型和装潢设计来美化产品,宣传产品的性能,介绍产品的使用方法,增加产品销售的陈列效果,使消费者通过了解包装物来了解内装产品,对所装产品质量产生信任感,从而购买产品。

(四)传递信息

随着技术的发展,为了提高作业效率,增加商品的透明度,及时跟踪流通过程中的产品,大量的信息技术被应用到包装环节。通过价格低廉的扫描设备和条码可以快速地将商品的一些信息如制造厂、商品名称、商品数量、商品规格、商品生产地、商品目的地等加以控制和跟踪,减少了商品的误差。

(五)提高价值

根据价值理论,商品的价值是由凝结在其中的社会必要劳动时间所决定的。包装所用的劳动是社会必要劳动的一部分,它凝结在商品中间,增加了商品的价值,并在销售的时候得到补偿。同时,包装物的再利用也给商品降低了成本,增加了价值,如铁皮包装,玻璃、塑料瓶包装,纸箱、木箱包装等,都具有回收再利用的价值,为企业降低了费用,为消费者增加了新的价值。

(六)增加企业收入

合理和科学的包装,可以最大限度地利用运输工具的运输能力,减少运输舱容,节省运费,降低成本支出,增加企业收入。另外,精美的产品包装,不但提高了产品的价格,而且可以满足人们的消费心理,进而增加企业的销售收入。

第三节 物流包装材料与容器

为保护商品在物流过程中的质量,对包装而言,必然会涉及包装的选材、容器结构设计和包装方法等方面的问题。包装材料在包装保护功能中起基础作用。

根据对产品包装的不同要求,包装材料应能有效地保护产品,因此应具有一定的强度、刚性、韧性和弹性,以适应压力、冲击、振动等因素的影响,并且应对水分、水蒸气、气体、光线、芳香气、异味、热量等具有一定的阻挡能力。包装材料本身的毒性要小,以免污染产品和影响人体健康。包装材料应无腐蚀性,并且具有防虫、防蛀、防鼠、抑制微生物等性能,以保护产品安全。

一、包装材料

包装材料的选择十分重要,因为它直接关系到包装质量和包装费用,有时也影响运输、装卸、搬运和保管。常用的包装材料有以下若干类。

(一) 柔性材料

柔性材料可以围绕着产品成型并且给被包装的产品以保护。柔性包装材料可分为四种,即纸基材料、铝箔、塑料薄膜和复合材料。

1. 纸基材料

纸包装根据不同的用途可分为不同的等级,主要类型有牛皮纸、鸡皮纸、玻璃纸、羊皮纸、纸袋纸、包装用纸等,如图1-4所示。

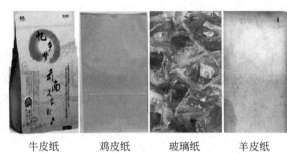

牛皮纸　　鸡皮纸　　玻璃纸　　羊皮纸

图1-4　纸基材料

牛皮纸大多用于包装工业品,如可用作五金电器及仪器、棉毛丝绸织品、绒线等包装,也可制成档案袋、信封及砂纸的基材。

鸡皮纸是一种单面光的平板薄型包装纸,供印刷商标、包装日用百货和食品使用。

玻璃纸完全透明,像玻璃一样光亮,主要适用于医药、食品、精密仪器等商品的美化包装。

羊皮纸具有防油、防水、强度大的特性,适用于化工产品、机器零件等工业包装;食品羊皮纸适用于食品、药品、消毒材料的内包装用纸,也可用于其他需要不透油、耐水性的包装用纸。

纸袋纸可用来生产多层纸袋,其中普通纸袋纸主要用来生产水泥纸袋,还可以用来制作杂货用纸袋或大纸袋、运输包装袋、裹包用纸;微皱纹纸袋纸伸长性好、强度大、耐撕裂,特别适用于混合型运输、出口运输及远距离运输;防潮纸袋纸用于包装散粒产品、无机肥料、日常热电厂出的肥料以及在高湿度运输条件下的其他货物的纸袋。

2. 铝箔

铝箔是经金属铝压延制成的,铝箔纸大多数是使用真空镀膜技术制造的,造价比较低,化学性能比较稳定。一般包装经常复合使用铝箔和其他包装材料作为阻隔层,以提高其阻隔性能。如果阻隔性能要求低,可用金属处理的薄膜代替铝片。最常用的铝箔厚度是 $7\mu m$,现有标准是 $9\mu m$、$12\mu m$、$15\mu m$ 和 $18\mu m$。

3. 塑料薄膜

用于包装的大量薄膜是合成物和自然聚合体。其中,塑料材料的用量不断增加,是由于它独特的阻隔性能、重量轻、易成型,并且易与其他材料组合。常用的塑料材料有聚乙烯(PolyEthylene,PE)、聚丙烯(PolyPropylene,PP)、聚苯乙烯(PolyStyrene,PS)、聚氯乙烯(PolyVinyl Chloride,PVC)、聚酯(PolyEster,PET)等。

聚乙烯是日常生活中最常用的高分子材料之一,大量用于制造塑料袋、塑料薄膜等。它可抗多种酸碱腐蚀,但是不抗氧化性酸。它具有好的防水性能、好的热稳定性、大的柔性和可存在性、中等耐油性能等特点。

聚丙烯比聚乙烯具有更高的熔点,所以常被使用在一些医疗器具上。聚丙烯具有较高的耐冲击性,机械性质强韧,但是较易氧化。在包装上,聚丙烯广泛用于塑料盖、塑料罩、薄膜等。

聚苯乙烯是一种无色透明的塑料材料,易脆,对大多数的有机溶剂敏感,但对大多数无机化合物和碱金属不敏感。聚苯乙烯常被用来制作各种需要承受温度的一次性容器,如一次性泡沫饭盒、盘和杯子。

聚氯乙烯有刚性和柔性两种类型。聚氯乙烯具有好的阻隔性能,透明似晶体结构。聚氯乙烯最大的特点是阻燃,广泛应用于防火。在包装方面的主要用途是制作热成型泡罩,也应用于水瓶、肉类的弹性外包装等。其缺点是在燃烧过程中会释放出盐酸和其他有毒气体。

聚酯对氧气和二氧化碳的耐受性是塑料中最好的,常用于制造饮料瓶。其缺点是熔体强度低、易吸潮。

4. 复合材料

纸、铝和塑料结合在一起可增加用途和改善性能。例如,铝箔和塑料复合成铝箔复合薄膜,复合后的材料有足够的阻隔作用,常用于食品、药品、香烟、洗涤剂和化妆品等包装。

(二) 半刚性材料

半刚性材料分为纸基材料和塑料基材料。纸基材料称为纸板;塑料基材料是将塑料薄膜覆盖在纸板上形成的。

(三) 刚性材料

刚性材料主要有纸基材料、木质材料、金属材料、玻璃材料等几种形式。

1. 纸基材料

基于纸的刚性材料是实体的硬纸板、瓦楞纸板、蜂窝纸板,这种材料既可用于消费者包装,也可用于运输包装。

硬纸板是通过许多层纸或纸板的胶合叠片结构制成的,中间层是低等级的纸材料,目的是获得大的体积以增加刚度。硬纸板非常密且能够防潮。

蜂窝纸板质轻,抗压、抗弯、抗剪强度高,具有良好的缓冲隔振性能。适用于运输价值较高的玉器雕刻品、工艺品等。

2. 木质材料

木质包装材料一般用于外包装。木材具有抗压、抗震、抗挤、抗冲撞能力。常用的木质材料有木材、夹板、木纤维和刨花板。

木材具有良好的力学性能，即具有良好的弯曲刚度和拉伸刚度。它吸潮并且具有高的水蒸气传递率。

夹板是许多层板的胶合叠片结构，其在各个方向都有高的强度。这种材料具有好的强度、好的弯曲刚度和拉伸强度。它可用于制作各类包装箱等制品。

木纤维板有好的强度，但在潮湿条件下失去了弯曲刚度。在制造过程中的化学物质能引起腐蚀问题，并且水蒸气的传递率高。纤维板可用于制作包装箱及其他包装容器。

刨花板又称为碎木板或木屑板。它易受潮，吸水后膨胀率高，且强度不高，一般用于小型包装容器。

3. 金属材料

金属包装材料具有极优良的综合性能，且资源极其丰富。钢、马口铁和铝是常用的金属材料。

钢材一般用于制造运输包装盒及大型容器，如集装箱、钢桶等。镀锌薄钢板是制罐材料之一，主要用于制作工业产品包装容器。镀锡薄钢板是制罐的主要材料，大量用于罐头工业。

铝主要用于销售包装，很少应用在运输包装上。其主要用于制作饮料罐。

4. 玻璃材料

玻璃是惰性的，绝对不漏气，不会与环境起反应，其缺点是易碎。目前包装使用的玻璃相对密度日益下降。

二、包装容器

包装容器是为了满足内装商品的销售、仓储和运输过程的要求而使用的包装制品。包装容器一般包括包装袋、包装盒、包装箱、包装瓶、包装罐（筒）等。

（一）包装袋

包装袋的材料为挠性材料，有较高的韧性、抗拉强度和耐磨性，使用较为广泛，常用于运输包装、商业包装、内装、外装。主要有集装袋、一般运输包装袋、小型包装袋三种类型。

集装袋是一种大容积的运输包装袋，盛装重量在1t以上，一般多用聚丙烯、聚乙烯等聚酯纤维纺织而成，如图1-5所示。

一般运输包装袋的盛装质量为5～100kg，大部分是由植物纤维或合成树脂纤维纺织而成的织物袋，或者是由几层挠性材料构成的多层材料包装袋，主要包装粉状、粒状和个体小的货物，适于外包装及运输包装。

小型包装袋（或称普通包装袋）盛装重量较少，通常用单层材料或双层材料制成。对某些具有特殊要求的包装袋也有的用多层不同材

图1-5　集装袋

料复合而成。其包装范围较广,液状、粉状、块状和异型物等可采用这种包装,适用于内装、个装及商业包装。

(二) 包装盒

包装盒材料有一定挠性,不易变形,有较高的抗压强度,刚性高于袋装材料。包装结构是规则几何形状的立方体,也可裁制成其他形状,如圆盒状、尖角状,一般容量较小,有开闭装置。包装操作一般采用码入或装填,然后将开闭装置闭合。

包装盒整体强度不大,包装量也不大,不适合做运输包装,适合做商业包装、内包装,适于包装块状及各种异型物品。

(三) 包装箱

包装箱材料为刚性或半刚性材料,有较高强度且不易变形。包装结构和包装盒相同,只是容积、外形都大于包装盒,两者通常以 10L 为分界点。包装箱整体强度较高,抗变形能力强,包装量也较大,适合做运输包装、外包装,包装范围较广,主要用于固体杂货包装。常用的有纸箱、木箱、塑料箱、集装箱。

(四) 包装瓶

包装瓶属刚性包装,材料有较高的抗变形能力,刚性、韧性要求一般也较高,包装瓶包装量一般不大,适合美化装潢,主要做商业包装、内包装使用,主要包装液体、粉状货物。包装瓶按外形可分为圆瓶、方瓶、高瓶、矮瓶、异型瓶等若干种。

瓶口与瓶盖的封盖方式有螺纹、凸耳、齿冠、包封等形式,其外形如图 1-6 所示。

(五) 包装罐(筒)

包装罐(筒)属于刚性包装,材料强度较高,罐体抗变形能力强,可做运输包装、外包装,也可做商业包装、内包装用。包装罐常用的有小型包装罐、中型包装罐、集装罐三种。

小型包装罐可用金属材料或非金属材料制造,容量不大,一般做销售包装、内包装,罐体可采用各种方式装潢美化,如图 1-7 所示。中型包装罐,外形属于典型罐体,容量较大,一般做化工原材料、土特产的外包装,起运输包装作用。集装罐是一种大型罐体,外形有圆柱形、圆球形、椭球形等,有卧式、立式之分。集装罐是典型的运输包装,适合包装液状、粉状及颗粒状货物。

图 1-6 包装瓶

图 1-7 易拉盖铝包装罐

第四节 集合包装

一、集合包装的概念

集装化也称为组合化和单元化,它是指将一定数量的散装或零星成件物资组合在一起,这样在装卸、保管、运输等物流环节可作为一个整件进行技术上和业务上处理的包装方式。

集装化物资的载体是集合包装。集合包装就是将若干个相同或不同的包装单位汇集起来,最后包装成一个更大的包装单位或装入一个更大的包装容器内的包装形式。如把许多货物包装成一个包,若干包又打成一个件,若干件最后装入一个集装箱,这便是集合包装的简单组合过程。

自 20 世纪 50 年代以来,运输业的迅速发展,运输工具的大型化、高速化,使高效运输与一件件货物装卸搬运的低效率,成为运输包装过程中的突出矛盾。集合包装是解决这一矛盾的最有效途径,因而得到稳定、快速的发展。目前,集合包装已应用于运输包装全过程,发展成集装箱化、托盘化、捆扎、网袋、框架、滑板等多种方式,在当代商品包装运输中占有十分重要的地位,适合长途、大批量运输。

二、集合包装的优点

集合包装的出现是对传统包装运输方式的重大改革,在运输包装中占有越来越重要的地位。它之所以受到重视,是因为它有许多与众不同的优点。

(1) 能可靠地保护商品。集合包装将零散产品或包装件组合在一起,牢固可靠,包装紧密,减少物流过程的货损、货差,保证货物安全;每个集合包装均有起吊装卸装置,无须搬动内装物,商品得到有效保护,这对易碎、贵重商品尤为重要。

(2) 为装卸作业机械化、自动化创造了条件,加速了运输工具的周转,缩短了货物送达时间,提高了劳动生产率。集合包装商品在流通过程中,无论经过何种运输工具,装卸多少次,都是整体运输,无须搬动内装物。这种运输方式大大缩短了商品装卸时间,同时集合包装的装卸均采用机械化操作,效率大为提高,而且降低了劳动强度。

(3) 缩小包装件体积,降低运输成本,从总体上提高了仓库、运输工具载重量和容积利用率。由于商品单个包装简化,减小了单个包装体积,单位容积容纳商品数增多,且便于堆码,提高了仓库、货场单位面积的储存能力,如用集装箱载货可比原来容积利用率提高 30%~50%。而且采用集合包装,可简化运输手续,集装箱、托盘等还可多次周转使用,运输成本自然降低。

(4) 节省包装费用。按常规包装,为保护商品,势必要消耗大量包装材料,而采用集合包装,可降低原始包装用料标准,有的甚至可不用外包装,节省包装费用。

(5) 全球清点货件,简化物流过程各个环节间、不同运输方式间交接手续,促进不同运输方式之间的联合运输,实现"门到门"的一条龙服务。

（6）促进包装标准化。集合包装能够将零散、非标准规格的物品集装化、单元化，使物品自始至终处于标准化、模块化、批量化状态，每种集合包装的外包装尺寸都符合一定的标准，有效利用了仓库和运输工具的空间，从而促进了包装标准化。

（7）降低储存费用。集合包装容纳商品多，密封性能好，受环境气候影响小，即使露天存放也对商品无碍，因此，能够节省仓容，降低储存费用，同时减轻或完全避免污秽货物对运输工具和作业场所的污染，改善了环境。

集合包装最突出的应用是集装箱和托盘。

三、托盘

1. 托盘的定义

托盘是指在运输、搬运和储存过程中，将物品规整为货物单元时，作为承载面并包括承载面上辅助结构件的装置。托盘是一种重要的集装器具，是在物流领域中为适应装卸机械化而发展起来的，托盘的发展可以说与叉车同步，叉车与托盘共同使用而形成的有效装卸系统大大促进了装卸活动的发展。随着装卸机械化水平的大幅度提高，使长期以来在运输过程中的装卸瓶颈得以解决或改善。

托盘是为了使货物有效地装卸、运输、保管，将其按一定数量组合放置于一定形状的台面上，这种台面有供叉车插入并将其托起的叉入口。以这种结构为基本结构的平台和在这种基本结构上形成的各种形式的集装器具均可称为托盘。托盘的出现也促进了集装箱和其他集装方式的形成和发展。托盘已成为和集装箱一样重要的集装方式，形成了集装系统的两大支柱。

托盘运输是以托盘为承载物，将物品堆码在托盘上，通过捆扎、裹包、胶黏等方法加以固定，形成一个搬运单元，以便用机械设备搬运的包装技术。

2. 托盘的种类

1）平托盘

平托盘是指在承载面和支撑面间夹以纵梁，构成可集装物料，可使用叉车或搬运车等进行作业的货盘。平托盘由双层板或单层板另加底脚支撑构成，无上层装置，如图1-8所示。

图1-8 平托盘

平托盘有以下几种分类方式。

（1）按叉车插入方式分为单向叉入型、双向叉入型、四向叉入型三种。

（2）按承运货物台面分成单面型、单面使用型、双面使用型和翼型四种。

（3）按材料分为木制托盘、钢制托盘、铝合金托盘、胶合板托盘、塑料托盘、纸板托盘、复合材料托盘等。

2）箱式托盘

箱式托盘指在托盘上面带有箱式容器的托盘，如图1-9所示。

图1-9　箱式托盘

箱式托盘的面上具有上层结构，其四周至少有三个侧面固定，一个侧面是可折叠的垂直面。箱式结构分有盖和无盖，有盖的板壁箱式托盘与小型集装箱无严格区别，适用于装载贵重货物。无盖的板壁箱式托盘适于企业内装载各种零件、元器件。

3）柱式托盘

四角有四根立柱的托盘称为柱式托盘。

柱式托盘没有侧板，在托盘上部的四个角有固定式或可卸式的立柱，有的柱与柱之间有连接的横梁，使柱子呈门框形，如图1-10所示。

柱式托盘是在平托盘基础上发展起来的，其特点是在不压货物的情况下可进行码垛，多用于包装物料、棒料管材等的集装。

柱式托盘还可以作为可移动的货架、货位。不用时，还可叠套存放，节约空间。

4）轮式托盘

托盘底部有四个小轮的托盘称为轮式托盘。轮式托盘是在平托盘、柱式托盘或网箱托盘的底部装上脚轮而成。既便于机械化搬运，又便于短距离的人力移动。

轮式托盘适用于企业工序间的物流搬运，也可在工厂或配送中心装上货物运到商店，直接作为商品货架的一部分，如图1-11所示。

图1-10　柱式托盘　　　　图1-11　轮式托盘

5) 特种专用托盘

特种专用托盘是根据产品特殊要求专门设计制造的托盘。由于托盘作业效率高、安全稳定，尤其在一些要求快速作业的场合，突出利用托盘的重要性，所以各国纷纷研制了多种多样的特种专用托盘。特种专用托盘和通用托盘的区别在于它具有适合特定货物（或工件）的支撑结构。这些托盘在某些特殊领域发挥作用。

（1）航空托盘。航空货运或行李托运用托盘，一般采用铝合金制造，为适应各种飞机货舱及舱门的限制，一般制成平托盘，托盘上所载物品以网络覆罩固定之。

（2）平板玻璃集装托盘，又称平板玻璃集装架。这种托盘能支撑和固定竖立的平板玻璃，在装运时，平板玻璃顺着运输方向放置以保持托盘货载的稳定。平板玻璃集装托盘有若干种，使用较多的是L形单面装放平板玻璃单面进叉式托盘、A形双面装放平板玻璃、双向进叉托盘、吊叉结合式托盘及框架式双向进叉式托盘。

（3）油桶专用托盘。专门装运标准油桶的异型平托盘，托盘为双面的，两个面皆有稳固油桶的波形表面或侧挡板，油桶卧放于托盘上面，由于波形槽或挡板的作用，不会发生滚动位移，还可几层叠垛，解决桶形物难堆高码放的困难，也方便了储存。

（4）货架式托盘。货架式托盘是一种框架式托盘，框架正面尺寸比平托盘略宽，以保证托盘能放入架内，架的深度比托盘宽度窄，以保证托盘能搭放在架上。架子下部有四个支脚，形成以叉车进叉的空间。这种架式托盘叠高组合，便成了托盘货架，可将托盘货载送入架内放置。这种架式托盘也是托盘货架的一种，是货架与托盘的一体物。

（5）尺寸物托盘。专门用于装放长尺寸材料的托盘，这种托盘叠高码放后便形成了组装式长尺寸货架。

（6）轮胎专用托盘。轮胎本身有一定的耐水、耐蚀性，因而在物流过程中无须密闭，且本身很轻，装放于集装箱中不能充分发挥箱的载重能力。其主要问题是储运时怕压、挤，采用这种托盘是一种很好的选择。

托盘还可按材料分为木托盘、钢托盘、铝托盘、纸托盘、塑料托盘、胶合板托盘、复合材料托盘等。按使用寿命分为消耗性和循环性两种。按使用形式一般分为通用托盘和专用托盘。

3. 托盘的标准化

托盘如果只在工厂和仓库使用，是不能发挥其效益的，只有全程托盘化，即以商品单位为搬运单位，运输到目的地后又连同托盘一起搬运，才能取得良好的效果。实施全程托盘化，必然涉及托盘回收的问题。将商品装载到托盘上送到目的地时，既不能将托盘放下不管，也不能等对方卸下商品再带回空托盘，那样会导致时间效率差，因此，托盘交换系统就显得很重要。商品送到的时候，或者带回同样数量的空托盘，或者集中起来委托专业回收公司送回。为此，必须做到托盘标准化，这是最基本的条件。

托盘虽然只是一个小小的器具，但由于托盘具有重要的衔接功能、广泛的应用性和举足轻重的连带性，在装卸搬运、保管、运输和包装等各个物流环节的效率化中，都处于中心位置，所以，托盘的规格尺寸是包装尺寸、车厢尺寸、集装单元尺寸的核心。只有以托盘尺寸为标准，决定包装、卡车车厢、火车车厢、集装箱箱体等配套规格尺寸和系列化规格标准，才最能体现装卸搬运、保管、运输和包装作业的合理性和效率性。

此外,托盘的规格尺寸还涉及集装单元货物尺寸,集装单元货物尺寸又涉及包装单元尺寸,如卡车车厢、铁路货车车厢、仓库通道及货格尺寸,甚至关系到物流的基础设施,如火车站、港口、码头等货物装卸搬运场所的构造结构、装卸搬运机具的标准尺寸。

从某种意义上讲,托盘的标准化不仅是托盘租赁、托盘流通和循环使用的前提,也是实现装卸搬运、包装、运输和保管作业机械化、自动化的决定因素,没有托盘规格尺寸的统一和以托盘为基础的相关设施、设备、装置、工具等的系列化标准只能做到局部物流的合理化,难以达到整体物流的合理化。

> **小提示**
>
> **托盘的标准规格**
>
> 目前,全世界主要的工业国家都有自己的标准托盘,但所用尺寸各国不同。每个国家都希望自己国内已普遍使用的规格成为国际标准,以便在国际经济交流中更为有利。国际标准组织无法统一,只能接受既成事实,做到相对统一。ISO 标准(ISO 6780)原来有 4 种托盘标准规格,即 1200mm×800mm、1200mm×1000mm、1219mm×1016mm、1140mm×1140mm。2003 年 ISO 规格又通过了新方案,增加了 1100mm×1100mm 和 1067mm×1067mm 两种规格,变为 6 种标准规格。
>
> 2008 年 3 月 1 日,我国通过对物流和托盘统计数据的研究分析,选定 1200mm×1000mm 和 1100mm×1100mm 这两种规格的托盘作为我国联运通用标准托盘,且规格 1200mm×1000mm 为优先推荐的托盘规格。
>
> (资料来源:齐二石,等.物流工程与管理概论[M].北京:清华大学出版社,2009.)

四、集装箱

国际标准化组织对于集装箱的定义:"是一种运输设备;具有足够的强度,可长期反复使用;适合一种或多种方式运输,途中转运时,箱内货物不必换装;可进行快速搬运和装卸,特别便于从一种运输方式转移到另一种运输方式;便于货物装满或卸空;具有 $1m^3$ 及 $1m^3$ 以上的容积。集装箱这一术语不包括车辆和一般包装"。

1. 集装箱运输的优越性

(1) 扩大成组单元,提高装卸效率,降低劳动强度。在装卸作业中,装卸成组单元越大,装卸效率越高。托盘成组化与单件货物相比,装卸单元扩大了 20~40 倍;而集装箱化和托盘成组化相比,装卸单元又扩大了 15~30 倍。

(2) 减少货损、货差,提高货物运输的安全与质量水平。货物装入集装箱后,在整个运输过程中不再倒载。由于减少了装卸搬运的次数,就大大减少了货损、货差,提高了货物的安全和质量。据统计,用火车装运玻璃器皿,一般破损率在 30% 左右,而改用集装箱运输后,破损率下降到 5% 以下。

(3) 缩短货物在途时间,降低物流成本。集装箱化给港口和场站的货物装卸、堆码的全机械化和自动化创造了条件。标准化的货物单元加大,提高了装卸效率,缩短了车船在港口和场站停留的时间。据航运部门统计,一般普通货船在港口的停留时间约占整个营运时间的56%;而采用集装箱运输,则在港口的时间可缩短到仅占营运时间的22%。这一时间的缩短,对货主而言就意味着资金占用的大幅下降,可以很大程度地降低物流成本。

(4) 节省货物运输包装费用,简化理货工作。集装箱是坚固的箱子。集装箱化后,货物自身的包装强度可减弱,包装费用下降。据统计,用集装箱方式运输电视机,本身的包装费用可节约50%。同时,由于集装箱装箱通关后,一次性铅封,在到达目的地前不再开启,也简化了理货工作,降低了相关费用。

(5) 减少货物运输费用。集装箱可节省船舶运费;节省运输环节的货物装卸费用;由于货物安全性提高,运输中保险费用也相应下降。

集装箱最大的成功之处在于其产品的标准化以及由此建立的一整套运输体系。能够让一个载重几十吨的庞然大物实现标准化,并且以此为基础逐步实现全球范围内的船舶、港口、航线、公路、中转站、桥梁、隧道、多式联运相配套的物流系统,这的确堪称人类有史以来创造的伟大奇迹之一。

2. 集装箱的种类

常见的集装箱种类有以下几种。

(1) 普通集装箱。普通集装箱又称为干货集装箱,以装运杂货为主,通常用来装运日用百货、医药、纺织品、工艺品、化工制品、五金交电、电子机械、仪器及机器零件等。这种集装箱占集装箱总数的70%~80%,如图1-12所示。

(2) 冷冻集装箱。这种集装箱可分外置和内置式两种。温度可在-28℃~+26℃调节。内置式集装箱在运输过程中可随意启动冷冻机,使集装箱保持指定温度;而外置式则必须依靠集装箱专用车、船和专用堆场、车站上配备的冷冻机来制冷。这种集装箱适合在夏天运输黄油、巧克力、冷冻鱼肉、炼乳、人造奶油等物品,如图1-13所示。

图1-12 普通集装箱

图1-13 冷冻集装箱

(3) 开顶集装箱。这种集装箱没有箱顶,可用起重机从箱顶上面装卸货物,装运时用防水布覆盖顶部,其水密要求和干货箱一样,适合于装载体积高大的物体,如玻璃板等,如图1-14所示。

(4) 框架集装箱。这种集装箱没有箱顶和两侧,其特点是从集装箱侧面进行装卸。以超重货物为主要运载对象,还便于装载钢材之类可以免除外包装的裸装货,如图1-15所示。

(5) 牲畜集装箱。这种集装箱侧面采用金属网,通风条件良好,而且便于喂食,是专为装运牛、马等活的动物而制造的特殊集装箱。

图 1-14　开顶集装箱

图 1-15　框架集装箱

（6）罐式集装箱。罐式集装箱又称为液体集装箱，是为运输食品、药品、化工品等液体货物而制造的特殊集装箱。其结构是在一个金属框架内固定一个液罐，如图 1-16 所示。

（7）平台集装箱。形状类似铁路平板车，适宜装超重超长货物，长度可达 6m 以上、宽 4m 以上、高 4.5m 左右，重量可达 40t，且两台平台集装箱可以连接起来，装 80t 的货，用这种集装箱装运汽车极为方便，如图 1-17 所示。

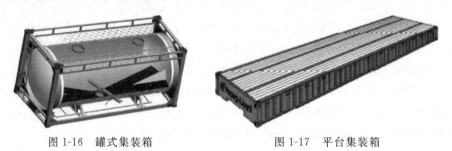

图 1-16　罐式集装箱　　　　　　　　图 1-17　平台集装箱

（8）通风集装箱。箱壁有通风孔，内壁涂塑料层，适宜装新鲜蔬菜和水果等怕热怕闷的货物。

（9）保温集装箱。箱内有隔热层，箱顶又有能调节角度的进出风口，可利用外界空气和风向来调节箱内温度，紧闭时能在一定时间内不受外界气温影响，适合装运对温湿度敏感的货物。

（10）散装货集装箱。一般在顶部设有 2～3 个小舱口，以便装货。底部有升降架，可升高成 40°的倾斜角，以便卸货。这种箱子适宜装粮食、水泥等散货。如果要进行植物检疫，还可在箱内熏舱蒸洗。

（11）散装粉状货集装箱。与散装箱基本相同，但装卸时使用喷管和吸管。

（12）挂式集装箱。这种集装箱适合装运服装类商品。

3. 集装箱标准化

集装箱运输的初期，其结构和规格各不相同，影响了集装箱在国际上的流通，亟须制定集装箱的国际通用标准，以利于集装箱运输的发展。集装箱标准化，不仅能提高集装箱作为共同运输单元在海、陆、空运输中的通用性和互换性，而且能够提高集装箱运输的安全性和经济性，促进国际集装箱多式联运的发展。同时，集装箱的标准化还给集装箱的载运工具和装卸机械提供了选型、设计和制造的依据,从而使集装箱运输成为相互衔接配套、专业化和高效率的运输系统。

集装箱标准化历经了一个发展过程。现行的国际标准为第 1 系列共 13 种,其宽度都一样(2438mm),长度有四种(12192mm、9125mm、6058mm、2991mm),高度有三种(2896mm、2591mm、2438mm)。

本章主要介绍包装的含义。它包含两个含义,一是指包装材料,二是指包装技术。在产品的流通过程中,通过包装可以起到保护产品、方便储运、促销商品、传递信息和提高价值的作用。

在物流业中,常使用的包装材料有柔性材料、半刚性材料和刚性材料三种形式。包装容器一般包括包装袋、包装盒、包装罐(筒)、包装箱、包装瓶、托盘和集装箱等形式。

1-1 简述包装在物流中的地位与作用。
1-2 简述运输包装和商业包装的区别。
1-3 结合生活中的产品,说明其包装形式和特点。
1-4 简述集装箱运输的优越性。
1-5 列举常见集装箱的种类和作用。

实践课堂
(1) 以身边的产品为例,说出五种商品使用的包装材料及其原因。
(2) 请图示几种不同类型的商品经常采用的包装方法。

第二章

物流包装技术

【学习目标】

(1) 了解物流包装技术的基础知识。

(2) 熟悉包装技术在包装过程中的应用。

(3) 掌握包装技术的使用方法。

【学习指导】

结合案例、实物、图片等资料进行学习,再根据实际情况进行实操,以达到掌握一定包装技能的目的。

【引导案例】

周黑鸭气调锁鲜包装延长食物保质期和保鲜期

周黑鸭的产品在通常的裸露存放条件下,即使放在0～4℃的冷藏环境中,在很短的时间里也会出现变质、变味、腐败,或者出现各种菌落超标,引起食品不安全的风险。

周黑鸭气调锁鲜包装采用了气调保鲜包装,气调保鲜包装是一种全新的食品包装方式,适用于熟食、冷鲜肉、禽类等各种不易保鲜的肉食品。将食物放在包装盒内,通过一定比例的保鲜气体,去替换包装盒内的自然空气,通过包装材料的选择、良好的封口工艺,在冷藏的温度下延长了保质期和保鲜期。

导致周黑鸭产品腐败的原因有以下几个。

(1) 微生物数量过多引起蛋白质变性,从而产生各种腐败。

(2) 酸败。绝大部分食品中均含有油脂、蛋白质等营养成分,这些成分在遇到氧气时被氧化或经微生物作用分解或高温氧化,产生小分子酸,并释放出特有的臭味,导致食品的酸价超标,出现酸败现象,严重时会挥发刺鼻的哈喇味。

(3) 包装原因。真空包装、冷冻包装等物理挤压引起食物分子的物理结构发生性变，也会引起食物发生口味的变异。

那么气调包装是如何做到避免这些问题的呢？

对于周黑鸭类熟食锁鲜装，通常是采用二氧化碳和氮气的混合气体，去替换包装盒内的自然空气，让包装盒内的氧气含量降到最极限，好氧细菌在这样的环境下生长得到抑制。同时超过20％浓度的二氧化碳也会抑制大部分细菌的生长速度，细菌生长慢了，保鲜期自然得到延长。

气调保鲜包装后的周黑鸭锁鲜装，包装内氧气含量极低，也避免了食物的酸败。同时气调锁鲜装包装可以不对食物以及食物中的芳烃类物质挤压，不引起食物发生物理性变，不影响食物口感，尽可能保持原生态的保鲜味道。

（资料来源：http://news.pack.cn/show-340218.html）

包装技术是包装系统中的一个组成部分。目前我国对包装技术的定义、范围和分类还没有统一的解释。根据一般的理解，可以认为包装技术是包装系统中的一个重要组成部分，是研究包装过程中所涉及的技术机理、原理、工艺过程和操作方法的总称。包装过程主要是指将一件产品进行包装，成为一个包装件，然后进入物品流通领域的全过程。

包装技术是一门综合性强的学科，它涉及许多学科领域，又加之产品品种繁多、性能复杂、要求又各不相同，因而对不同的产品应有相应的包装。因此，包装技术的选择、研究和开发，应遵循科学、经济、牢固、美观和适用的原则，综合考虑各个方面，如被包装物品的性质、外界环境的状况、包装材料、包装容器和包装机械的选择应用与开发、经济因素、有关的标准与法规等。

物品的包装按包装的技术与方法可分为防霉防腐包装、防潮包装、防湿包装、防水包装、防锈包装、防虫包装、防震包装、真空与充气包装、无菌包装、泡罩与贴体包装、收缩与拉伸包装等。

第一节　防霉防腐包装技术和设计

物品的霉变和腐败简称为霉腐。物品的霉变是指霉菌在物品上经过生长繁殖后，出现肉眼能见到的霉菌。常见的易霉变物品有食品、干菜、干果、茶叶、卷烟、纺织品、针棉织品、塑料、橡胶制品、皮革制品、毛织品、纸及纸板等；物品的腐败是指由细菌、酵母菌等引起物品中营养物质的分解，使物品遭到侵袭破坏而呈现腐烂现象。常见的易腐败物品有蔬菜、水果等。

防霉防腐包装技术就是在充分了解引起霉腐的微生物（简称霉腐微生物）的营养特性和生活习性的情况下，采取相应的措施使被包装物品处在能抑制霉腐微生物滋长的特定条件下，延长被包装物品质量保持期限。

一、影响物品霉腐的主要因素

物品发生霉腐,首先是该物品感染上了霉腐微生物,这是物品霉腐的必要条件之一;其次是该物品含有霉腐微生物生长繁殖所需的营养物质,这些营养物质能提供给霉腐微生物所需的培养基(包括碳源、氮源、水、无机盐、能量等);最后是有适合霉腐微生物生长繁殖的环境条件,如温度、湿度、空气等,这是物品霉腐的外界因素。

(一)物品的组成成分对物品霉腐的影响

物品的霉腐是由于霉腐微生物在物品上进行生长繁殖的结果,不同的霉腐微生物生长繁殖所需的营养结构不同,但都必须有一定比例的碳、氮、水、能量的来源,以构成一定的培养基础。

不同的物品含有不同比例的有机物和无机物,能够提供给霉腐微生物的碳、氮源以及水分、能量不同。有的菌体能够正常生长繁殖,而另外一些霉菌则会不适应而使生长受到抑制。由此可见,不同物品的组成成分是对霉腐起决定性作用的。

(二)物品霉腐的外界因素

霉腐微生物从物品中获得一定的营养物质,但要繁殖生长还需要适宜的外界条件。

1. 环境湿度和物品的含水量

水分是霉腐微生物生长繁殖的关键。霉腐微生物是通过一系列的生物化学反应来完成其物质代谢的,这一过程也必须有水的参与。当物品含水量超过其安全水分时就容易霉腐,相对湿度越大,则越容易霉腐。各类常见的霉菌使物品霉腐的相对湿度条件如表2-1所示,因此,防止物品霉腐要求物品安全水分控制在12%之内,环境相对湿度控制在75%以下。

表2-1 各类霉菌使物品霉腐的相对湿度和物品含水量

霉 菌	物品含水量	相对湿度
部分霉菌	13%	70%~80%
青霉	14%~18%	>80%
毛霉、根霉、大部分曲霉	14%~18%	>90%

2. 环境温度

温度通过影响霉腐微生物体内酶的活性而对微生物的生长繁殖起着重要作用。霉腐微生物种类不同,对温度的要求也不同,如霉菌为嗜温微生物,生长温度范围较宽,范围是10~45℃。

3. 空气

在霉腐微生物的分解代谢过程中(或呼吸作用),微生物需要利用分子状态的氧或体内氧来分解有机物,并使之变成二氧化碳、水和能量。因此,霉菌的生长繁殖还需要有足够、适量的氧气。

4. 化学因素

化学物质对微生物有三种作用:一是作为营养物质;二是抑制代谢活动;三是破坏菌

体结构或破坏代谢机制。不同的化学物质对菌体的影响不同,这些化学物质主要有酸类、碱类、盐类化合物以及氧化物、有机化合物和糖类化合物等。

5. 其他因素

除以上几种主要的影响因素外,物品在储存、流通过程中,还会受到紫外线、辐射、微波、电磁振荡以及压力等其他因素的作用,这些都将影响霉腐微生物的生命活动,导致物品的霉变和腐败。

二、物品防霉防腐包装技术

流通过程中的物品,不但种类、规格、数量繁多,而且要经过许多环节,每个环节都有被霉腐微生物污染的可能。为了保护物品安全地通过储存、流通、销售等各个环节,必须对易霉腐物品进行防霉防腐包装。防霉防腐包装技术当前主要有以下几种。

(一) 化学药剂防霉防腐包装技术

化学药剂防霉防腐包装技术主要是使用防霉防腐化学药剂将待包装物品、包装材料进行适当处理的包装技术。有的将防霉防腐剂直接加在某个工序中;有的将其喷洒或涂抹在物品表面;有的须浸泡包装材料再予以包装;有的用防霉防腐剂与菌体酶系统结合,影响菌体代谢;有的用防霉防腐剂降低菌体表面张力,增加细胞膜的通透性,而发生细胞破裂或溶解。但是这些处理都会使物品的质量与外观受到不同程度的影响。

利用防霉防腐剂的杀菌机理是使菌体蛋白质凝固、沉淀、变性,干扰其生存和繁殖。通常可作为防霉防腐剂的有酚类(如苯酚)、氯酚类(如五氯酚)、有机汞盐(如油酸苯藻汞)、有机铜类(如环烷酸铜皂)、有机锡盐(如三乙基氯化锡)以及无机盐(如硫配铜、氯化汞、氟化钠)等。目前常用的防霉防腐剂有两大类:一类是用于工业品的防霉剂,如多菌灵、百菌清、灭菌丹等;另一类是用于食品的防霉防腐剂,如苯甲酸及其钠盐、脱氢醋酸、托布津等。在防腐防霉剂选择时,应遵循高效、低毒、使用方便、价廉、易购的原则。

(二) 气相防霉腐包装技术

气相防霉腐包装技术是指使用具有挥发性的防霉防腐剂,利用其挥发产生的气体直接与霉腐微生物接触,杀死这些微生物或抑制其生长,以达到物品防霉防腐的目的。由于气相防霉腐是气相分子直接作用于物品上的,对其外观和质量不会产生不良影响,但要求包装材料和包装容器透气率小、密封性能好。

气相防霉腐剂一般有多聚甲醛防霉腐剂和环氧乙烷防霉腐剂两类。多聚甲醛是甲醛的聚合物,在常温下可逐步升华解聚成有甲醛刺激性气味的气体,能使菌体蛋白质凝固,以杀死或抑制霉腐微生物,但是多聚甲醛挥发出来的甲醛气体在高湿条件下可能与空气中的水蒸气结合形成甲酸,对金属制品有腐蚀作用,因此有金属附件的商品不能使用。另外,甲醛气体对人的眼睛黏膜有刺激作用,所以操作人员应做好包装作业时的保护。

环氧乙烷防霉腐剂使环氧乙烷与菌体蛋白质、酶分子的羧基、氨基、羟基中的游离氢原子结合,生成羟乙基,使其代谢功能障碍而死亡。环氧乙烷分子穿透力比甲醛大,因而杀菌力比甲醛高,还可在低温低湿下发挥杀菌作用,因此多用于不能加热、怕受潮物品的杀菌防霉防腐。但是环氧乙烷能使蛋白质液化,并能破坏粮食中的维生素和氨基酸,还残留有毒的氯乙醇,所以环氧乙烷只可用于日用工业品的防霉腐,不能用作粮食和食品的防霉防腐。

(三)气调防霉腐包装技术

气调防霉腐包装的基本原理是用单一或混合的保护性气体置换包装内的空气,以抑制食品的呼吸作用、减缓新陈代谢活动并抑制其腐败微生物的繁殖,保持新鲜色泽,延长物品的货架期和保鲜期。

气调防霉腐包装技术的关键是包装材料的选择和气体比例的控制。

1. 包装材料的选择

包装材料是气调包装中最重要的一环,它必须要有较高的气体阻隔性能,从而保证包装内的混合气体不外漏。对水果、蔬菜等植物性食物,其呼吸作用会改变混合气体的比例,必须使混合气体达到动态平衡,即利用包装材料的透气性能来维持混合气体的理想比例。气调包装对包装材料的透气性能要求非常严格,同时必须考虑材料的热成型性、密封的可靠性。

目前,常用的气调包装材料有聚酯(PET)、聚丙烯(PP)、聚苯乙烯(PS)、聚偏二氯乙烯(PVDC)、乙烯-醋酸乙烯酯(EVA)、乙烯-烯醇(EVOH)及各种复合膜、镀金属膜。

2. 气体比例的控制

气调包装最常使用的是氮气、二氧化碳、氧气三种气体或它们的混合气体。

氮气性质稳定,使用氮气一般是利用它来排除氧气,从而减缓食品的氧化作用和呼吸作用。氮气对细菌生长也有一定的抑制作用,且氮气基本上不溶于水和油脂,食品对氮气的吸附作用很小,包装时不会由于气体被吸收而产生逐渐萎缩的现象。

二氧化碳能抑制细菌、真菌的生长,是气调包装中最关键的一种气体。用于水果、蔬菜包装时,增加二氧化碳浓度可以降低呼吸作用强度。但二氧化碳对水和油脂的溶解度较高,溶解后形成碳酸会改变食品的pH值和口味。同时,二氧化碳溶解后,包装中的气体量减少,容易导致食品包装萎缩、不丰满,影响食品外观。

气调包装技术除了能防止物品的理化性能发生改变、避免质量下降、减缓变质速率外,还具有很好的保色、保香等保鲜效果,因此被广泛应用于各类食品、生鲜农产品的保鲜包装中。特别是配合冷链和新型杀菌处理技术,气调包装技术更是在冷鲜肉、熟食和果蔬保鲜等方面得到了充分认可。相较于传统的添加防腐剂、添加化学保鲜剂、热处理或纯低温储藏等保鲜技术,气调包装具有低能耗、安全环保等优点,符合绿色包装的要求和可持续发展的理念。

(四)低温冷藏防霉防腐包装技术

低温冷藏防霉防腐包装技术通过控制物品本身的温度,使其低于霉腐微生物生长繁殖的最低界限,控制酶的活性。一方面,抑制生物性物品的呼吸氧化过程,使其自身分解受阻,一旦温度恢复,仍可保持其原有的品质;另一方面,通过抑制霉腐微生物的代谢与生长繁殖来达到防霉防腐的目的。

按冷藏温度的高低和时间的长短,可将低温冷藏防霉腐包装技术分为冷藏防霉防腐包装技术和冻藏防霉防腐包装技术。冷藏防霉防腐包装适用于含水量大又不耐冰冻的易腐食品,短时间在0℃左右的温度冷却储藏,如蔬菜、水果、鲜蛋等。在整个冷藏期间,霉腐微生物的酶几乎都失去了活性,其新陈代谢的各种活动反应缓慢甚至停止,生长繁殖受到抑制。冻藏则适用于耐冰冻且含水量大的易腐食品,较长时间地在 $-18 \sim -16℃$ 的温度下冻结储藏,如鲜肉、鱼等。

低温冷藏防霉腐所需要的温度与时间视具体物品而定,一般情况下,温度越低,冷藏时间越长,霉腐微生物的死亡率也就越高。

(五) 干燥防霉防腐包装技术

微生物生活环境缺乏水分即造成干燥,在干燥的条件下,霉菌不能繁殖,物品也不会腐烂。干燥防霉腐包装技术通过降低密封包装内的水分与物品本身的含水量,使霉腐微生物得不到生长繁殖所需水分来达到防霉腐的目的。

霉菌菌丝抗干燥能力很弱,特别是幼龄菌种抗干燥能力更弱。可以通过在密封的包装内置放一定量的干燥剂来吸收包装内的水分,使内装物品的含水量降到其允许含水量以下。一般情况下,高速失水不易使微生物死亡而霉菌菌体死亡却会增多,并且干燥初期是霉菌菌体死亡速度最快的时候。此外,霉菌菌体在低温干燥下不易死亡,而干燥后置于室温环境下最易死亡。

(六) 电离辐射防霉防腐包装技术

能量通过空间传递称为辐射,射线使被照射的物质产生电离作用,称为电离辐射。

电离辐射的直接作用是当辐射线通过微生物时能使微生物内部成分分解而引起诱变或死亡。电离辐射的间接作用是使水分子离解成为自由基,自由基与液体中溶解的氧作用产生强氧化基团,此基团使微生物酶蛋白氧化,酶失去活性,因而使微生物发生诱变或死亡。射线可杀菌杀虫,照射不会引起物体升温,故可称其为冷杀菌。

电离辐射防霉腐包装目前主要应用 β 射线与 γ 射线,包装物品经过电离辐射后即完成了消毒灭菌的作业。经照射后,如果不再污染,配合冷藏的条件,小剂量辐射能延长保存期数周到数月。大剂量辐射可彻底灭菌,长期保存。

(七) 紫外线、微波、远红外线和高频电场防霉防腐包装技术

1. 紫外线

紫外线是一种射线,具有杀菌作用,是日光杀菌的主要因素。紫外线穿透力很弱,所以只能杀死物品表面的霉腐微生物。但含有脂肪或蛋白质的食品经紫外线照射后会产生臭味或变色,不宜用紫外线照射杀菌。

紫外线一般用来处理包装容器(或材料)以及非食品类的被包装物品,将要灭菌的物品在一定距离内经紫外线照射一定时间,即可杀死物品表面和容器表面的霉腐微生物,再予以包装则可有效延长包装有效期。

2. 微波

微波是频率为 $300MHz \sim 300GHz$ 的高频电磁波。微波的杀菌机理是微生物在高频电磁场的作用下,吸收微波能量后,一方面转变为热量而杀菌,另一方面菌体的水分和脂肪受到微波的作用,分子间发生振动摩擦使细胞内部受损而产生热能,促使菌体死亡。微波防霉腐包装主要适用于含水量高和脂肪成分多的物品。

3. 远红外线

远红外线是频率高于 3000GHz 的电磁波，作用与微波相似，其杀菌机理是利用远红外线的光辐射和产生的高温使菌体迅速脱水、干燥而死亡。

4. 高频电场

高频电场的杀菌机理是含水量高的物品和微生物"吸收"高频电能转变为热能而杀菌。只要物品和物品上的微生物有足够的水分，同时又有一定强度的高频电场，消毒瞬间即可完成。

三、防霉防腐包装设计

（一）防霉包装等级的确定

防霉包装等级分为 4 级。按《防霉包装》(GB/T 4768—2008) 要求进行 28 天霉菌试验后，各等级有以下要求。

1. Ⅰ级防霉包装

产品及内、外包装未发现霉菌生长。

2. Ⅱ级防霉包装

内包装密封完好，产品表面及内包装薄膜表面均未发现霉菌生长。外包装局部区域有霉菌生长，面积不超过内外表面的 10%，且不影响包装的使用性能。

3. Ⅲ级防霉包装

产品及内外包装允许出现局部少量长霉现象。试验样品长霉面积不应超过其内外表面的 25%。

4. Ⅳ级防霉包装

试验样品局部或整件出现严重长霉现象，长霉面积占其内外表面积 25% 以上。若试验延长至 84 天，试验期内包装材料力学性能下降，产生霉斑影响外观。

（二）包装材料的选用

在选用包装材料时应遵循以下基本原则。

（1）与物品直接接触的包装材料，不允许对物品有腐蚀作用，也不允许使用有腐蚀性气体的包装材料。

（2）尽量选用吸水率、透湿度较低的包装材料，同时该材料应具有一定的耐霉性。

（3）使用耐霉腐性能差的包装材料时，需进行相应的防潮、防霉处理。食品包装材料或容器必须进行防潮处理。

（4）包装容器及其材料必须干燥。

（5）包装容器内使用硅胶作为干燥剂时，应选用吸水率大于 33% 的细孔形硅胶。

（6）包装材料或容器与食品必须是相容的。

（7）食品包装材料或容器必须进行卫生处理。

（三）包装方式的选用

物品的包装方式主要分为两类，即密封的防霉防腐包装和非密封的防霉防腐包装。

密封包装结构有：铝塑复合薄膜的密封包装，主要用于电工产品；金属罐抽真空或置换惰性气体的密封包装,一般用于机电产品和食品的防霉包装;双层塑料薄膜袋内放置硅胶的密封包装;多种材料的多层包装;除氧封存包装;气相防霉的塑料袋密封包装。

对于经过防霉处理的物品或对生霉敏感性低的物品可采用非密封的防霉包装。但因为非密封容器内的相对湿度将受环境气候的影响,所以只能用来包装不易生霉的产品。

非密封包装结构有大型机电产品的木箱包装、仪器和仪表的发泡塑料盒包装、机电产品的塑料箱盒包装等。

(四)包装工艺条件的确定与要求

提高包装的防霉防腐性能,还应注意包装生产的环境条件。

1. 控制包装生产环境的温、湿度

一般物品当其含水量少于12%、环境湿度在70%以下时,霉菌难以生长繁殖。同时,环境温度低,霉菌生长繁殖率也会降低,因此,产品包装生产车间应保持低温、低湿。

2. 保持包装生产环境的卫生

进行文明、整洁生产,防止灰尘、油渍、昆虫尸体以及污物进入包装容器,不给霉菌留下营养物质。

3. 库房应保持干燥、卫生

库房应装有适当的隔层,以阻止潮气从地下或四周侵入。堆放物与墙壁间留有通道,且货堆间保持适当距离,以便通气与清理污物。

第二节　防潮包装技术

空气中的水蒸气随季节、气候、湿度等条件的不同而变化,且在一定压力和温度下,水蒸气可凝结为水。为了防止某些物品及其包装容器从空气中吸湿受潮,避免物品质量受损或潮解变性,可靠的方法是采用防潮包装。

防潮包装就是采用具有一定隔绝水蒸气能力的防潮材料对物品进行包封,隔绝外界湿度变化对物品的影响,同时使包装内的相对湿度满足产品的要求,保护物品的品质。

一、防潮包装的基本概念

1. 湿空气的含湿量

湿空气中水蒸气的质量与湿空气中干空气的质量之比称为含湿量。当空气压力一定时,水蒸气的分压强与空气含湿量近似为线性关系,即水蒸气的分压强越大,含湿量就越大。如果含湿量不变,水蒸气分压强将随着空气压强的增大而上升,随着空气压强的减小而下降。

2. 空气的绝对湿度

每立方米湿空气中所含有的水蒸气量即为空气的绝对湿度。但由于水分蒸发或凝结时,湿空气中水蒸气质量是变化的,而且即使水蒸气质量不变,但湿空气的容积还将随温度的变化而变化。因此,绝对湿度不能确切反映湿空气中水蒸气量的多少。

3. 空气的相对湿度

在一定温度下,湿空气所含的水蒸气量有一个最大限度,超过这一限度,多余的水蒸气就会从湿空气中凝结出来。因此,具有最大限度水蒸气量的湿空气称为饱和空气。饱和空气所具有的水蒸气分压强和含湿量,称为该温度下湿空气饱和水蒸气分压强和饱和含湿量。

空气中水蒸气分压强与同温度下饱和水蒸气分压强之比,或绝对湿度与饱和绝对湿度之比,称为该温度下的相对湿度。按公式(2-1)进行计算,即

$$\varphi = \frac{P'}{P} \times 100\% \tag{2-1}$$

式中:φ 为相对湿度;P' 为该温度下的绝对湿度;P 为同温度下的饱和绝对湿度。

相对湿度不能表达空气中的含湿量,只能表征空气接近饱和的程度。φ 值越小,表明空气饱和程度越小,空气吸收水蒸气的能力越强;φ 值变大,与之相反,空气吸收水蒸气的能力越差;当 $\varphi=100\%$ 时,空气为饱和空气;当 $\varphi=0$ 时,空气为干空气。

4. 物品的吸湿性

物品的吸湿性是指物品在一定条件下,从空气中吸收或放出水分的能力。吸湿性强的物品在潮湿的空气中不断吸收水分而增加含水量,而在干燥空气中则会不断放出水分而减少含水量。物品吸湿是物品与空气中水蒸气之间作用的结果。

另外,在某些物品的组成成分中含有亲水性基团,易于吸湿。从物品的组织结构来看,凡具有疏松多孔或粉末结构的物品,它们的表面积较大,与空气中水蒸气接触面积大,吸湿速度快。为了使防潮包装收到良好的防护效果,必须对被包装物品的吸湿特性进行充分的了解,以明确防潮要求。

5. 结合水与非结合水

物品与水的结合方式有两类,即结合水和非结合水。结合水(又称束缚水)是以一般干燥处理难以除去的水分,又可分为化学结合水和物化结合水。非结合水又称为自由水或游离水,与物质的结合强度弱,一般的干燥处理即可除去,如物质毛细管中的水分、表面润湿水分及存在于孔隙中的水分。

6. 吸湿产品的平衡湿度

吸湿产品在一定的温度与湿度的空气或环境中,将排除水分(蒸发)或吸收水分(吸湿)可达到并维持一定值,此值称为在该条件下物品的平衡水分(或平衡湿度)。平衡水分随物品的种类而异,对同一种物品其平衡湿度随所接触的空气组成、环境的温度、湿度的变化而改变。

二、防潮包装的技术要求

为满足各个等级防潮包装的技术要求,应特别注意以下事项。

1. 时间限制

防潮包装的有效期限一般不超过两年。在有效期内,防潮包装内空气相对湿度在

25℃时不应超过60%(特殊要求除外)。

2. 环境限制

物品进行防潮包装的操作环境应干燥、清洁，温度不高于35℃，相对湿度不大于75%，且温度不应有剧烈的变化，以免产生凝露。

3. 形态限制

物品若有尖凸部，应预先予以包扎，以免损伤防潮包装容器。

4. 作业限制

防潮包装操作应尽量连续进行，一次完成包装操作，若需中间停顿作业时应采取临时的防潮措施。

5. 运输限制

物品运输条件差，易发生机械损伤，此时应采用缓冲衬垫卡紧、支撑或固定，以免擦伤防潮包装容器。

6. 外包装限制

包装附件以及物品的外包装件等也应保持干燥，并充分利用它们来吸湿。碎纸或纸箱含水率不得大于12%，刨花、木材或木箱含水率不得大于14%；否则应进行干燥处理。

7. 外形限制

尽量减小防潮包装的总表面积，使包装表面积与其体积之比达到最小。

三、防潮包装的形式

防潮包装应采用密封包装，可以根据产品性质与实际流通条件，恰当地选择包装方式。常见的防潮包装方式有以下几种。

1. 绝对密封包装

采用透湿度为零的刚性容器进行包装。如将物品装入金属容器内，并检查容器壁面及焊封处有无缺焊、砂眼、破裂等造成漏气的隐患；或将物品装入玻璃、陶瓷容器或壁很厚的塑料容器内，再进行一次封口或附加二次密封。

2. 真空包装

将包装产品容器内残留的空气抽出，使其处于符合要求的负压状态，避免容器内残留的湿气影响物品的品质。同时抽真空还可以利用其负压来减小膨松物品的体积，减少物品占用的储存空间。

3. 充气包装

将包装容器内部的空气抽出，再充以惰性气体，可以防止湿气及氧气对包装物产生不良影响。充气包装除了防潮、防氧外，还可以弥补真空包装中包装容器易被物品棱角和突出部分戳穿的不足。

4. 贴体包装

用抽真空的方法使塑料薄膜紧贴在物品上并热封容器封口，降低包装内部的空气量。

5. 热收缩包装

用热收缩塑料薄膜包装物品，经加热后，薄膜可紧紧裹住物品，并使包装内部空气压力稍高于外部空气，从而减缓外部空气向包装内部的渗透。

6. 泡罩包装

采用全塑的泡罩包装结构并热封,可避免物品与外部空气直接接触,并减缓空气向包装内部的渗透。

7. 泡塑包装

将物品先用纸或塑料薄膜包裹,再放入泡沫塑料盒内或就地发泡,可以有效地阻止空气的渗透。

8. 油封包装

机电产品涂以油脂或进行油浸后,金属部件不与空气直接接触,可有效地减缓湿气的侵害。

9. 多层包装

采用不同透湿度的材料进行两次或多次包装,在层与层之间形成拦截空间,不仅可减缓水蒸气的渗透,并且可以使内部气体与外界空气掺混降至最低。多层包装阻湿效果较好,但操作麻烦。

10. 使用干燥剂的包装

在装有物品的包装容器内放入干燥剂,通过吸收原有的以及透入的湿气而达到保护物品的目的。

第三节　防氧包装技术

氧气是生物赖以生存的基本条件之一,其化学性质非常活泼,可与各种物质发生化学作用。物质与氧所发生的化学反应称为氧化,物质发生氧化反应时,常放出大量热,如放出的热能立即散失于空气中,则物质温度升高不易被察觉;否则物质内部将出现发热现象。无论氧化速度快慢,都会给物品带来诸多不利影响。

为了防止因氧气作用而降低流通物品的品质,一般采用防氧包装(或称隔氧包装或除氧包装)来保护物品,方便存储、运输、销售等活动。

防氧包装是选择气密性好、透湿度低、透氧率低的包装材料或包装容器对物品进行密封包装的方法。其主要特点是在密封前抽真空、充入惰性气体、放置适量的除氧剂与氧的指示剂等,将包装内的氧气浓度降至 0.1% 以下,从而防止物品长霉、锈蚀或氧化。

起初,防氧包装主要应用于食品、贵重药材、橡胶制品等物品的包装。近几年来,防氧包装应用范围逐步扩大到精加工零件、电子元器件、无线电通信整机、精密仪器、机械设备、农副产品等领域。防氧包装的方法主要有三种,即真空包装、充气包装和脱氧剂的防氧包装。

一、真空与充气包装

真空包装是将物品装入气密性包装容器,在密封之前抽真空,使密封后的容器内达到预定真空度的一种包装方法。

充气包装是在真空后再充入惰性气体的一种包装方法。

真空与充气包装是为了解决一个共同的问题而采取的两种不同的方法。它们同样使用高度防透氧材料，包装生产线的设备也大多相同，并且都是通过控制包装容器内的空气来推迟产品的变质。

（一）真空包装与充气包装的特点

真空包装可降低容器内的氧气含量，对食品来讲，可减轻或避免食品氧化，并可抑制霉菌、害虫生长与生存，保持食品原有的色香味，延长保存期；对金属制品来讲，可防止锈蚀；对膨松物品来讲，可减小体积。而且包装容器内排除空气后，可加强热传导，此时再进行高温加热，杀菌效果会显著。但是经真空包装的包装件，内、外压力不平衡，被包装物品会受到一定的压力。易结块的粉状食品、酥脆易碎的物品、形状不规则的物品、有尖角的物品等都不能用真空包装。

充气包装是在包装件抽真空后，立即充入一定量的惰性气体，如 N_2、CO_2，或者不抽真空，直接用惰性气体置换出空气，使包装件内部既除去了氧气，内外的压力也趋于平衡，克服真空包装的不足。

（二）真空与充气包装的机理

真空与充气包装的功能相同，工艺过程略有差异，其机理的实质可归结为如下三个方面。

1. 除氧

包装件内除氧的方法有两种：一是机械法，即用抽真空或用惰性气体置换；二是化学法，即用各种除氧剂。真空与充气包装的除氧一般多采用机械法，有时也辅之以化学法。

2. 阻气

采用具有不同阻气性的包装材料，如塑料薄膜和塑料纸、箔等复合材料，阻挡包装件内外的气体互相渗透。气体对塑料膜的透过性各不相同。对一种薄膜，几种常见气体的透过率比例为 $N_2 : O_2 : CO_2 = 1 : 3 : (15 \sim 30)$。

3. 充气

向包装件内充惰性气体，常用 N_2 和 CO_2，惰性气体本身具有抑制微生物生长、繁殖的效能。此外，还可以充入干燥空气及其他特殊气体，并保证包装内的相对湿度在产品的临界相对湿度以下，则可防止金属腐蚀。

部分食品包装充气的品种和作用如表 2-2 所示。

表 2-2 食品包装充气的品种和作用

食品类别	食品名称	充气种类	充气作用
大豆加工品	豆豉	N_2	可减缓成熟度
	豆制品	N_2	防止氧化
壳类物及加工制品	年糕	CO_2	防止发霉
	面包	CO_2	防止发霉
	干果仁	N_2	防止氧化、吸潮、香味失散
	花生仁、杏仁	$CO_2 + N_2$	防止氧化、吸潮、香味失散
油脂	食用油、菜油	N_2	防止氧化

续表

食品类别	食品名称	充气种类	充气作用
水产	鱼糕	CO_2	限制微生物、霉菌的发育
	鱼肉	CO_2+N_2	限制微生物、霉菌的发育
	紫菜	N_2	防止变色、氧化、香味失散和昆虫发育
乳制品	干酪	CO_2/CO_2+N_2	防止氧化
	奶粉	N_2	防止氧化
肉	火腿、香肠	CO_2/N_2	防止氧化、变色、抑制微生物繁殖
	烧鸡	CO_2+N_2	
点心	蛋糕、点心	CO_2/CO_2+N_2	抑制微生物繁殖
饮料	可乐、雪碧	CO_2	防止氧化、香味失散、微生物破坏

二、脱氧剂的防氧包装

使用脱氧剂是继真空与充气包装之后出现的一种新的防氧包装方法,与前两者相比有更多的优点和更广的应用范围。

使用脱氧剂不仅可以节省抽真空或充气设备,还可以彻底除掉物品微孔中的氧气以及包装作业完成后缓慢透进来的少量氧气,使用方法灵活,除氧彻底,被广泛地应用于食品、药品、纺织品、精密仪器、金属制品、文物等多个领域的物品包装。

(一)常见的几种脱氧剂

脱氧剂能在较短的时间内与氧气发生不可逆的化学反应,并形成稳定的化合物。常见脱氧剂有以下几种。

1. 铁系脱氧剂

目前,应用较广的是以铁或亚铁盐为主剂的脱氧剂。铁系脱氧剂的脱氧反应速度与温度有关,通常铁系脱氧剂使用温度范围为5~40℃,因此铁系脱氧剂不宜在5℃以下保存和使用。铁系脱氧剂的脱氧速度与包装空间的相对湿度也有关,有些被包装物在高湿度时,脱氧效果会受到一定的影响。

2. 亚硫酸盐系脱氧剂

以亚硫酸盐为主剂的常用脱氧剂。亚硫酸盐系脱氧剂在包装空间相对湿度过低时使用,脱氧速度也会大幅度降低。

3. 加氢催化剂型脱氧剂

最早使用的以铂、钯、铑等加氢催化剂为主剂的脱氧剂,其中以铑应用较多。这种脱氧剂成本高,使用不方便,现只在特殊场合使用,或配合其他脱氧剂少量使用。

4. 葡萄糖氧化酶脱氧剂

由葡萄糖和葡萄糖氧化酶组成的脱氧剂。在一定的温度、湿度条件下,在葡萄糖氧化酶的催化作用下,葡萄糖与包装容器中的氧发生反应,生成葡萄糖酸,达到脱氧的目的。

5. 抗坏血酸脱氧剂

抗坏血酸与氧发生反应形成氧化型抗坏血酸。这种脱氧剂可用于所有的食品和药品包装,但是成本较高。

此外,还有硫氢化物脱氧剂、碱性糖制剂以及非化学反应型光敏脱氧剂等,它们的最终脱氧效果都很好。

(二) 脱氧剂的应用

脱氧剂主要可以应用于以下几个方面。

(1) 脱氧剂可以防止脂肪氧化、天然色素氧化褪色,抑制需氧型微生物的生长和繁殖,用来保持食品的色、香、味,延长保存期。

(2) 脱氧剂,特别是复合脱氧剂可以用于鲜肉、鲜鱼等的保鲜包装。

(3) 脱氧剂可以使粮食呼吸减慢,抑制害虫和霉菌的繁殖,大大减缓粮食的陈化速度。

(4) 脱氧剂可以防止害虫对中药材、木制品、文物、纺织品等物品的侵害,还可以防止有色物品褪色。

(5) 脱氧剂还可以用于金属制品的防锈包装。

第四节　虫害及防虫害包装技术

储运过程中的物品,除了易生霉外,有时还易遭受虫害的侵蚀,须采取恰当的防虫害包装技术对物品进行全面保护。

防虫害包装是以用包装容器将易遭虫害的物品密封起来为主要手段,并以防虫、驱虫或杀虫为辅助手段,达到使物品免遭虫害的目的。

一、害虫的分类

(一) 食品害虫的分类与危害

食品害虫绝大多数体小色暗,不易被人发现,它们多可抵抗高温或严寒,有的常潜藏于阴湿的场所,有的又喜在干燥环境中栖息。食品害虫有数百种,繁殖力与适应力强且分布广泛。常见的食品害虫主要有以下几类。

1. 昆虫类

昆虫类主要包括甲虫类、蛾类等害虫,其幼虫主要对谷物、豆类、干货类、药材等物品产生危害。例如,印度谷蛾能在食品表面大量吐丝结网,排出大量带臭味的粪便,使食品极易发霉。

2. 螨类

螨类多为白色,体小且多为圆形或椭圆形,主要危害粮食、面粉、干果、干酪、食糖、薯干等。例如,腐食酪,体长 $0.3\sim0.4mm$,体有恶臭,会使食品带异味,危害食用脂肪与蛋白质较高的花生、干肉、干果、奶粉、油料、豆类等。

(二) 木材害虫的分类与危害

危害木材的昆虫主要是白蚁与甲虫。

1. 白蚁

白蚁属鳞翅目,是一种活动隐蔽、过群体生活的昆虫。根据蚁种的不同,其单独的群体蚁数可从数百个至百万个。白蚁可将木材蛀成粉末状,还可使活的树木枯死,使得木结构的建筑物倒塌,木质结构的集装箱被虫蛀而造成重大的运输事故,成箱成捆的布匹被蛀食,其危害十分严重。白蚁在世界上共有两千多种,我国也有近百种,以温暖潮湿地区为多。

2. 甲虫

甲虫属鞘翅目,主要有天牛、粉蠹和长蠹等。甲虫在木材表面产卵,新孵化的幼虫蛀入木材潜伏,因此木材会被蛀出许多通道与虫孔,不仅损害了木材的强度,且为木腐菌的侵入创造了条件。

二、影响害虫生长繁殖的主要因素

1. 温度

害虫是变温动物,害虫体温的调节主要靠获得和散失热量。热量的获得主要来自害虫栖息地的环境温度。热量的散失主要通过水分蒸发。害虫的体温很大程度上取决于周围环境的温度。因此,温度对害虫幼虫的发育速度和成虫的寿命、繁殖率、死亡速度以及迁移分布都有直接的影响。

2. 湿度

湿度对害虫的影响与温度同等重要,一方面湿度直接影响害虫的有水分的生理活动;另一方面湿度间接影响害虫食物中的含水量。

害虫体内含有大量的水分,占体重的50%~90%,害虫体内的水分主要从食物中获得,一般害虫在食物含水量低于8%时就难以生存。一般害虫对环境湿度的变化具有非常敏感的反应,特别是对低湿度的反应更为明显。

3. 空气

空气中的氧分对害虫的代谢繁殖有一定的影响。当空气中的氧分浓度降低到一定程度,就会影响虫体的呼吸作用,影响害虫正常的新陈代谢和生长繁殖。

4. 光线

光是生态系统中能量的主要来源,光的波长、强度和周期对害虫的趋性、滞育、行为等有重要影响。多数害虫都会对光刺激产生定向运动,即趋光性,可借助该特性,运用不同波长的光线,对害虫进行刺激和杀伤。

5. 人为因素

在物品加工、储存、运输、销售过程中,由于人为因素导致的管理不善、检查不严、预防不及时,也会导致虫害的滋生。

三、防虫害包装技术

防虫害包装技术是指通过各种物理的因素(光、热、电、冷冻等)或化学药剂作用于害虫的机体,损坏害虫的生理机能和机体结构,破坏害虫的生活条件,促使害虫死亡或抑制害虫繁殖,以达到防虫害的目的。

（一）高温防虫害包装技术

高温防虫害包装技术就是利用较高的温度来抑制害虫的发育和繁殖。当环境温度上升到 40~45℃时，一般害虫的活动就会受到抑制；当温度上升至 45~48℃时，大多数害虫将处于昏迷状态；当温度上升到 48℃以上时，害虫会被杀死。

高温杀虫包装技术可以采用烘干杀虫、蒸汽杀虫等方法来进行。

烘干杀虫一般是将待包装物品放在烘干室或烘道、烘箱内，使室内温度上升至 65~110℃。还可以按照待包装物品的品种规格，容易滋生害虫种类的特性，来设定温度及升温时间进行烘烤处理。

蒸汽杀虫是指利用高热的蒸汽杀灭害虫，一般利用蒸汽室，当蒸汽室内温度保持在 80℃左右时，将要处理的物品放在蒸汽室内处理 15~20min，害虫将会完全被杀死。

（二）低温防虫害包装技术

低温防虫害包装技术是指利用低温抑制害虫的繁殖和发育，并使其死亡。害虫一般在环境温度 8~15℃时，开始停止活动；在环境温度 -4~8℃时，处于冷麻痹状态。如果持续保持这种环境温度，害虫就会死亡。-4℃是一般害虫致死的临界点。目前，各种冷冻设备，如冷冻机、低温冷藏库等都能将温度降到 0℃以下，足以满足防虫害包装的要求。

害虫对于外界低温具有一定的抗寒能力。为了破坏害虫的抗寒性、加速害虫的死亡，在对包装低温处理时，应注意以下两个问题。

1. 害虫的抗寒性与其食物的含水量有密切的关系

害虫的食物中含水量越高，则它的抗寒性就越强。因此，在防虫包装中要在内装物品含水量的允许范围内，尽量减少物品中的水分，以降低害虫的抗寒性，加速害虫的死亡。

2. 害虫的抗寒性与冷却速度有密切的关系

冷却越慢则害虫体内热量散失越慢，冷却状态越稳定；反之，冷却速度越快，体温在较高的温度下，体液骤然进入结晶状态，则可以加快害虫死亡。如果在短时间内一次接一次重复急剧加温、急剧冷却，也可以降低害虫的抗寒性、加速害虫的死亡。

（三）电离辐射防虫害包装技术

电离辐射防虫害包装技术是利用 X 射线、γ 射线、中子射线等的杀伤能力使害虫死亡或者不育，从而达到防虫害的目的。

中子射线与 X 射线、γ 射线的作用相同，但其效果比 X 射线、γ 射线显著。害虫对电离辐射的敏感性不同，一种害虫的不同发育时期也有差异。电离辐射对害虫不同发育期的影响主要包括以下几个方面。

1. 电离辐射对卵期的影响

经过电离射线照射的害虫的卵发育停止，不能孵化，死亡率高。例如，米象（粮食仓库中常见的害虫）的卵在产出后的 1~2h，用剂量为 1 千伦的 X 射线照射后，只有 5.5% 能发育到孵化。

2. 电离辐射对幼虫期的影响

电离射线对幼虫期的作用是使其食欲减慢，发育迟缓，甚至不能化蛹。

3. 电离辐射对蛹期的影响

害虫蛹期对辐射作用的敏感性明显低于幼虫期,蛹期对射线的抗性随着蛹龄的增长而提高。

(四) 微波与远红外线防虫害包装技术

微波杀虫是指害虫在高频的电磁场作用下,虫体内的水分、脂肪等物质受到微波的作用,物质分子发生振动,分子之间产生剧烈的摩擦,生成大量的热能,使虫体内部温度迅速上升,可达 60℃以上,因而致死。

微波杀虫具有处理时间短、杀虫效力高、无残害、无药害等优点。但是,微波对人体健康有一定影响,可引发贫血、嗜睡、神经衰弱、记忆力减退等病症,因此操作人员不可进入有害剂量(150MHz以上)的微波范围,进入时必须采取必要的防护措施。

远红外线具有与微波相似的作用,主要是能迅速干燥储藏物品和直接杀死害虫。例如,害虫竹蠹的死亡临界温度为 48℃,利用远红外线的光辐射和产生的高温(可高达150℃),可使竹制品内部的竹蠹全部死亡。

(五) 化学药剂防虫害包装技术

利用化学药剂进行防虫害包装,通常是将包装材料进行防虫、杀虫处理,或在包装容器中加入杀虫剂或驱虫剂,以保护内装物品免受害虫侵犯。

杀虫剂种类较多,但到目前为止还没有一种杀虫剂能防治所有害虫。最常用的杀虫剂是从除虫菊中提取的除虫菊酯,是一种神经毒剂。它在较高的温度条件下会快速分解,对于具有较高体温的鸟类和哺乳动物等毒性较低。除虫菊酯具有快速杀菌效能,多种害虫触及后在几秒钟内死亡,且对人畜几乎无毒性,使用安全。

第五节 防振包装技术

防振包装又称为缓冲包装,是指为了减轻内装物受到的冲击和振动,保护其在运输、保管、堆码和装卸等过程中免受损坏所采取的一定防护措施的包装方法。

一、常用防振包装材料及其性能要求

防振包装的作用主要是克服冲击和振动对被包装物品的影响,克服冲击所采用的方法通常称为缓冲,所用材料称为缓冲材料。克服振动而采用的方法通常称为防振、隔振,所用材料称为防振材料、隔振材料。缓冲材料与防振材料、隔振材料统称为防振包装材料。

(一) 防振包装材料的分类

防振材料的种类很多,按外形可分为两大类,即无定形防振材料(屑状、丝状、颗粒状、小块或小条等形状)和定形防振材料(成型纸浆、瓦楞纸板衬垫、纸棉材料、棕垫、弹簧、合成材料等);按材质可分为植物纤维素类、动物纤维素类、矿物纤维素类、气泡结构类、纸类及防振装置类等。

(二)防振包装材料的性能要求

防振材料的作用是用来缓和包装件中内装物在运输、装卸中所受的冲击和振动外力的,故防振材料必须具有其特定的性能。

1. 能吸收冲击能量

防振材料对冲击能量的吸收性,是指当包装物品在运输、装卸过程中受到冲击时,包装材料能把外来的冲击力衰减到不使物品受到破坏的性质。

2. 能吸收振动外力

在运输过程中,当汽车或其他运输工具的振动频率与被包装物的固有频率接近时,就会发生共振。共振会使物品受到破坏,所以缓冲包装材料必须具有能将共振衰减的黏性,不会因为共振而使振幅增大。

3. 具有较好的复原性

防振材料应有高的回弹能力(即复原性)和低的弹性模量,当受到外力作用时产生变形;当外力取消时能恢复其原形,这种能恢复原来形状的能力称为复原性。

4. 具有温、湿度的稳定性

一般材料都要受温度、湿度的影响。作为防振材料,应在一定的温度、湿度范围内保持防振特性。在材料的温湿度范围内,对冲击和振动的吸收性、复原性等缓冲性能,随环境温、湿度的变化越小越好。特别是对于热塑性防振材料,温、湿度稳定性尤为重要。

5. 吸湿性小

吸湿性大的防振包装材料有两个危害:一是降低防振性能;二是引起被包装的金属制品生锈和非金属制品的变形变质。

6. 酸碱性要适中

防振包装材料的水溶出物的pH值应为6~8。与被包装物品直接接触时,pH值最好为7;否则在潮湿条件下易使被包装物腐蚀。此外,防振包装材料还必须有较好的挠性和抗张力,必要的耐破损性、化学稳定性和作业适性。

若使一种防振材料同时具备上述所有性能,是难以做到的,可以根据产品的具体情况选择具备其中某些特性的材料,使之满足防振包装要求,也可以灵活利用各种材料的特点搭配使用。部分包装材料及其性能详见表2-3。

表2-3 常用防振材料的特性比较

防振材料	复原性	冲击性	密度	锈蚀性	吸水性	含水性	耐菌性	耐候性	柔软性	成型性	黏性	温度范围
聚乙烯泡沫塑料	好	优	低	无	无	无	良	良	优	良	良	大
聚苯乙烯泡沫塑料	差	优	低	无	无	无	良	良	差	优	良	小
聚氨酯软泡沫塑料	好	良	低	无	大	有	良	良	优	良	良	大
泡沫塑料	因材而异	良	低	无	因材而异	—	良	良	优	—	—	因材而异

续表

防振材料	复原性	冲击性	密度	锈蚀性	吸水性	含水性	耐菌性	耐候性	柔软性	成型性	黏性	温度范围
氧乙烯软泡沫塑料	差	良	低	小	无	无	良	良	优	不可	良	小
动物纤维防振成型材料	好	优	低	小	好	有	不良	差	优	优	不良	大
成型硬橡胶垫	无	优	高	小	无	小	不良	不良	优	良	良	小
木丝	差	不良	一般	小	大	小	不良	不良	良	—	良	大
瓦楞纸	差	不良	一般	无	大	小	不良	不良	不良	不可	良	大
醋酸纤维	差	良	高	无	无	无	良	良	优	优	—	小
金属弹簧	好	不良	高	无	无	无	良	良	不可	不可	不可	大

二、防振包装方法

(一) 全面防振包装方法

全面防振包装法是指内装物与外包装之间全部用防振材料填满来进行防振的包装方法。根据所用防振包装材料的不同可分为以下几种。

1. 压缩包装法

用弹性材料把易碎物品填塞起来或进行加固,吸收振动或冲击的能量,并将其引导到内装物强度最高的部分。所用弹性材料一般为丝状、薄片状和粒状,对形状复杂的物品也能很好地填塞,有效地保护内装物。

2. 浮动包装法

浮动包装法和压缩包装法基本相同,不同之处在于所用弹性材料为小块衬垫,这些材料可以位移和流动,有效地充满直接受力部分的间隙,分散内装物所受的冲击力。

3. 裹包包装法

利用各种类型的片材,把单件内装物裹包起来放入外包装箱盒内。这种方法多用于小件物品的防振包装。

4. 模盒包装法

利用模型将聚苯乙烯树脂等材料做成和制品形状一样的模盒,再用模盒来包装物品以达到防振目的。这种方法多用于小型、轻质物品的包装。

5. 就地发泡包装法

就地发泡包装法是以内装物和外包装箱为准,在其间充填发泡材料的一种防振包装技术。这种方法很简单,主要设备包括盛有异氰酸酯和盛有多元醇树脂的容器及喷枪。使用时先将盛有两种材料的容器内的温度和压力按规定调好,然后将两种材料混合,用单管道通向喷枪,由喷头喷出。喷出的化合物形成的泡沫体为聚氨酯,经过1min变成硬性和半硬性的泡沫体,这些泡沫体可将任何形状的物品包裹住。

(二) 部分防振包装方法

对于整体性好的物品和有内包装容器的物品,仅在物品或内包装的拐角或局部地方使用防振材料进行衬垫即可,这种方法称为部分防振包装法。

部分防振包装主要是根据内装物特点,使用较少的防振材料,在最适合的部位进行衬垫,力求取得好的防振效果,并降低包装成本。所用防振包装材料主要有泡沫塑料的防振垫、充气塑料薄膜防振垫和橡胶弹簧等。目前广泛地应用于电视机、收录机、洗衣机、仪器仪表等物品的包装上。部分防振包装法如图 2-1 所示。

(三) 悬浮式防振包装法

对于某些贵重易损的物品,为了有效地保证在流通过程中不受损害,往往采用坚固的外包装容器,把物品用带子、绳子、吊环、弹簧等吊在外包装中,不与四壁接触。这些支撑件起着弹性阻尼器的作用。悬浮式防振包装法如图 2-2 所示。

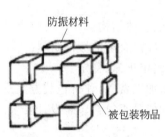

图 2-1 部分防振包装法

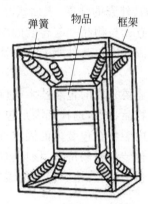

图 2-2 悬浮式防振包装法

(四) 充气式防振包装法

充气式防振包装是通过气垫中的空气,缓和外界的物理冲击,从而达到保护产品的目的。在选择包装材料时,应选择具有柔性和弹性的软性热封塑料薄膜材料,如可采用多层聚乙烯薄膜与高强度、耐磨损的尼龙布作为缓冲的表面材料。

由于充气式防振包装具有良好的弹性和复原性、温湿度稳定、吸湿性小等优点,且包装材料便宜,加工设备简单,因此被广泛用于军工、电子、精密仪器仪表以及易碎物品的包装。

(五) 联合方法

将两种或两种以上的防振方法配合使用的方法称为联合方法。例如,既加铺垫,又填充无定形缓冲材料,使物品得到更充分的保护。

三、防振包装设计的原则和程序

(一) 防振包装设计的原则

防振包装设计应遵循以下原则。

(1) 物品在包装容器中要固定牢靠,不能活动,对其突出而又易损部位要加以支撑。同一包装容器有多件物品时,应进行有效隔离。

(2) 选择合适的缓冲衬垫。缓冲衬垫的面积视物品或内包装的重量、缓冲材料的特性而定。

(3) 正确选择缓冲材料。物品的品种、形状、重量、价值、易损性不同,对缓冲材料的要求也不同。

(4) 包装结构应尽量简单,便于操作、开启和从包装内取出物品。

(5) 进行包装设计时,应对各种因素进行综合考虑,如计算振动量时,既要考虑共振时包装件整体的响应,又不可忽视对关键件或易损件的响应。

(二) 防振包装的设计程序

防振包装的一般设计程序如下。

(1) 全面掌握物品的特性,包括重量、形状、大小、材质、易损部分的位置和性质、固有频率、使用目的、外壳的强度、表面状况、突出部分位置等。

(2) 了解有无与物品一起包装的附件。若有,则应清楚地掌握附件的有关情况。

(3) 了解流通中包装件所受外力情况、运输方式、气候条件、环境情况、储存条件和储存时间等。

(4) 确定需要采取的包装技术,进而确定包装整体结构。

(5) 根据物品特点,选择既满足包装要求,又经济合理的缓冲材料。

(6) 确定内装物在包装内的固定方法,必须固定牢靠、稳定。

(7) 考虑包装材料经济型,核算包装材料费、加工费等,评价包装方案是否经济合理。

(8) 进行包装试验,检验包装的缓冲、防振性能是否符合包装设计要求。

第六节　防锈包装技术

金属由于受到周围介质的化学作用或电化学作用而发生损坏的现象称为金属锈蚀。按锈蚀介质的不同,可分为大气锈蚀、海水腐蚀、地下锈蚀、细菌锈蚀等。在包装作业中遇到最多的是大气锈蚀。锈蚀对于金属材料和金属制品有严重的破坏作用,为了防止金属及其制品锈蚀而采用一定防护措施的包装,称为防锈包装。

一、"永久性"防锈和"暂时性"防锈

金属制品防锈的方法很多,根据防锈时期的长短可分为"永久性"防锈和"暂时性"防锈。因此,防锈包装也可分为永久性防锈包装和暂时性防锈包装两种。

"永久性"防锈方法是指改变金属物品内部结构、金属表面合金化、金属表面覆层(电镀、喷镀、化学镀)、金属表面覆非金属涂层(搪瓷、橡胶、塑料、油漆等涂层)等。这些方法都能较好地达到防锈的目的,但它们是"永久性"的,防锈层不能除去,因而这些方法在金属产品的防锈包装中不能普遍采用。

"暂时性"防锈并不意味防锈期短,而是指金属物品经运输、储存、销售等流通环节到消费者手中这个过程的"暂时性"以及防锈层的"暂时性"。"暂时性"防锈材料的防锈期可达几个月、几年甚至十几年。"暂时性"防锈包装技术是现代防锈包装技术的主要研究对象。

"暂时性"防锈包装的工艺过程有三个方面的内容,即防锈包装的预处理技术、各种防锈材料的防锈处理技术以及防锈包装后处理技术。

> **小提示**
>
> **金属制品锈蚀的主要原因**
>
> 金属锈蚀现象是普遍存在的。按照金属锈蚀的机理,锈蚀可分为电化学锈蚀和化学锈蚀两种类型。一般金属制品的锈蚀主要是电化学锈蚀。金属制品锈蚀的主要原因包括金属材料耐锈蚀性差、防锈封存前清洗不干净、热处理残盐清理不净、防锈材料变质或质量不好、超期储存、大气成分与清洁度等。
>
> (资料来源:张京敏.物流运作管理[M].北京:中国财富出版社,2015.)

二、防锈包装的预处理技术

生产的金属制品表面常生成或附着各种物质,如油脂、锈蚀产物以及各种灰尘等。这些都是产生电化学锈蚀的因素,所以对金属制品进行防锈包装之前,必须对它们进行清洗、除锈、干燥等预处理。

1. 金属制品的清洗

金属制品常用的清洗方法主要有碱液法、表面活性剂法、有机溶剂法以及其他清洗液法等。

2. 金属制品的除锈

在实际防锈包装中,常将除锈工序与清洗油污工作合并进行,即在清洗液中加入除锈剂。金属制品的除锈方法包括物理机械除锈法和化学除锈法两类,物理机械除锈法有人工除锈法、喷射法和砂轮除锈法;化学除锈法有酸洗除锈和碱洗除锈等,其中应用最广泛的是酸洗除锈法。

3. 干燥

金属表面清洗后常附着水分或溶剂,应尽快除去以免再生锈。常用的干燥方法有加热法、油浴脱水法、压缩空气干燥法、用含表面活性剂的汽油排水法、红外线干燥等。不论用什么样的干燥方法都要等金属表面冷到一定温度时才涂防锈剂;否则会引起防锈剂分解。

金属表面处理工序是防锈包装的基础,只有金属表面处理得十分干净并完全干燥,才能充分发挥防锈材料的作用;否则不可能得到满意的防锈效果。

三、防锈处理技术

常用的防锈处理技术主要有防锈油防锈和气相防锈两种。

(一)防锈油的防锈处理

防锈油是以油脂或树脂类物质为主体,加入油溶性、缓蚀剂和其他添加剂成分所组成的暂时性防锈涂料。防锈油中的油脂或树脂类物质作为成膜物质涂布于金属表面后,对锈蚀因素具有一定的隔离作用。

但一般油脂类能溶解少量空气中的氧,并且能溶解少量水分,单纯使用油脂不能获得满意的防锈效果,因此必须添加缓蚀剂,这类物质对防锈油的防锈效果具有很大影响。

防锈油的作用原理主要基于以下几点。

1. 在金属表面上的吸附作用

这种吸附作用,一是对锈蚀因素具有屏蔽作用,二是可以提高油膜与金属表面的附着力。

2. 能降低落在油膜上的水滴与油层的界面张力

防锈油中的缓蚀剂可使水的表面张力降低,使水滴不能呈球形状态存在于油膜上,而趋向于平摊开来,降低了水滴对油膜的压力,使其不易穿透油膜到达金属的表面。

3. 对水的置换作用

具有表面活性的缓蚀剂借助其界面吸附作用可将金属表面吸附的水置换出来。此外,油中所含的水分,可被缓蚀剂的胶粒或界面膜稳定在油中,使其不能与金属直接接触。

防锈油的种类很多,适用于包装金属制品的防锈油主要有防锈脂、溶剂稀释型防锈剂以及薄层油、仪表防锈油等。

(二)气相防锈处理

气相防锈包装技术是用气相缓蚀剂(挥发性缓蚀剂),在密封的包装容器内对金属制品进行防锈处理的技术。

气相缓蚀剂是一种能减慢或完全停止金属在侵蚀性介质中被破坏的物质,它在常温下具有挥发性,所以在密封包装容器中,气相缓蚀剂在很短时间内挥发或升华出的缓蚀气体,充满整个包装容器内的每个角落和缝隙,同时吸附在金属制品的表面上,从而起到抑制大气对金属的锈蚀作用。

由于气相防锈包装技术不需要在金属制品的表面上涂层,所以这种防锈包装方法不会损害金属制品的外观,也不污染包装。

气相缓蚀剂的防锈期长,有效防锈期可达3~5年,有的可达10年以上。但许多气相缓蚀剂不能用于多种金属的组合件防锈,且气相缓蚀剂的刺激性气味较大。

气相防锈包装过程中应注意以下事项。

(1)使用气相防锈剂时,必须首先掌握缓蚀剂的特性及其对金属的适应性。应先进行防锈试验,以免不能取得满意的效果,甚至可能使金属制品受到锈蚀。

(2)包装内的相对湿度不应过高,一般不应超过85%,与水分长期接触,防锈膜有被溶解的可能。如果包装内湿度不易降低,可在包装容器内加入干燥剂。

(3)光、热会引起缓蚀剂的分解,在气相缓蚀剂的使用或保存中,都应防止受光和热的作用。

(4)要防止酸液、碱液与气相缓蚀剂接触,微量的酸、碱液也可能引起缓蚀剂的分解,要控制使用条件的pH值。

(5)气相缓蚀剂对手汗无置换作用,同时不能除去金属制品上原有的锈迹,因此在进行气相防锈包装前必须对金属制品进行清洁处理。包装作业时应注意个人卫生,工人应戴手套和口罩。

四、防锈包装后处理技术

金属制品的包装后处理是为了进一步加强防锈效果、保护产品,而在金属制品的内包装和外包装过程中所采用的一些特殊的材料和技法。例如,用蜡纸、防锈纸、塑料膜、塑料袋等对已做了防锈处理的金属制品进行包封,必要时也可加入干燥剂并进行密封包装。对于容易损坏的金属制品还可以在内、外包装之间用一定性能的防振材料进行缓冲包装。

除了以上防锈包装技术外,还可采用真空包装、充气包装、收缩包装等包装技术方法,防止包装内金属制品的锈蚀。

第七节　泡罩包装与贴体包装技术

泡罩包装与贴体包装又称为热成型包装(国外称卡片包装)。经包装后的物品被固定在泡罩和衬底之间,在运输和销售过程中不易损坏,从而使一些形状复杂、怕压易碎的物品得到有效的保护,延长物品保质期。并且,塑料薄片加热成型后形成的泡罩、空穴、盘盒等均为透明的,可以清楚地看到物品的外观,能起到宣传物品、扩大销售的作用。

最初,泡罩包装与贴体包装主要用于药片、胶囊、栓剂等医药方面的包装,但由于这种包装方式本身的优越性,使得它在食品、化妆品、文具、小工具、机械零件以及玩具、礼品、装饰品等领域也得到越来越广泛的应用。

一、泡罩包装技术

泡罩包装技术是 20 世纪 50 年代末,德国首先发明并推广应用的,首先用于药片和胶囊的包装,由于这种包装方式具有质量小、运输方便、密封性能好,可防止潮湿、尘埃、污染、偷窃和破损,能包装任何异型品,装箱不需另外使用缓冲材料以及外形美观、方便使用、便于销售等特点,因此得到广泛应用。

(一)泡罩结构

泡罩包装主要由具有热塑性的塑料薄片和衬底组成,有的还用黏合胶或其他辅助材料。

1. 塑料薄片

能用于泡罩包装的塑料薄片有许多种类,除了其主要材料本身所有的特征和性能外,还由于制造工艺和所用添加剂的不同,又赋予塑料薄片其他一些特征,如厚度、拉伸强度、延伸率、光线透过率、透湿度、老化性、带静电、热封性、易切断性等。

目前,泡罩包装使用的硬质塑料薄片材料有纤维素、苯乙烯和乙烯树脂三大类。其中纤维素应用最普遍,有醋酸纤维素、丁酸纤维素、丙酸纤维素,它们都具有极好的透明性和最好的热成型性以及抗油脂的透过性。但纤维素的热封湿度比其他塑料片要高。

2. 衬底(盖片)

衬底也是泡罩包装的主要组成部分。同塑料薄片一样,衬底在选用时必须考虑被包装物品的大小、形状和质量。衬底主要有白纸板、B 型和 E 型涂布(主要是涂布热封涂层)、瓦楞片、带涂层铝箔和多种复合材料等几种,其中最常用的是白纸板。

白纸板是用漂白亚硫酸木浆制成的,也有用废纸和废旧新闻纸为基层上覆白纸的。纸板衬底的表面必须洁白有光泽,适应性好,能牢固地涂布热封涂层,同时还必须与泡罩封合后具有好的抗撕裂结合力。白纸板衬底的厚度范围为 0.35~0.75mm。

塑料薄片和衬底可采用黏结、热合、套装或钉装等方式组合。

(二)泡罩包装方法

泡罩包装的泡罩、空穴、盘盒等有大有小,形状因被包装物品的形状而异;有用衬底的,也有不用衬底的。同时,由于包装机械成型部分、加热部分、热封部分的多样性,造成包装机械种类的繁多,所以泡罩包装有多种,但都可以按操作方法将泡罩包装分为手工操作和自动化机械操作两大类。

1. 手工操作

手工操作适用于资金不足、劳动力充足的地区的多品种、小批量生产。泡罩和衬底是预先成型印刷冲切好的,包装时用手工将物品放于泡罩内,盖上衬底,然后放在热封器上封接即可。若被包装物品对潮湿和干燥不敏感,也可以直接采用订书机订封。

2. 自动化机械操作

尽管包装机械的种类繁多,但其基本结构大致是相同的,典型的泡罩包装机械都必须有热成型材料供给部位、加热部位、成型部位、充填部位、封合部位、冲切部位、成型容器的输出和余料收取的部位,以及充填检测与废品剔除装置等。

全自动机械操作适合单一品种大批量生产,不仅生产率高、成本低,而且符合卫生要求,因此多用于药品和小件物品包装。

二、贴体包装技术

贴体包装与泡罩包装类似,是由塑料薄片、热封涂层和卡片衬底三个部分组成的。它的用途有两个:一是透明性,作为货架陈列的销售包装;二是保护性,用来包装一些形状复杂或易碎、怕挤压物品,如计算机磁盘、灯具、玩具、礼品和成套瓷器等。

(一)贴体包装方法

贴体包装的基本操作过程是,将单件物品或多件物品置于带有微孔的衬底上,覆上经过加热的软质透明塑料薄膜,在衬底下面抽气使塑料薄膜与物品外表紧贴,同时以热熔或胶粘的方式使塑料薄膜与涂敷黏结剂的衬底黏合,使物品紧紧地固定在其中。贴体包装与泡罩包装在操作方法上有所不同,主要区别在于以下三个方面。

(1) 贴体包装不用另做模具,是用被包装物作为原始模具。

(2) 贴体包装只能用真空吸塑法进行热成型。

(3) 衬底上必须加工许多小孔,以便抽真空。

(二)贴体包装材料和包装机

1. 贴体包装材料

目前,在贴体包装材料中最常用的塑料薄片是聚乙烯和离子聚合物。包装小而轻的物品时,用 $100\sim200\mu m$ 厚的离子聚合物薄片;包装大而重的物品时,用 $200\sim400\mu m$ 厚的聚乙烯薄片。衬底常用白纸板和经涂布的瓦楞纸板。

选用贴体包装材料时,应考虑物品的用途、大小、形状和质量等因素。对销售包装,要强调薄片的透明度和易切断性以及纸板的卷曲等。对于以保护性为主的运输包装,则应注意薄片的外观、吸热性、耐戳穿性和深拉伸性能。

2. 贴体包装机

贴体包装机一般多为手动式,结构简单、价格便宜。因更换包装物不需要更换包装模具,所以比较灵活。操作过程中,用手将物品放入衬底纸板,并将薄片夹于夹持器中,然后进行吸塑加工。半自动式的包装机除放置衬底和物品外,其余过程均为自动进行。

三、泡罩包装与贴体包装的选用原则

1. 保护性原则

包装的目的是为了保护物品、方便储运、促进销售。如果被包装物品在有效期内发生霉腐、潮解或结块、生锈,则包装的选用就是失败的。通常易潮易霉腐的物品多采用泡罩包装。

2. 方便和高效原则

贴体包装难以实现包装自动化流水线,生产效率低,但不需更换包装模具。泡罩包装比较容易实现包装自动化流水线生产,因此工人的劳动强度低、生产效率高,但是更换包装物品时需要更换包装模具,比较费时费力,因此,单一品种的大批量生产通常采用泡罩包装。

3. 低成本原则

泡罩包装的一次性投资成本比较高,贴体包装需要的人工比较多。因此,泡罩包装适用于小而轻的物品的大批量包装;贴体包装适用于大而重的物品的小批量包装。

4. 美观和方便原则

在保证物品不变质、包装方便、成本低的前提下,应尽量选用美观性好、使用方便的包装方法,有利于销售。

综上所述,泡罩包装技术在大批量药品、食品和小件物品包装方面优势明显。包装1000支圆珠笔的泡罩包装费用比同样数量的贴体包装费用节省24%;与此相反,包装一些较大的物品,如厨房用具、生产工具、电视天线等,贴体包装的费用要比泡罩包装节省许多。

此外,因贴体包装不需要模具,而且塑料薄片经真空吸塑,可将物品牢固地固定在衬底上,在运输和搬运过程中不易损坏,常用于一些形状复杂或易磨损、易破碎物品的包装,但因贴体包装衬底有小孔,故其美观性和阻气性等不如泡罩包装,因此,具体选用时应根据包装实际需要进行适当选择。

第八节 热收缩包装与拉伸包装技术

热收缩包装是用可热收缩的塑料薄膜裹包物品和包装件,然后加热使薄膜收缩和包紧物品或包装件的一种包装方法。

拉伸包装是用可拉伸的塑料薄膜,在常温和收缩张力下对物品或包装件进行裹包的

方法。

这两种包装方法原理不同,但产生的包装效果基本一样,选择使用热收缩包装技术还是拉伸包装技术应从材料、设备、工艺、能源和投资等各个方面综合考虑。

一、热收缩包装技术

热收缩包装技术是将经过预拉伸的塑料薄膜、薄膜套或薄膜袋,在考虑其收缩率等性能的前提下,将其裹包在被包装物品的外表面,以适当的温度加热,薄膜即在长度和宽度上产生一定程度的收缩,紧紧地包裹住物品。这种方法广泛地应用于销售包装领域。

(一)热收缩薄膜的主要性能指标

1. 收缩率与收缩比

收缩率包括纵向和横向的,测试方法是先测量薄膜长度 L_1,然后将薄膜浸放在120℃的甘油中 1~2s,取出后用冷水冷却,再测量长度 L_2,按式(2-2)进行计算,即

$$收缩率 = \frac{L_1 - L_2}{L_1} \times 100\% \tag{2-2}$$

式中:L_1 为收缩前薄膜的长度;L_2 为收缩后薄膜的长度。

目前包装用的收缩薄膜,一般要求纵、横两方向的收缩率相等,约为50%,但在特殊情况下也有单向收缩的,收缩率为25%~50%。还有纵、横两个方向收缩率不相等时产生的偏延伸薄膜。

纵、横两个方向收缩率的比值称为收缩比。

2. 收缩张力

收缩张力指薄膜收缩后施加在包装物上的张力。包装金属罐等刚性产品允许较大的收缩张力,而包装一些易碎或易褶皱物品,若收缩张力过大,就会使物品损坏或变形。因此,收缩薄膜的收缩张力必须选择恰当。

3. 收缩温度

收缩薄膜加热达到一定温度后开始收缩,温度升到一定高度时停止收缩。在此范围内的温度称为收缩温度。

对包装作业来讲,包装件在热收缩通道内加热,薄膜收缩产生预定张力时所达到的温度称为该张力下的收缩温度。收缩温度与收缩率有一定的关系。

4. 热封性

收缩包装作业中,在加热收缩之前一定要先进行两面或三面热封,而且要求封缝具有较高的强度。

(二)常用的收缩薄膜

收缩薄膜是热收缩包装材料中最主要的一种,分为片状和筒状两大类。片状薄膜使用时,先将塑料原料制成片状,然后分别沿薄膜的纵轴和横轴方向进行拉伸,称二次拉伸法;或者同时进行两个方向拉伸,称为一次拉伸法。筒状薄膜使用时,先将塑料原料制成筒状,然后进行二次拉伸或一次拉伸。

目前使用较多的收缩薄膜是聚氯乙烯、聚乙烯、聚丙烯、聚偏二氯乙烯、聚酯、聚苯乙

烯、醋酸乙烯共聚物和氯化橡胶等。

(三) 热收缩包装的方法

热收缩包装有手工热收缩包装和机械热收缩包装两种方式。

1. 手工热收缩

通常是用手工对被包装物品进行裹包,然后用热风喷枪等工具对被包装物吹热风完成热收缩包装。这种方法简单、迅速,主要用于不适合机械包装的包装件,如大型托盘集装的产品或体积较大的单件异型产品。这种方法方便、经济,值得在国内推广。

2. 机械热收缩

机械热收缩包装是目前较为常用的收缩包装方法,作业工序一般分为两步:首先是用机械的方式对物品和包装件进行预裹包,即用收缩薄膜将物品包装起来,热封必要的口与缝;其次是热收缩,将预裹包的物品放到热收缩设备中加热。

(四) 热收缩包装的特点

热收缩包装能得到广泛而迅速的发展,主要是因为它具有很多优异的特点。

(1) 能包装一般方法难以包装的异型物品,如蔬菜、水果、鱼类、肉类、玩具、小工具等。

(2) 收缩薄膜一般为透明的,经热收缩后紧贴于物品,能充分显示物品的外观,由于收缩比较均匀,而且材料有一定的韧性,棱角处不易撕裂。

(3) 利用收缩的性质可以把零散的多件物品很方便地包装在一起,如几个罐头、几盒糖果等。

(4) 可以延长食品的保鲜期,适用于食品的保鲜、低温储藏,防止冷冻食品的过分干燥,为超市和零售商提供了方便。

(5) 密封、防潮、防污染、可在露天堆放、节省仓库面积,如水泥、化肥等的集合包装,既牢固又方便。

(6) 包装工艺和设备简单,有通用性,便于实现机械化,节省劳力和包装费用,并能部分地代替瓦楞纸箱和木箱。

(7) 收缩包装不仅将被包装物紧固在一起,而且薄膜本身具有缓冲性和韧性,能防止运输过程中因震动和冲击而损坏物品。

(8) 体积庞大的物品,可以采用现场收缩包装方法,工艺和设备均很简单,如包装赛艇和小轿车。

热收缩包装技术虽具有上述优点,但在包装颗粒、粉末或形状规则的物品时,不如装盒、装箱、装袋和裹包的方式包装速度快。而且热收缩包装需要热收缩通道,能源消耗、占用投资和车间面积均较大,实现连续化、高速化生产比较困难。

二、拉伸包装技术

拉伸包装是20世纪70年代开始采用的一种新包装技术,它是由热收缩包装发展而来的。拉伸包装是依靠机械装置在常温下将弹性薄膜围绕被包装件拉伸、紧裹,并在其末端进行封合的一种包装方法。由于拉伸包装不需进行加热,所以消耗的能源只有收缩包装的5%。

拉伸包装技术起初主要是用于销售包装,满足超市销售肉、禽、海鲜产品、新鲜水果和蔬菜的包装需求。随着优质拉伸薄膜,如聚氯乙烯薄膜的广泛运用,拉伸包装因节省设备投资和材料、能源方面的费用而迅速从销售包装领域扩展到运输包装领域。

(一)拉伸薄膜的性能指标

1. 自黏性

薄膜之间接触后的黏附性,在拉伸缠绕过程中和裹包之后,能使包装物品紧固而不会松散。自黏性受外界环境多种因素影响,如湿度、灰尘和污染物等。获得自黏薄膜的主要方法有两种:一是加工表面光滑具有光泽的薄膜;二是用增加黏附性的添加剂,使薄膜的表面产生湿润效果,从而提高黏附性。

2. 韧性

韧性是指薄膜抗戳穿和抗撕裂的综合性质。抗撕裂能力是指薄膜在受到张力后并被戳穿时的抗撕裂程度。抗撕裂能力的危险值必须取横向的,因为在此方向上撕裂包装将使包装件松散,但如果纵向发生撕裂,包装件仍能保持牢固。

3. 拉伸率

拉伸率是薄膜受拉力后产生弹性伸长的能力。纵向拉伸增加,最终将使薄膜变薄、宽度缩短。虽然纵向拉伸是有益的,但过度拉伸常常是不可取的,因为薄膜变薄、易撕裂,会使加在包装件上的收缩张力增加。

4. 应力滞留

应力滞留是指在拉伸裹包过程中,对薄膜施加的收缩张力能保持的程度。薄膜常用的应力滞留程度是将薄膜原始长度拉伸至130%,在16h中松弛至60%~65%。

5. 许用拉伸

许用拉伸是指在一定用途的情况下,能保持各种必需的特性,所能施加的最大拉伸。许用拉伸越大,所用薄膜越少,包装成本也越低。

除上述性能指标外,光学性能和热封性能也是对某些特殊包装件包装时要考虑的重要指标。

(二)常用的拉伸薄膜

用于拉伸包装的薄膜必须具有一定的自黏性、韧性、拉伸率、应力滞留和许用拉伸范围。常用的拉伸薄膜有线性低密度聚乙烯薄膜、醋酸乙烯共聚物薄膜、聚氯乙烯薄膜、低密度聚乙烯薄膜,其薄膜的性质如表2-4所示。

表2-4 常用拉伸薄膜的性质

拉伸薄膜	拉伸率	拉伸强度/MPa	自黏性/g	抗戳穿强度/Pa
线性低密度聚乙烯	55%	0.412	180	960
醋酸乙烯共聚物	15%	0.255	160	824
聚氯乙烯	25%	0.240	130	550
低密度聚乙烯	15%	0.214	60	137

(三)拉伸包装的方法

拉伸包装的方法按包装用途可分为销售包装和运输包装两大类。

1. 用于销售包装的方法

1）手工操作

一般是把被包装物放在浅盘内，特别是软而脆的物品以及多件包装的零散产品。如果物品本身有一定的刚性、牢固程度较好，也可不用浅盘。

2）半自动操作

将包装工作中的一部分工序机械化或自动化，可节省劳力、提高生产率。机械化的部分是卷包和拉伸等的重要环节，但因厂家和用户的需求各不相同，导致其构造复杂、价格较高、通用性较差。因此，虽然半自动化操作能节省人力，但并不能使总体效益达到最优、使用较少。

3）全自动操作

由于手工操作劳动强度大，单一而频繁的动作容易引起工人身体损伤，加上生产成本高、生产效率低，因此全自动操作方式快速地发展起来。现有的自动拉伸包装机中所采用的包装方法大体可分为两种，即上推式操作法和连续直线式操作法。

2. 用于运输包装的方法

这种包装大部分用于托盘集合包装，有时也用于无托盘集合包装。

拉伸包装用于运输包装时，按所用薄膜的不同可分为整幅薄膜包装法和窄幅薄膜缠绕式包装法两类；按操作方法的不同又分为回转式操作法和直通式操作法；按其生产率的高低又可分为手提式、平台式、运输带传递式、全自动式等方法。

（四）拉伸包装的特点

(1) 与热收缩包装相比，拉伸包装具有以下特点。

① 不需要热收缩设备，节省设备投资、能源和设备维修费用。

② 适合包装怕热的产品，如鲜肉、蔬菜和冷冻食品等。

③ 可以准确地控制裹包力，防止产品被挤碎。

④ 可以防盗、防火、防冲击和防振动。

(2) 拉伸包装除具备上述优点之外，也存在一些不足。

① 防潮性比热收缩包装差，在运输包装中堆集的物品顶部需要另外加一块薄膜，操作不便。

② 因为拉伸薄膜有自黏性，当许多包装件堆在一起搬运时，会因黏结而造成损伤。

三、热收缩包装与拉伸包装的比较

（一）收缩包装与拉伸包装的相同点

(1) 对规则形状和异形的物品均适用。

(2) 都特别适于包装新鲜水果和蔬菜。

(3) 对于单件、多件物品的销售包装均适宜。

（二）收缩包装与拉伸包装的不同点

1. 对物品的适应性

(1) 热收缩包装不适用于冷冻的或怕受热的物品，而拉伸包装不受此限制。

(2) 热收缩包装可将物品裹包在托盘上,拉伸包装只裹包托盘上的物品。

2. 对流通环境的适应性

(1) 从包装件存放场所来看,热收缩包装不怕日晒雨淋,存放于仓库或露天均可,因而可节省仓库面积;拉伸包装则因薄膜受阳光照射或高温天气影响将发生松弛现象,因此只能在仓库内存放。

(2) 从运输包装的防潮性和透气性来看,热收缩包装进行了六面密封,防潮性好、透气性差;拉伸包装一般只裹包四周,有时也可裹包顶面,防潮性稍差,但透气性好。

(3) 从操作环境来看,热收缩包装不宜在低温条件下操作,拉伸包装则无此限制。

3. 设备投资和包装成本方面

收缩包装需热收缩设备,投资和维护费用较高,能源消耗和材料费用也较多,设备回收期较长;拉伸包装因无须进行加热,设备投资和维护费用较低,能源消耗少,材料消耗比收缩包装少25%,投资回收期也较短。

4. 包装应力方面

热收缩包装不易控制,但比较均匀;拉伸包装虽容易控制,但楞角处应力过大易损。

5. 堆码适应性方面

热收缩包装适应性较好;拉伸包装由于薄膜有自黏性,包装件之间易黏结,搬运过程易撕裂,所以堆码性较差。

6. 库存薄膜的要求方面

热收缩包装需要有多种厚度的薄膜,而拉伸包装只要有一种厚度的薄膜即可用于不同物品的包装。

热收缩包装与拉伸包装既有相同点,也有不同之处,且各有利弊,在进行选择时必须结合具体物品的包装要求和特性,从材料、设备、工艺、能源和投资等方面综合考虑。

四、热收缩包装与拉伸包装的选用原则

在挑选拉伸和热收缩包装时,首先要考虑以下几个方面。

(1) 对产品尽量适应的原则。

(2) 对流通环境尽量适应的原则。

(3) 设备投资和包装成本尽量降低的原则。

(4) 包装材料来源广、品种多、库存方便的原则。

(5) 操作方便的原则。

此外,还要考虑生产速度、货物重量、滑动板材、爆炸或冷冻条件以及其他变化因素。有的因素可以改变最后的选择。

热收缩包装通常用于不规则形状的货物以及需长期在室外存放或需防水的环境条件的货物。像引擎机体这种货物需要牢靠固定在托盘上,只有热收缩式包装才能很好地适合于这一类。热收缩式包装能够做到完全防水,并且有耐太阳紫外线辐射的收缩薄膜可供选用。

拉伸包装的货物应用范围较广,如袋、箱、瓶、罐、整齐排列的货物,金属拉伸材料,轧制材料、板材,农产品以及器械用具等。

一般来说,由于能耗差异,许多货运商都是首先考虑拉伸式,然后在必要时再考虑热收缩式包装。

本章主要就物品在物流过程中的质量变化、防霉防腐包装、防潮包装、防氧包装、防虫害包装、防振包装、防锈包装、泡罩包装与贴体包装、热收缩包装和拉伸包装技术等进行了论述。这些技术是物流包装过程中应用的主要技术,掌握和熟悉了这些技术就可以在物流包装过程中灵活应用和组合使用,提高物流包装质量。

2-1 什么是包装技术?包装技术有哪些种类?
2-2 什么叫防霉防腐包装?防霉防腐包装技术有哪些?
2-3 防虫害包装技术有哪些?
2-4 贴体包装的操作方法与泡罩包装有哪些不同?

实践课堂

(1) 实践目的:通过阅读包装技术的案例,运用本章所学的包装技术知识对本章引导案例进行分析,进一步了解包装技术及应用在物流包装中的作用。

(2) 技能要求:结合本章引导案例分析包装技术在实际物流包装工作中需要考虑哪些问题。

(3) 实践学时:2 学时。

(4) 实践环节:以小组为单位(5~6 位学生一小组)完成任务。

(5) 实践内容:

① 每小组收集两种以上包装形式的实物。

② 各组展示并讲述该种包装形式所采用的技术方法及相关知识。

③ 查找有关最新包装材料的信息,写一篇不少于 300 字的介绍文。

第三章

包装机械

【学习目标】
(1) 熟悉各种常用包装机械的含义和图形。
(2) 掌握各种包装机械的分类、功能和结构。
(3) 掌握包装印刷机械的内容,熟悉包装印刷机械的名称和图形。
(4) 了解包装机械与包装印刷机械其他相关理论知识。

【学习指导】
结合案例、图片、实物等进行知识的学习,通过一定的实际操作掌握相关包装机械与包装印刷机械的使用技能。

【引导案例】

寒流寒潮持续,药品包装机械市场却一片火热

全国很多地方也在1月迎来了今年的第一场雪,气温跌至零下。尽管正值寒冬期,但冰冷却阻挡不了药品包装机市场的火爆,为2018年开了一个好头。

1. 中成药命名原则发布,自动智能化药品包装机械成"宠儿"

2017年12月,国家食品药品监管总局发布《中成药通用名称命名技术指导原则》(以下简称《原则》)。《原则》规定,明显夸大疗效,误导医生和患者的;名称不正确、不科学,有低俗用语和迷信色彩的;处方相同而药品名称不同,药品名称相同或相似而处方不同的都需要改名。

中成药改名的一大受益者就是药品包装机械企业。目前,不少中成药企业已经着手准备,而为了尽快完成改名工作,企业正寻求自动化、智能化的药品包装设备,以包装出符合该要求的产品。

2. 绿色再成行业关键词,药品包装机械企业肩负重担

2018年第一天,环保政策再度强势来袭,《环境保护税法》正式实施,污染大户制药行业继续承压。国家政府用政策来约束企业节能减排,制药企业则以药机设备为突破口寻求绿色发展。为助力制药企业在环保路上顺利前行,药品包装机械企业肩负起研发绿色节能设备的重担,围猎包装行业两万亿元的市场。

3. 流感高发药品包装机械需求量增加

寒冷的天气让流感更加肆虐,今冬尤为严重。据有关专家分析,除了有乙型流感病毒感染的病人以外,还合并了甲型的几个亚型病毒的感染,如甲型 H1N1 和 H3N2。也正因为流感的高发,医院门诊部以及住院部人满为患,不少药企的明星药品出货量日益增高。受此影响,一些药企为了保证药品供应,加大了药机设备的购买力度。

不过,药机企业要想借机提升业绩,关键还是保证设备的质量。以药品包装机械为例,医药包装是药品的"外衣",也是与其直接接触的材料,在药品需求紧张的当下,如何保证药品质量和安全不在该环节出差错,是药机企业所要思考和解决的问题。虽然药品是由药企生产的,但作为关键一环,药品包装机械企业也要承担起相应的责任与义务。

(资料来源:http://news.pack.cn/show-342029.html)

第一节 包装机械概述

包装机械是指完成全部或部分包装过程的机器,包装过程包括成型、充填、封口、裹包等主要包装工序,以及清洗、干燥、杀菌、贴标、捆扎、集装、拆卸等前后包装工序,转送、选别等其他辅助包装工序[《包装术语》(GB/T 4122.1—2008)]。

从广义而言,现代包装机械的含义和领域很广,包括各种自动化和半自动化的包装机、运输包装机械、包装容器的加工机械、装潢印刷机械等。这些相互密切联系的机械设备组成了现代化的包装机械体系。

一、包装机械的功能

现代工业生产中,所有产品都需要包装,以达到保护和美化产品、方便储存、运输、促进销售的目的。包装机械是实现产品包装机械化、自动化的根本保证,在现代包装工业生产中起着重要的作用。包装机械和其他自动机械一样,它的功能主要体现在以下几个方面。

1. 实现包装生产的专业化和自动化,提高生产效率

例如,一条洗衣粉包装自动线,几个人操作可以替代几百人的工作;啤酒灌装机的生产能力可达到48000瓶/h,这是手工灌装无法比拟的。

2. 提高包装质量，增强保护内装物的可靠性

传统的手工包装无法使成千上万件包装盒内装物保持在同一个包装质量水平，采用机械包装，就可以根据设计要求，按照需要的式样、大小，做到规格化、标准化包装，从而保证包装质量符合国家标准。由于计量准确，物品包装的外观整齐、封口严密，提高了物品的包装质量并可延长物品的保质期，增强了市场销售的竞争力。

3. 降低包装成本，节省原材料，节约总投资费用

例如，棉花、烟草等的松散物品，如果采用压缩包装机打包，可以大大缩小体积，节省包装材料，还节省了仓库容积，增大储存量，减少保管费用，运输时还可以多装，从而节省运输费用。采用包装机械包装液体、粉状物品，可减少液体物品外涌、粉尘物品飞扬等，这样既能防止物品的散失又能保护环境且节约原材料，降低成本。

4. 改善工作环境，减轻工人劳动强度，防止环境污染

例如，粉尘或有毒物品，采用人工包装，难免影响环境及包装工人的身体健康，采用机械包装，不仅速度快、质量好、效率高，而且可以减少或防止污染。

5. 节约基建投资

当产品采用手工包装时，包装工人多、工序不紧凑，包装作业占地面积大。采用机械包装，物品、包装材料与包装容器的供给都比较集中，包装工序可以安排得比较紧凑，充分利用高度空间，减少了人工包装物品所需的占地面积，节约基建投资。

6. 促进包装工业的发展

包装作业的机械化可以促进包装材料、容器等领域有新的发展，从而使包装工业得到更快的发展。

二、包装机械的分类

（一）按包装机械的自动化程度分类

1. 全自动包装机

全自动包装机是自动供送包装材料和内装物，并能自动完成其他包装工序的机器。

2. 半自动包装机

半自动包装机是由人工供送包装材料和内装物，但能自动完成其他包装工序的机器。

（二）按完成包装产品的类别分类

1. 专用包装机

专用包装机是专门用于包装某种产品的机器。

2. 多用包装机

多用包装机是通过调整或更换有关工作部件，可以包装两种或两种以上产品的机器。

3. 通用包装机

通用包装机是在指定范围内适用于包装两种或两种以上不同类型产品的机器。

（三）按包装机械的功能分类

包装机械按功能不同，可分为充填机械、灌装机械、裹包机械、封口机械、贴标机械、清洗机械、干燥机械、杀菌机械、捆扎机械、集装机械、多功能包装机械、包装材料制造机械、

包装容器制造机械,以及完成其他包装作业的辅助包装机械。

三、包装机械型号编制方法

包装机械型号应反映产品的类别、系列、品种、规格、派生和改进的全部信息,型号包括主型号和辅助型号两个部分。

(一)主型号

主型号包括包装机械的分类名称代号、结构形式代号,必要时也可在其后选加被包装产品、包装材料、包装容器或自动化程度等选加项目代号。

主型号以其有代表性汉字名称的第一个汉字的拼音字母表示,遇有重复字母时可采用第二个汉字的拼音字母以示区别。也可用其汉字名称的几个具有代表性汉字的拼音字母组合表示。字母 I、O 一般不使用。

(二)辅助型号

辅助型号包括产品的主要技术参数、派生顺序代号和改进设计顺序代号。

主要技术参数用阿拉伯数字表示,应取其极限值。当需要表示两组以上的参数时,可用斜线"/"隔开。派生顺序代号以罗马数字Ⅰ、Ⅱ、Ⅲ、…表示。改进设计顺序代号依次采用英语字母 A、B、C、…表示。当辅助型号中无主要参数时,在主型号与派生顺序代号或改进设计顺序代号之间用短画线"-"隔开。第一次设计的产品无顺序代号。

(三)包装机械型号的编制格式

1. 编制格式组成

包装机械型号编制格式见图 3-1。

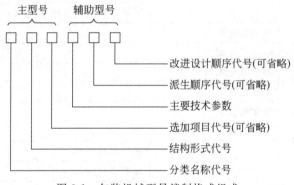

图 3-1 包装机械型号编制格式组成

2. 编制示例

【例 3-1】 负压灌装机

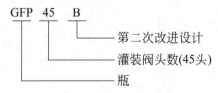

【例 3-2】 颗粒充填——封口机

```
DCK  30
 │    └── 最大充填容量(30mL)
 └─────── 颗粒物料
```

(四) 包装机械类别代号和主要技术参数

根据《包装机械分类与型号编制方法》(GB/T 7311—2008),将包装机械按主要功能的不同进行分类,对应的包装机械型号如表 3-1 所示。

表 3-1　常用包装机械型号

分类/代号	形式或名称		型号示例
充填机械/C	容积式充填机	量杯式充填机	CL×××
		计量泵式充填机	CB×××
		螺杆式充填机	CG×××
		插管式充填机	CA×××
		料位式充填机	CW×××
		定时式充填机	CD×××
		柱塞式充填机	CS×××
	称重式充填机	净重式充填机	CJ×××
		毛重式充填机	CM×××
	计数式充填机	单件计数式充填机	CJD×××
		多件计数式充填机	CJU×××
		转盘计数式充填机	CJP×××
		履带计数式充填机	CJL×××
	重力式充填机		CZ×××
	推入式充填机		CT×××
	拾放式充填机		CF×××
灌装机械/G	负压灌装机		GF×××
	常压灌装机		GC×××
	等压灌装机		GD×××
封口机械/F	无封口材料的封口机	热压式封口机	FR×××
		熔焊式封口机	FH×××
		压纹式封口机	FW×××
		折叠式封口机	FZ×××
		插合式封口机	FC×××
	有封口材料的封口机	滚压式封口机	FG×××
		卷边式封口机	FB×××
		压力式封口机	FY×××
		旋合式封口机	F×××X

续表

分类/代号	形式或名称		型号示例
封口机械/F	有辅助封口材料的封口机	结扎式封口机	FA×××
		胶带式封口机	FJ×××
		黏合式封口机	FN×××
		缝合式封口机	FF×××
		钉合机	FD×××
裹包机械/B	半裹式裹包机	折叠式裹包机	BZ×××
		缠绕式裹包机	BC×××
		拉伸式裹包机	BL×××
		收缩包装机	BS×××
	全裹式裹包机	扭结式裹包机	BN×××
		接缝式裹包机	BJ×××
		覆盖式裹包机	BF×××
		贴体包装机	BT×××
多功能包装机械/D	充填-封口机		DC×××
	灌装-封口机		DG×××
	成型-充填-封口机	箱(盒)成型-充填-封口机	DXX×××
		袋成型-充填-封口机	DXD×××
		冲压成型-充填-封口机	DXC×××
		泡罩包装机	DP×××
		热成型-充填-封口机	DXR×××
		开箱-充填-封口机	DKX×××
		开袋-充填-封口机	DKD×××
		开瓶-充填-封口机	DKP×××
	真空包装机		DZ×××
	充气包装机(或真空-充气包装机)		DQ×××
贴标机械/T	黏合贴标机		TN×××
	收缩贴标机		TS×××
	订标签机		TD×××
	挂标签机		TG×××
清洗机械/Q	干式清洗机		QG×××
	湿式清洗机		QS×××
	机械式清洗机		QJ×××
	电解式清洗机		QD×××
	电离式清洗机		QL×××
	超声波式清洗机		QC×××

续表

分类/代号	形式或名称	型号示例
干燥机械/Z	热式干燥机	ZR×××
	机械式干燥机	ZJ×××
	化学式干燥机	ZH×××
杀菌机械/S	热式杀菌机	SR×××
	超声波杀菌机	SC×××
	电离杀菌机	SL×××
	化学杀菌机	SH×××
捆扎机械/K	机械式捆扎机	KX×××
	液压式捆扎机	KY×××
	气动式捆扎机	KQ×××
	捆结机	KJ×××
	压缩打包机	KS×××
集装机械/J	集装机	JZ×××
	堆码机	JD×××
	拆卸机	JC×××
辅助包装机械/U	打码机	UM×××
	整理机	UL×××
	选别机	UX×××
	检验机	UJ×××
	辅送机	US×××

包装机械产品的名称、类别代号和主要技术参数如表 3-2 所示。

表 3-2 包装机械产品的名称、类别代号和主要技术参数

名 称	类别代号	主要技术参数内容
充填机	C	被装入产品的容量/质量/生产能力
灌装机	G	灌装阀头数/生产能力
封口机	F	封口尺寸/生产能力
裹包机	B	包装尺寸/生产能力
多功能包装机	D(可用多个字母组合表示)	主要功能的生产能力
贴标签机	T	尺寸/生产能力
清洗机	Q	生产能力
干燥机	Z	生产能力
杀菌机	S	生产能力
捆扎机	K	包装尺寸
集装机	J	规格/生产能力/按产品标准确定
辅助包装机	U	规格/生产能力/按产品标准确定

四、包装机械的特点

包装机械主要应用于食品、医药、化工及军事等多种行业,大多属于自动机械,既有一般自动机的共性,也有其自身特点。

1. 种类繁多

由于包装对象、包装工艺的多样化,使包装机械在原理与结构上存在很大差异,即使是完成同样包装功能的机械,也可能具有不同的工作原理和结构,如颗粒药片包装可以采用热成型-充填-热封口包装机或对塑料瓶采用计数充填机和旋盖机等完成。

2. 更新换代快

由于包装机械不断地向高速化发展,机械零部件极易疲劳,并且随着社会的进步对包装机械的要求也越来越严格,为满足市场需求,包装机械应及时更新换代。

3. 电动机功率小

由于进行包装操作的工艺力一般都较小,所以电动机所需的功率也较小,单机一般为 0.2~20kW。

4. 多功能性

包装机械不属于经常性消耗物品,是生产数量有限的专业机械,为提高生产效率、方便制造和维修、减少设备投资,目前包装机械大都具有通用性及多功能性。

第二节 主要的包装机械及其常用装置

一、包装机械常用装置

(一)给料装置

包装加工过程中,须先将内装物送到机器的料仓中,再借助给料装置,将内装物送往计量装置计量后完成定量包装。物品的给料方式有重力式、振动输送式、带式输送式、螺旋输送式、链条输送式、液态及黏稠性物料输送式、轮转式及辊轴输送式等。

1. 重力给料装置

重力给料装置是一种简便的给料方式,位于包装机上部料仓中的内装物,在重力作用下即向低位流送,但在流送过程中应防止结拱与搭桥等堵塞现象。

2. 振动输送给料装置

这是以振动输送机作为内装物的给料装置。它是运用振动技术,对松散颗粒内装物进行中、短距离输送而给料的。这种装置的优点是耗能少,能送高温物品,并可同时进行内装物的分选、定向、冷却或干燥多种作业,能防止尘土飞扬和杂物掺入;缺点是振动噪声大,输送物品有局限性。

3. 带式输送给料装置

带式输送给料装置是一种应用广泛的连续输送机,适用于输送散粒物品、块状物品及成件物品,其形式有单条输送带的输送机、多条输送带组合的输送机以及串联或并列组合的输送机等。

4. 螺旋输送给料装置

螺旋输送给料装置是一种简单的连续式输送机,适用于输送松散状态的干燥物品,也适用于块状或成件物品。黏性大、温度高的物品不宜用螺旋输送机输送,因为容易造成阻塞而中断输送。

5. 链条输送给料装置

链条输送给料装置是用环形链条作为牵引构件的输送机械,环形链条在驱动装置驱动下连续运行,被输送物品由装在牵引链条上的附件推动或拖曳前进。这种装置随牵引链条及其附件的不同而分为普通链条、滚轮链条、长链板链条、平板式链条、推板式链条和链条提升等。

6. 液态及黏稠性物料输送装置

输送各种液态或黏稠性物料均采用泵、管道及阀门等组成的管路系统。液体物料自储藏罐通过泵的抽吸加压,沿输送管道系统输送到包装机的储料箱中,然后再注入包装容器内。

7. 轮转式给料供料机

由料仓或料斗进行给料时,除利用重力作用给料外,有些情况还要使用回转式给料机。常见的有转鼓式和转盘式两种轮转式给料供料机。转鼓式给料机上口与料仓相连接,物品靠重力及其与转鼓表面的摩擦力,在转鼓转动时实现给料,咽道内装有调节闸,用以调节单位时间的给料量,适用于流动性好的松散粉粒物品给料;转盘给料机适用于干燥的、流动好的松散细粒物品给料,在容积计量中得到应用。

8. 辊轴式输送装置

辊轴式输送装置又称输送辊道,它由辊子和机器构成,输送辊道按能承受的载荷大小可分为微型、轻型、中型、重型、特重型五种,可对物品做水平或倾斜输送。结构上有单排滚道和多排滚道之分。

(二)计量装置

物品定量包装时必须根据内装物的不同而采用相适应的计量装置。

1. 计量装置

容积计量法是根据一定体积内的松散状态粉粒物品为某个定量值进行计量的。常用的容积计量装置有量杯计量、转鼓计量、螺杆计量、膛腔式计量等装置。

2. 称量装置

称量装置是指用平衡器对包装物品进行计量的装置。在包装机械中常用它进行粉末、细颗粒及不规则的小块等松散物品的包装定量。

3. 连续称量等分截取计量装置

这种装置由称量检测装置(电子秤)、电子调节系统、物品截送装置、供料及其控制系统、等分截取装置等部分组成。适用于对松散、散堆密度不稳定,且允许波动幅度较大又无一定规律的物品进行计量包装。

4. 规则形体物品的包装计量

规则形体的物品包括香皂、糖果、书籍等,由于其形体与量值的均一性好,给包装计量带来很大方便。

5. 液体物料的包装计量装置

液体物料有纯液体、液汁、溶液或乳浊液等,它们与松散态的细粉粒物品比较,液体物料具有流动性好、密度比较稳定等特性,其包装计量要比松散态细粉粒物品容易。常采用液位控制定位法、计量杯定量法和定量泵定量法等来进行包装计量。

(三) 包装容器与包装材料的供给装置

包装时,物品经定量装置计量后,即装、填入包装容器中或送到裹包材料片上,由包装机完成作业。包装容器或裹包材料可以采用手工供给或自动供给方式进行,包装容器或裹包材料的自动供给采用专门的自动供给装置系统来实现。

1. 刚性包装容器的供给装置

刚性包装容器是用金属薄板、玻璃、陶瓷及塑料等制造的容器。其特点是具有特定的结构形体、刚性强、稳定性好、质地致密、质量较大等,其容器类型有瓶、罐、筒、盒等。

刚性包装容器的供给装置系统通常由容器输送装置、定距分隔装置及传送装置等组成。容器输送装置承接包装生产线上送来的容器,向自动包装机运送,经定距分隔装置将包装容器分隔开并使之定距排列,再由传送装置把容器依次定时地传送到包装机的装料工作台上。

2. 袋类包装容器的供给装置

袋类包装容器是一种应用广泛的包装容器,大多用纸、塑料薄膜、复合材料或纤维织物等制成。它具有包装适应性好、成本低、原材料丰富、废弃包装易于处理等特点。包装袋结构形式有扁平袋、中式信封袋、枕式袋、圆柱形袋、方柱形袋等。

3. 单页包装材料的供给装置

有些物品常采用裹包方式包装。裹包用的包装材料一般为单页材料,也有卷盘材料。包装生产中除了直接用来裹包的单页材料外,还有商标、标签、封签等也常为单页式。这些单页包装材料在完成其前期加工后,都按规定的尺寸裁切,经整理成叠后才供包装机使用。

4. 卷盘式包装材料的供给装置

卷盘式包装材料的应用日益广泛,常用的有纸卷、玻璃纸卷、塑料薄膜及复合材料等。卷盘包装材料在包装生产中缩短了辅助工作时间,减少了包装工时,提高了生产率,降低了包装成本,从而使包装质量得到提高。

卷盘包装材料的供给装置从结构上包括卷盘包装材料的支撑装置、引导装置、牵引输送装置及裁切装置等。对于用作外包装或对位置有严格要求的,还必须有定位检测装置和自动控制装置。

5. 纸盒和纸箱的供给装置

在包装生产中,一般纸盒作为内装容器,纸箱则作为外包装容器。

纸盒的制备大多用印有商标及说明图文的薄纸板,经压制折印、裁切而成盒坯,供制盒机或直接供包装机制成包装盒。

纸箱的制备是用瓦楞纸板经印刷、压制折印、切坯成箱后再经折合备用。

(四) 充填或灌装装置

内装物的充填或灌装是指将经计量装置定量好的物品,引导充填或灌装到包装容器中的装料作业过程。

1. 松散物品的充填和灌装装置

松散物品主要是指粉末状、非规则形体的细颗粒、小块状物品以及液态物料等。其充填或灌装方式有重力式、真空式、等压式和强制加压式等。

重力式充填或灌装是包装中应用广泛的方式,如可用于液体、粉末、颗粒、固体块状物等的包装。重力式充填或灌装的控制装置将物品自储料箱或计量装置中在重力作用下排出,经导管或装填漏斗的引导而装填进包装容器中。

真空自动充填或灌装是指在自动包装机的充填或灌装系统中设置机械真空装置。借助真空装置的作用使包装装载容器在进行流体物料的充填或灌料时间内,保持一定程度的真空,在储料箱与待装料容器内之间存在的压强差作用下,促使流体物料自储料箱通过阀门而灌装到容器中。

等压式充填或灌装是指含有溶解气体的饮料食品充填和灌装时,必须先建立储液箱和装料瓶之间的等压,使之相应于饮料中气体溶解的饱和压力,然后再进行装料灌注。

对牙膏、香脂、果酱等黏稠度高、流动性差的膏状物料,必须采取强制的方法,即施加机械压力进行充填或灌装,称为强制加压式充填或灌装。

2. 装箱包装的装填装置

装箱包装是指对经过初次包装及中间包装后的物品进行再次包装,将它们按规定的要求装入包装箱中作为大包装的包装过程。目的在于储运保管的方便和保护物品。

装箱时,内装物的组合视其原包装特性及包装的要求而定。由于内装物的形式多样,初次包装容器的性能以及装箱时的排列组合不同,因而装箱的方式多样,一般而言,有重力装填法、机械推送装填法和机械手装填法等几种方式。

(五) 包装件的封口装置

此类装置随封口方法的不同而异,主要分类如下。

1. 刚性容器的封口装置

该装置系统包括:盖或塞等封口元件的供给装置;装载了包装物品的罐、瓶、盒的输送装置;将盖、塞等封口元件加在瓶、罐、盒上以及实现封口连接的装置等。

2. 袋类容器的包装封口装置

袋类容器的封口方式和装置与容器材质直接相关。例如,纸质材料必须用黏结材料或其他材料来实施封接;塑料及有塑料膜层的复合材料制造的袋类,一般采用热熔封接方式进行直接封口,也可以用黏结材料或机械性封接方法实施封口的封接。

3. 裹包机械装置

裹包包装是一种常见的软性包装方式,能适应包装的物品范围很广。裹包用的柔性材料品种较多。裹包机械装置由折叠器具和折叠执行机械组成,有多种多样的结构形态,常见的有底部裹包接缝,两端作折叠包封的裹包装置;冲模式折叠裹包装置;折叠成包装盒式裹包装置;卷包式裹包装置;扭结式裹包装置等。

4. 包装盒的封口装置

包装盒结构有多种。例如,盒盖、盒体分为两件的金属盒;封舌式的纸盒;以热成型或包装过程中成型的塑料盒等。

盒的材质与结构不同,封口方式与装置则各异。金属盒封口有扣盖式和旋盖式;热熔性塑料及其复合材料膜片以热成型法制成的盒体与盒盖,可采用扣压盖机械封口或热熔接封口。

5. 包装箱的封箱装置

包装箱是一种对物品已经进行了各种形式的包装后,再做集合排列包装的外包装容器。包装箱类型品种繁多,有各种木箱、铁皮箱及纸板箱等。现代包装箱中以纸板箱的应用居首位,其中以瓦楞纸板箱的用量为最多。

各种包装箱的封箱方式差别很大,木包装箱用钉及金属制件进行封箱;瓦楞纸箱主要应用黏结封箱和捆扎封箱,在纸箱内装入内装物之后,先折合封盖,再进行封箱连接作业。

(六) 转位和定位机械装置

1. 转位机械

转位机械多采用周期脉动方式进行,周期脉动式多工位自动包装机的转位传送是指按照包装加工工艺要求,实现转位-停止-转位-停止的周期脉动规则运动。

实现这种运动的转位机械是步进式运动机构,其运动规则应合乎自动包装和转位运动的需要。能实现周期转位的步进运动机构有转轮式转位机构、摩擦自锁式转位机构、连杆式转位机构、槽轮转位机构、凸轮式转位机构、不完整齿轮及星形轮转位机构等。

2. 定位机构

定位机构也多采用周期脉动方式进行,其中使用最多的是周期脉动式多工位自动工作机,大多数的加工是在工作台转位后的停息时间进行。

为保证工作机构对被加工物品顺利进行加工,要求工作台转位后准确停在要求位置上,并要求在加工物品受到工作机构的加工力作用时仍能保持在准确位置上。对定位机构设置的要求,首先是定位准确、可靠,确保工作台转位后停在所需位置上。

二、主要包装机械

(一) 充填机

将物品按预定量充填到包装容器内的机器称为充填机。充填液体物品的机器称为灌装机。

1. 容积式充填机

将物品按预定容量充填到包装容器内的机器称为容积式充填机。适合于固体粉料或稠状物体充填的容积式充填机有量杯式、螺旋式、气流式、柱塞式、计量泵式、插管式和定时式等多种,如图 3-2 所示。

2. 称量式充填机

将物品按预定质量充填至包装容器内的机器称为称量式充填机,如图 3-3 所示。充填过程中,事先称出预定质量的物品,然后充填到包装容器内。对于易结块或黏滞的物品,如红糖等,可采用在充填过程中物品连同包装容器一起称量的毛重式充填机。

图 3-2 多功能容积式充填机

3. 计数式充填机

将物品按预定数目充填至包装容器内的机器称为计数充填机,如图 3-4 所示。按其计数方法不同,有单件计数与多件计数两类。

图 3-3　粉料称量式充填机　　　　图 3-4　履带式计数充填机

(二) 封口机

封口机是指将盛有物品的包装容器封口的机器。

1. 热压封口机

用热封合的方法封闭包装容器的机器称为热压封口机,如图 3-5 所示。封口时被封接面由热板压在一起,待被封接材料在封接温度下充分黏着后,卸压冷却而完成封口操作。这种封口方法主要用于复合膜和塑料杯等。

2. 带封口材料的封口机

带封口材料的封口机的封口不是通过加热,而是通过加载使封口材料变形或变位来实现封闭的。常见的有压纹封口机、牙膏管封口的折叠式封口机、广口玻璃瓶的滚压封口机,如图 3-6 所示。

3. 带封口辅助材料的封口机

带封口辅助材料的封口机是采用各种封口辅助材料来完成包装容器的封口。常见的有缝纫机(见图 3-7)、订书机、胶带封口和黏结封口等。

图 3-5　热压封口机　　　图 3-6　半自动锁盖机　　　图 3-7　双机针封口缝纫机

(三) 裹包机

裹包机是用挠性包装材料完成全部或局部裹包物品的机器。裹包机有覆盖式、折叠式、接缝式、扭结式、底部折叠式、枕式、半裹式、托盘套筒式和缠绕式等。

1. 折叠式裹包机

用挠性包装材料裹包物品,并将末端伸出的裹包材料折叠封闭的机器称为折叠式裹包机,如图3-8所示,如卷烟、香皂、饼干和口香糖的裹包等。

2. 扭结式裹包机

扭结式裹包机是将末端伸出的无反弹性的柔性包装材料进行扭结封闭,主要用于糖果的裹包,如图3-9所示。

图3-8　折叠式裹包机

图3-9　糖果双扭结式裹包机

3. 收缩裹包机

将物品用具有热缩性的薄膜裹包后,再进行加热使薄膜收缩裹紧物品的机器称为收缩裹包机,如图3-10所示。它具有适用性广、包装性能好、生产效率高等特点,便于自动化生产。

4. 拉伸裹包机

拉伸裹包机如图3-11所示,使用拉伸薄膜在一定作用力下裹包物品。用于将堆集在托盘或浅盘上的物品连同托盘或浅盘一起裹包。它具有热收缩裹包机的特点,不用加热,节省能源。

图3-10　收缩裹包机

图3-11　拉伸裹包机

(四)灌装机

液体类物品的传统包装形式是采用玻璃瓶进行灌装,这不仅因为玻璃瓶的原料来源丰富,并且它的化学性能稳定,卫生无毒又易于清洗,便于多次循环使用,但它的主要缺点是重量大、易破碎、产品保存期较短。为此,近来除发展降低玻璃瓶重容比的轻量瓶外,还在开发采用金属罐、塑料瓶等其他刚性容器。采用刚性容器包装液料的机械一般为灌装机。

不同的液料必然有不同的理化性能及灌装工艺要求,故应有不同的灌装方法。对于不含气液料的灌装一般可选用常压法、真空法、虹吸法等类型的罐装机,对于含气液料一般选用等压法灌装机,对于黏度较大的稠性液料一般选用压力法灌装机。

1. 常压法灌装机

在常压下,直接依靠被灌液料的自重流进包装容器内。这种方法的灌装机主要是用于灌装低黏度的不含气液料,如牛奶、白酒、酱油、酸醋、药水等。

2. 真空法灌装机

在低于大气压的条件下进行灌装有两种方法:一种是差压真空式,即储液箱内处于常压,只对包装容器抽气使之形成真空,液料依靠储液箱与待灌容器间的压差作用产生流动而完成灌装;另一种是重力真空式,即储液箱内处于真空,对包装容器首先抽气使之也形成真空,随后液料依靠自重流进包装容器内。国内常采用前一种方式,后一种因结构复杂较少采用。

真空法灌装机应用面较广,它既适用于黏度稍大的液料,如油类、糖浆等;又适用于灌装含维生素的液料,如蔬菜汁、果汁等,瓶内形成真空就意味着减少了维生素与空气的接触,延长了产品的保存期;真空法灌装机还适应于灌装有毒的液料,如农药等,以便减少毒性气体的外溢,改善操作工人的劳动条件。

3. 虹吸法灌装机

利用虹吸原理进行灌装。液料由储液箱经虹吸管流进包装容器内,直至容器内液面与储液箱内液面相平为止,只需设法维持虹吸管内能始终充满液料,就可保证灌装的正常进行。

这种方法的灌装机较之常压法可增加灌装的稳定性,较之真空法可减少被灌液料香味的损失,如用于高级葡萄酒的灌装。但虹吸法灌装机的定量精度取决于储液箱内液面的恒定,而这往往易受到供料系统各种因素的影响,故限制了它的推广使用。

4. 等压法灌装机

在高于大气压的条件下,首先对包装容器充气,使之形成与储液箱内相等的气压,然后再依靠被灌液料的自重流进包装容器内。

这种方法的灌装机用于含气饮料,如啤酒、汽水等,采用等压灌装可以减少这类产品中所含二氧化碳气体的损失,防止灌装过程中过量起泡影响产品质量和定量精度。

5. 压力法灌装机

利用机械压力或气压将被灌液料挤入包装容器内,这种方法的灌装机主要用于黏度较大的稠性液料,如靠活塞压力灌装番茄酱、肉糜、牙膏、香脂等。有时也可用于汽水一类软饮料的灌装,这时靠汽水本身的气压直接灌入未经充气等压的瓶内,形成的泡沫随后经排气阀放出,灌液。排气间隔进行数次后完成灌装,当然,这样液料内二氧化碳损失较大,灌装质量势必也受到一定影响。

三、多功能包装机

多功能包装机是指在一台整机上可以完成两个或两个以上包装工序的机器。实现一机多用是现代包装机的发展趋势。

(一) 筒装成型-充填-封口机

这种包装机是将片状包装材料经折叠制成筒形袋,然后进行充填和封口的机器。

1. 立式制袋充填包装机

立式制袋充填包装机如图 3-12 所示,其特点是被包装物料的供应筒设置在制袋器内侧,适用于松散体、胶体或液体的包装。被包装物料的流动性、密度、颗粒度、形态等物性对包装的速度与质量均有很大影响。

2. 卧式制袋充填包装机

卧式制袋充填包装机如图 3-13 所示,此类包装机的制袋与充填都沿水平方向进行。可包装各种形状的固态或颗粒状物料,例如点心、面包、药品、香肠、玻璃制品、小五金、日用品、化工产品等,包装尺寸可在很宽的范围内调节,包装速度可达 500 袋/min。

图 3-12 立式制袋充填包装机

(二) 四边封口式制袋装置

四边封口式制袋装置的制袋过程是由两卷薄膜经导辊引至双边纵封辊进行纵封,物料由纵封辊凹形缺口之间装入,横封器与切断刀连续回转,完成四边封口操作。

(三) 真空或充气包装机

在包装容器内盛装物品后抽出容器内部的空气,达到预定真空度,并完成封口工序的机器称为真空包装机。容器盛装物品后,用氮、二氧化碳等气体置换容器中的空气,并完成封口的机器称为充气包装机,如图 3-14 所示。它们主要用于包装易氧化、霉变或受潮变质的物品,延长包装食品有效期、防止精密零件或仪器生锈等。

图 3-13 卧式制袋充填包装机

图 3-14 真空或充气包装机

(四) 热成型-充填-封口机

这种包装机采用热塑性片状材料,在加热条件下进行深冲成型为包装容器,然后进行充填,用纸、铝箔、复合材料等片状材料,靠黏结剂与容器边缘进行热压封口。

这种包装机是为包装药片或胶囊而设计的。服药时挤压小泡,药片便可冲破铝箔而出,故称为发泡或压出式包装。这种包装具有质量小、运输方便、密封性能好、能包装任何异型品、外形美观、便于销售、方便使用、装箱不再用缓冲材料等优点。

四、辅助包装机械

(一) 集装机

将物品或包装件形成集合包装的机器。集装机主要是为运输包装服务的,其作用是将若干个包装件或物品包装在一起,形成一个合适的搬运单元或销售单元。

1. 结扎机

结扎机是指使用线、绳等结扎材料,在一定作用力下缠绕物品或包装件一圈或多圈,并将两端打结连接的机器,如图 3-15 所示。它主要适用于小件包装。

2. 捆扎机

捆扎机是指使用带状材料绕物品或包装件一圈,然后收紧并将两端通过热效应熔融或使用包扣等材料连接的机器。它和封箱一样,是外包装的最后一个环节,如图 3-16 所示。它适用于瓦楞纸箱等较重的包装捆扎集束。

3. 堆码机

图 3-15 卧式自动结扎机

堆码机是指将预定数量的包装件或物品按一定规则进行堆积的机器,如图 3-17 所示。瓦楞纸箱、塑料箱、各种袋等包装一般是堆码在木托盘上,便于运输储存,是一种方便的包装形式。

图 3-16 侧式半自动捆扎机　　　　图 3-17 自动堆码机

4. 集装件拆卸机

集装件拆卸机是指将集合包装件拆开、卸下、分离等的机器。

(二) 清洗机

采用不同的方法清洗包装容器、包装材料、包装辅助材料、包装件,达到预期清洁度的机器称为清洗机。

1. 干式清洗机

干式清洗机使用气体清洗剂,以压力或抽吸法清除不良物质。

2. 湿式清洗机

湿式清洗机使用液体清洗剂以消除不良物质。

3. 机械清洗机

机械清洗机是借助工具(如刷子)或固体清洗剂以清除不良物质。过去多用毛刷,近来多用尼龙刷,常与浸泡相结合。

4. 其他清洗机

在特殊情况下,还有采用电离分解或通过超声波产生机械振动清除不良物质的清洗机。

(三) 干燥机

干燥机是指用不同的干燥方法,减少包装容器、包装辅助物以及包装件上的水分,达到预期干燥程度的机器。常见的有:通过加热和冷却,以除去水分的热式干燥机;通过离心分离、震动、压榨、擦净等机械方法达到干燥的机械干燥机;通过化学和物理作用来干燥物品的化学干燥机。

(四) 杀菌消毒机

消毒机是指清除物品、包装容器、包装辅助物、包装件上的微生物,使其降低到允许范围内的机器。无菌包装由于不必冷冻储存、冷藏运输与销售,可以大量节省包装费用与能源。消毒机常常作为多功能包装机的一个组成部分,完成消毒的作用。

杀菌机常用的有热杀菌机、超声波杀菌机、电离杀菌机、化学杀菌机等。

(五) 贴标机

贴标机是指在包装件或物品上加上标签的机器。贴标机应用范围较广,品种繁多,主要与所用的标签材料和黏结剂有关。

1. 黏合贴标机

将涂有湿敏黏结剂的标签贴在包装件或物品上的机器,如图 3-18 所示。

2. 热压和热敏黏合贴标机

热压和热敏黏合贴标机所用的标签背面涂有一种乳合剂,它只在加热的条件下才起黏合作用。

3. 压敏黏合贴标机

压敏黏合贴标机所用的标签背面已涂好能立即黏合的黏结剂,但是被处理网保护着,通过加压达到黏合目的,如图 3-19 所示。

图 3-18 黏合贴标机

4. 收缩筒形贴标机

收缩筒形贴标机是用热收缩或弹性收缩的方法,将筒形标签贴放在包装件或物品上的机器,如图 3-20 所示。

图 3-19 压敏黏合贴标机

图 3-20 收缩筒形贴标机

第三节　包装印刷机械

包装印刷机械是用于生产包装印刷品的机器、设备的总称,它是现代包装印刷中不可缺少的设备。随着现代科技的发展,包装印刷机械发展非常迅速,其控制精度越来越高,运行速度越来越快,自动化程度也越来越高。

包装印刷机械的种类繁多,按其不同的特点有不同的分类方式。

按印版的结构不同,包装印刷机有凸版印刷机、平版印刷机、凹版印刷机、孔版印刷机和其他特种印刷机等。

按其自身的结构、印刷幅面、印刷纸张的形式、印刷色数、印刷面、印刷方式等不同,包装印刷机有单面四色四开胶印机、双面八色轮转胶印机、高速八色轮转凹印机等。

一、包装印刷机的基本组成

虽然包装印刷机种类繁多,特性也各不相同,但它们的基本结构组成是相同的,都由输纸装置、印刷装置、干燥装置、收纸装置等构成。

(一)输纸装置

输纸装置是将待印刷的承印物传输给印刷装置的设备,现代印刷机都采用自动输纸方式。单张纸印刷机和卷筒纸印刷机的输纸装置采用不同的工作方式。

1. 单张纸印刷机的输纸装置

单张纸印刷机的自动输纸装置有摩擦式和气动式两种输纸方式。现在主要采用气动输纸方式,即利用气泵先由吹气嘴把压缩空气吹入纸堆上面的几张纸之间,再由吸纸嘴把纸堆表面的纸张吸起与纸堆分离,送纸吸嘴向前移动输出纸张,纸张再经过输纸板送到规矩装置进行定位。

2. 卷筒纸印刷机的输纸装置

卷筒纸印刷机的输纸装置传输的是纸带,其输纸装置上一般装有 1~3 个卷筒纸,印刷时输纸装置将纸带输出,经导纸辊送入印刷装置。

（二）印刷装置

印刷机的印刷装置包括装版部分、上墨部分、印刷部分及其他附属装置部分。

1. 装版部分

它是印刷机中承载印版的装置。印版的材料不同，装版部分对印版的承载方式也不同。

2. 上墨部分

上墨时将油墨从墨斗中输出，并均匀地涂布在印版表面。

3. 印刷部分

它通过一定的压力将印版上的图文转移到承印物上，其基本结构和工作方式随印刷方法的不同而异。

4. 其他附属装置部分

在胶印过程中，版面保持适当的水分是印刷能否正常进行的关键。

此外，在印刷装置中还应有定位装置，卷筒纸轮转印刷机上还配有折页机、纸带减振器等。

（三）干燥装置

为防止印刷过程中印刷品背面蹭脏和保证油墨的良好转移，印刷到纸张上的油墨应尽快干燥，所以现代印刷机中都配备有各种干燥装置，而且随着现代印刷速度的不断提高，对干燥速度的要求也越来越高。

在轮转印刷中，一般采用热风干燥方式，因为轮转印刷使用热固性油墨，它含有大量溶剂，利用煤气火焰或热风能使油墨瞬时干燥，还有采用红外线或紫外线的干燥方式，使油墨迅速凝固干燥。

（四）收纸装置

收纸装置用于将印刷、干燥后的印刷品堆放整齐，它主要由收纸台和自动理纸装置构成，收纸台可自动下降，以保持纸堆的高度，自动理纸装置则使纸张整齐地堆放在收纸台上。卷筒纸印刷机印刷后的印刷品还需进行裁切和折页处理。

二、凸版印刷机

凸版印刷机的印刷方式是直接印刷，即印刷时印版上的图文直接转印到承印物上的印刷方式。凸版印刷机按压印形式不同可分为平压平型凸版印刷机、圆压平型凸版印刷机和圆压圆型凸版印刷机等类型。

（一）平压平型凸版印刷机

平压平型凸版印刷机是压印机构和装版机构均呈平面型的印刷机，印版装在版盘上，印刷时压盘和印版全面接触并施加压力。压盘的下面有一个中心压盘自由开闭，初开时输纸、闭时印刷、再开时收纸、输纸连续动作完成印刷。

平压平型凸版印刷机的刷墨装置比较优良，又采用直接印刷的方法，所以印品质量好，压力均匀，墨层厚实，色彩鲜艳。但印刷时需要施加较大压力，且印刷速度很慢，只适宜印刷幅面较小的印刷品，如印刷封面、插图和各种彩色图片、香烟盒、物品样本等。

(二)圆压平型凸版印刷机

圆压平型凸版印刷机是压印机构呈圆形,装版机构呈平面型的凸版印刷机。印刷时压印滚筒的圆周速度与版台的平移速度相等,压印滚筒叼纸牙咬住纸张并带着旋转,当压印滚筒与印版呈线接触时加压,完成印刷,版台往复一次,完成一个印刷过程。

根据版台和压印滚筒的运动形式不同,圆压平型凸版印刷机又分为停回转式、一回转式、二回转式等多种形式。

1. 停回转式印刷机

印刷机的印版装于版台上做往复平移运动,在印刷过程中,版台前进时压印滚筒旋转完成印刷;版台返回时压印滚筒抬起停止转动,并进行收纸、给纸、着墨。

停回转式印刷机按输纸和收纸方式的不同又分为平台式凸印机和高台式凸印机。平台式凸印机的主要结构如图 3-21 所示,从压印滚筒的上侧或下侧给纸,而在给纸台的对面设置收纸台。高台式凸印机的主要结构基本上和平台式凸印机相同,但从压印滚筒的上侧给纸,而在给纸台的下侧设置收纸台。

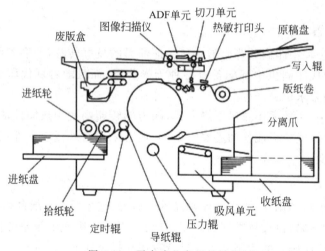

图 3-21 平台式凸印机的结构

2. 一回转式印刷机

一回转式印刷机的主要结构如图 3-22 所示。在印刷过程中,版台往复运动一次,压印滚筒旋转一周。

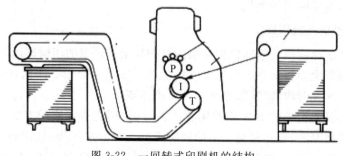

图 3-22 一回转式印刷机的结构

3. 二回转式印刷机

二回转式印刷机的主要结构如图 3-23 所示。版台前进时压印滚筒旋转一周;版台在返回行程时,压印滚筒抬起,并继续旋转一周,即印版往复一次,压印滚筒旋转两周。

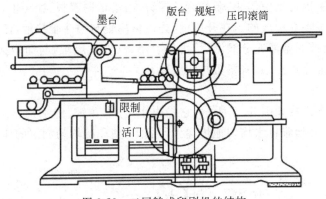

图 3-23 二回转式印刷机的结构

(三) 圆压圆型凸版印刷机

圆压圆型凸版印刷机的压印机构和装版机构均呈圆筒形,压印滚筒上的叼纸牙咬住纸,当印版滚筒与压印滚筒滚压时,印版上的图文便转移到纸张上。圆压圆型凸版印刷机也称为轮转印刷机,主要用于报纸、杂志、书籍的印刷。

三、平版印刷机

现代平版印刷多采用胶印方式,胶印机的种类很多,一般按纸张幅面、印刷色数、承印物的形状、滚筒排列方式、压印方式等分为不同的类型。但它们的基本结构是相同的,图 3-24 是胶印机基本结构,由以下五大部分组成。

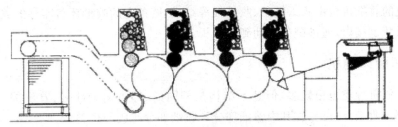

图 3-24 胶印机的基本结构

1. 给纸机构

胶印机的给纸机构由存纸装置和送纸装置组成。就单张纸胶印机而言,存纸的纸台可以自动升降,印刷输纸时纸张通过纸张分离机构分离,并传送到输纸台(即送纸机构),输纸台上还有自动控制装置和套准装置,以控制输纸的错误、歪斜等。

2. 印刷机构

胶印机的印刷机构由印版滚筒、橡皮滚筒、压印滚筒等组成。印版滚筒上安装印版,在它的周围安装有着墨辊、润版装置和印版装版装置;橡皮滚筒上包卷有橡皮,它起着将印版上的图文油墨转移到承印物的中间媒介的作用;压印滚筒通过与橡皮滚筒接触,将橡皮滚筒上的图文转移到承印物上,其上装有咬纸装置,它将印完的纸送到收纸板。

3. 供墨机构

胶印机的供墨机构是由墨斗、墨量调节螺钉、出墨量调整板、墨斗辊、传墨辊、匀墨辊、压辊、串墨辊、靠版辊等构成的。在开印前,先由传墨辊与墨斗辊接触,使传墨辊上的墨层符合要求,当印版被润湿液充分润湿后,再使着墨辊(即靠版辊)与印版接触上墨,当停印时传墨辊与墨斗辊停止接触,着墨辊与印版脱开。

4. 润湿机构

胶印机的润湿机构如图 3-25 所示,它是由水斗、水斗辊、传水辊、匀水辊、着水辊、靠版辊等组成的,主要起着将水均匀地传递到印版上,使印版均匀润湿的作用。

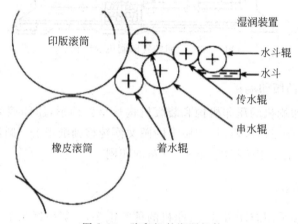

图 3-25　胶印机的润湿机构

5. 收纸机构

胶印机的收纸机构由收纸链条、收纸板等组成,链条上的咬纸牙将印好的成品从压印滚筒的咬纸牙上接出,通过链条传动到收纸板。

四、凹版印刷机

凹版印刷机种类也很繁多,但基本结构是相同的,都由输纸部分、着墨部分、印刷部分、干燥部分、收纸部分组成,其中输纸部分和收纸部分与胶印机类似。

(一) 着墨装置

凹版印刷机的着墨装置由输墨装置和刮墨装置组成,输墨装置有直接供墨式、间接供墨式和循环供墨式等。

1. 直接供墨式

直接供墨式中印版滚筒的 $1/4 \sim 1/3$ 浸在墨槽中,当版辊旋转时完成油墨的涂布,依靠刮墨刀把印版上的多余油墨刮去,承印材料从压印滚筒和印版滚筒之间传输,完成油墨的转移。

2．间接供墨式

间接供墨式中印版滚筒由浸在墨槽中的橡胶辊供墨,传递的墨量较难控制,印品容易出现色差。

3．循环供墨式

现代凹版印刷机的供墨系统主要使用循环供墨方式。工作时,油墨循环装置中的墨泵将储墨箱中油墨吸出,通过喷射口将油墨直接喷射在印版滚筒上,刮墨刀刮去图文以外的油墨,当墨槽中的油墨超过一定量后通过排墨口经滤网回到储墨箱中去,这个过程是封闭循环进行的。储墨箱上装有油墨黏度自动控制器,来保证油墨的黏度在印刷过程中保持相对稳定。刮墨装置由刀架、刮墨刀片和压板等组成。

(二) 印刷装置

凹版印刷机的印刷装置由印版滚筒和压印滚筒组成,印版滚筒通过表面凹下的网穴来传递油墨到承印物表面,压印滚筒的作用是压迫承印材料紧贴于印版滚筒表面上,使网穴中的油墨吸附到承印材料上形成图文。

(三) 干燥装置

凹版印刷机中的干燥装置,常见有红外线干燥、电热干燥和蒸汽干燥等。在机组式凹版印刷机机组间、最后一色与收卷装置之间均设有干燥装置,分别称为色间干燥装置和顶桥干燥装置。色间干燥装置的作用是保证承印材料进入下一印刷色组前,前一色组油墨呈固状;顶桥干燥装置的作用是保证承印材料在复卷或分切堆叠前,所印色墨完全干燥,以免产生黏连。

五、丝网印刷机

丝网印刷机是用丝网印版施印的孔版印刷机器。

(一) 丝网印刷机的特点

丝网印刷机品种繁多,分类方式各不相同,下面介绍几种主要丝网印刷机的特点。

1．平面丝网印刷机

平面丝网印刷机是采用平面型网版的丝网印刷机。这种丝网印刷机的承印物为单张平面型,如各类纸张、纸板、塑料薄膜、丝网金属板、织物等,是最常用的机型。

2．圆网型丝网印刷机

圆网型丝网印刷机是采用圆筒形金属网版的丝网印刷机。刮墨板固定在圆网内,通过自动上墨装置从网内上墨。印刷时承印物做水平移动,圆网做旋转运动;圆网的转动和卷筒承印物的移动是同步的。

刮墨板将墨从印版蚀空的部分刮出转印到承印物上,形成印刷品。圆网型丝网印刷机可实现连续印刷。

3．曲面丝网印刷机

曲面丝网印刷机适用于印刷各种承印物材料。例如,圆柱或圆锥形的金属、塑料、玻璃、陶瓷的容器或其他成型的物体,印版为平面型,刮墨板固定在印版的上方。印刷时,承印物与印版做同步移动,承印物的转动一般是通过旋转滚轴来完成的。

(二)丝网印刷机的构成

丝网印刷的特点决定了一般丝网印刷机的结构比普通印刷机要简单,速度也要低得多。丝网印刷机主要是由给料、收料装置、印刷装置、干燥装置和动力装置等组成的。

1. 给料、收料装置

丝网印刷机的给料、收料部分与常规印刷机的给料、收料部分基本相似,承印材料通过滚筒传动或手工实现给料和收料,特殊的丝网印刷机还可以输送立体承印材料。

2. 印刷装置

印刷装置是丝网印刷机的主体,主要由网版、刮墨刀和支撑装置所组成。

网版有平网、圆网和异型网多种形式,印版可以通过夹持器与网版固定,并有前后、左右和高度的调整装置,以保证丝网印版与承印件之间的印刷精度。

刮墨刀是丝网印刷机将网版上的油墨传递到承印物上的主要工具。

支撑装置为固定承印物用,有平网式、圆网式和座式等,其高度可以调整,并有定位装置和真空吸附设施,以保证彩色套印精度。

3. 干燥装置

丝网印刷的墨层比较厚,干燥很慢,因此油墨的干燥是比较突出的问题。

单色丝网印刷机的干燥装置一般采用晾架或烘箱即可;而自动丝网印刷生产线,由于生产速度很快,就必须配备相应的干燥装置。

对常规丝网印刷油墨的印刷,可采用远红外线热风管烘干,对紫外线固化油墨的丝网印刷,则应采用紫外线固化烘干装置。

4. 动力装置

动力装置负责全机的传动,其主要由电动机、电气控制装置以及滚筒、皮带、链条、齿轮、凸轮和蜗轮、蜗杆等装置组成。

本章介绍了包装机械与包装印刷机械的理论知识、包装机械设备的选择、包装机械设备的合理使用,以及包装印刷机械的结构、分类、维护等诸多方面的实践技能与方法。包装机械化是我国现代包装工业发展的必由之路,包装机械与包装印刷机械是使物品包装实现机械化、自动化的根本保证,它为包装工业提供先进的技术装备,在现代工业生产中起着相当重要的作用。

3-1 什么是包装机械?它有哪些功能?

3-2 包装机械主要由哪些部分组成?

3-3 包装机械是怎样进行分类的?

3-4 包装印刷机械是怎样进行分类的?
3-5 试述一般包装印刷机的基本结构及各部分的作用。

 实践课堂

(1) 实践目的:通过阅读包装机械的案例,运用本章所学的包装机械的知识对本章引导案例进行分析,进一步了解包装机械及应用在物流包装中所起的举足轻重的作用及相关的影响。

(2) 技能要求:结合本章引导案例分析实现包装机械的功能和市场发展前景。

(3) 实践学时:2学时。

(4) 实践环节:以小组为单位(3~5人为一组)对本章引导案例进行分析。

(5) 实践内容:仔细阅读并分析物流包装机械的案例,运用本章所学的包装机械与包装印刷机械的知识对本章引导案例进行分析。

第四章 包装标记与标志

【学习目标】
(1) 熟悉包装储运标志的名称、含义和图形。
(2) 掌握运输包装收发货标志的内容。
(3) 熟悉危险货物包装标志的名称和图形。
(4) 掌握各种标志的颜色、尺寸要求和使用方法。

【学习指导】
根据有关的国际标准、国家标准和相关法律法规，结合案例、图片进行学习，能制订科学、合理、高效、经济的包装方案。

【引导案例】

包装标识不清引起争议

H是一家农副产品进出口公司，P是一家综合物流服务商。2008年7月，H拟出口黄麻到印度尼西亚，H将包装完好的货物交付P，由P为H提供仓储和运输等服务。黄麻为易燃物，储存和运输的环境条件不得超过15℃。H因听说P曾多次承运黄麻，既未将此情况书面通知P，也未在货物外包装上做警示标志。

2008年8月19日，P将货物运至其仓库，准备联运，但旺季仓库储物拥挤，室温达到18℃。次日，货物忽然起火，因救助不及时，导致货物损失惨重。经调查，起火原因是因为仓库温度较高导致货物自燃。双方发生争议。

（资料来源：周启蕾，许笑平.物流学概论[M].北京：清华大学出版社，2017.）

第一节　物流包装标记与标志概述

一、物流包装标记的概念

1. 商品包装标记

商品包装标记是根据商品自身的特征，用文字和阿拉伯数字等在包装上的明显位置注明规定的记号。商品标记一般分为基本标记、运输标记、牌号标记、等级标记等几种。

2. 物流包装标记

物流包装标记是指根据物品自身的特征，用文字、图形、表格等按有关规定标明的记号，通常要标明物品的名称、数量、质量、规格尺寸和出厂时间等。进出口物品还要标明进出口单位、物品类别、贸易国及进出口港等。

二、物流包装标记的具体内容

1. 基本标记

基本标记用来说明物品实体的基本情况，如名称、规格、型号、批号、计量单位、数量、重量、出厂日期和地址等。对于时效性较强的物品还要写明成分、保质期等。

2. 运输标记

运输标记（也称唛头）主要是标明起运、到达地点和收发货单位等的文字记号。对于进出口物品，这种标记由商务部统一编制向国外订货的代号。运输标记主要有以下三个作用。

（1）强保密性，有利于物流中商品的安全。

（2）运输过程中的指令任务。

（3）运输中的导向作用，可以减少错发、错运等事故。

3. 牌号标记

牌号标记一般只标明物品的名称，不提供有关物品的其他信息。牌号标记应印刷在包装的显著位置。

4. 等级标记

等级标记是用来说明物品质量等级的记号，常用"一等品""优质产品""获××奖产品"等字样来表示。

三、物流包装标志的概念与分类

物流包装标志是用来指明被包装物品的性质和物流活动安全以及理货、运输需要的文字和图像的说明。其作用主要体现在三个方面：一是识别货物，实现货物的收发管理；二是明示货物储运过程中应采取的防护措施；三是识别危险货物，暗示应采取的防护措施，以保证物流过程的安全。因此，物流包装标志可分为三类：一是收发货标志；二是储运图示标志；三是危险货物包装标志。

1. 收发货标志

运输包装收发货标志是指外包装上的商品分类、图示标志、文字说明、排列格式和其他标志的总称,也称为包装识别标志。

内销产品的收发货标志包括品名、货号、规格、颜色、毛重、净重、体积、生产厂、收货单位、发货单位等。

出口产品的收发货标志又称唛头,包括目的地名称或代号、收货人或发货人的代用简字或代号、件号、体积、重量以及原产国等。

2. 储运图示标志

储运图示标志是指商品在储存、运输过程中为使其存放、搬运适当,根据不同商品对物流环境的适应能力,用醒目简洁的图形或文字印刷在包装的规定位置上的标志,表明在装卸运输及储存过程中应注意的事项,如小心轻放、禁用手钩、禁止翻滚、远离辐射及热源等。此类标志的图形符号按照国家标准《包装储运图示标志》(GB/T 191—2008)的规定执行。

3. 危险货物包装标志

危险货物包装标志又称为警告性标志,是易燃、易爆、有毒放射性等危险货物在运输包装上加印的特殊标记,是运输、生产和检验部门对危险货物运输包装质量进行性能试验和检验的依据。国家标准《危险货物包装标志》(GB 190—2009)明确规定了危险货物包装标志的图形、适用范围、颜色、尺寸及使用方法等,为了能引起人们的特别警惕,此类标志采用彩色或黑白菱形图示。

四、物流包装标识制作的基本要求

本书将包装标记和包装标志统称为包装标识。任何组织或个人在制作包装标识的过程中都应遵照以下基本要求。

1. 必须按照国家有关部门的规定标识

我国对物品包装标识所使用的文字、符号、图形以及使用方法都有统一的规定。

2. 必须简明清晰、易于辨认

物流包装标识要求文字少、图案清楚、易于制作、一目了然、方便查对。标识的文字、字母及数字号码的大小应和包装件的标记和标识的尺寸相称,笔画粗细要适当。

3. 涂刷、拴挂、粘贴标识的部位要适当

所有的物流包装标识,都应位于搬运、装卸作业时容易看得见的地方。为防止在物流过程中某些标识被抹掉或不清楚而难以辨认,应尽可能在同一包装物的不同部位制作两个相同的标识。

4. 包装标识的颜色要醒目

制作标识的颜料应具备耐温、耐晒、耐摩擦等性能,以保证不发生褪色、脱落等现象。

5. 要选择合适的规格尺寸

《运输包装收发货标志》(GB/T 6388—1986)、《包装储运图示标志》(GB/T 191—2008)、《危险货物包装标志》(GB 190—2009)等国家标准对标识的尺寸进行了明确规定。

第二节 运输包装收发货标志

运输包装收发货标志是用于运输过程中识别货物的标志,是外包装件上的商品分类图示标志和其他文字说明排列格式的总称。

运输包装收发货标志主要用于物流过程中物品的辨认和识别,对物品的发货、入库、装配等环节有重要作用。它也是一般贸易合同、发货单据和运输保险文件中记载有关标志事项的基本部分。国家标准《运输包装收发货标志》(GB/T 6388—1986)详细规定了铁路、公路、水路和空运的货物外包装上的分类标志与其他标志和文字说明的事项及其排列格式。

一、运输包装收发货标志的内容

收发货标志通常印刷在外包装上,其内容包括分类标志、供货号、货号、品名规格、数量、重量、生产日期、生产工厂、体积、有效期限、收货地点和单位、发货单位、运输号码、发运件数等信息,具体如表4-1所示。

表4-1 运输包装收发货标志的内容

序号	代号	项目 中文	项目 英文	含义
1	FL	商品分类图示标志	CLASSIFICATION MARKS	表明商品类别的特定符号
2	GH	供货号	CONTRACT No.	供应该批货物的供货清单号码(出口商品用合同号码)
3	HH	货号	ART No.	商品顺序编号,以便出入库,收发货登记和核定商品价格
4	PG	品名规格	SPECIFICATIONS	商品名称或代号,标明单一商品的规格、型号、尺寸、花色等
5	SL	数量	QUANTITY	包装容器内含商品的数量
6	ZL	质量(毛重)(净重)	GROSS WT NET WT	包装件的质量(kg)包括毛重和净重
7	CQ	生产日期	DATE OF PRODUCTION	产品生产的年、月、日
8	CC	生产工厂	MANUFACTURER	生产该产品的工厂名称
9	TJ	体积	VOLUME	包装件的外径尺寸长 cm×宽 cm×高 cm=体积 cm^3
10	XQ	有效期限	TERM OF VALIDITY	商品有效期至×××年××月
11	SH	收货地点和单位	PLACE OF DESTINATION AND CONSIGNEE	货物到达站、港和某单位(人)收(可用贴签或涂写)
12	FH	发货单位	CONSIGNOR	发货单位(人)
13	YH	运输号码	SHIPPING No.	运输单号码

续表

序号	代号	项目 中文	项目 英文	含义
14	JS	发运件数	SHIPPING PIECES	发运的件数
说明		① 分类标志一定要有,其他各项合理选用。 ② 外贸出口商品根据国外客户要求,以中、外文对照,印制相应的标志和附加标志。 ③ 国内销售的商品包装上不填英文项目		

二、运输包装商品分类图示标志

(一)标志尺寸

商品分类图示标志尺寸如表 4-2 所示。

表 4-2 商品分类图示标志尺寸

包装件高度(袋按长度)/mm	分类图案尺寸/mm²	图形的具体参数/mm 外框线宽	图形的具体参数/mm 内框线宽	备注
500 及以下	50×50	1	2	平视距离 5m,包装标志清晰可见
500~1000	80×80	1	2	平视距离 5m,包装标志清晰可见
1000 以上	100×100	1	2	平视距离 10m,包装标志清晰可见

(二)标志图形

商品分类图示标志如图 4-1 所示。

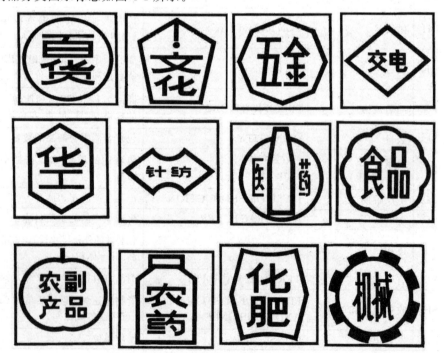

图 4-1 商品分类图示标志

三、运输包装收发货标志的字体、颜色、方式和位置

(一)运输包装收发货标志的字体

标志的全部内容,中文都用仿宋字体;代号用汉语拼音大写字母;数码用阿拉伯数码;英文用大写的拉丁文字母。标志必须清晰、醒目、不脱落、不褪色。

(二)运输包装收发货标志的颜色

(1)纸箱、纸袋、塑料袋及钙塑箱,按表4-3规定的颜色用单色印刷。

表4-3 纸箱、纸袋、塑料袋及钙塑箱规定的颜色

商品类别	颜　色	商品类别	颜　色
百货类	红色	医药类	红色
文化用品类	红色	食品类	绿色
五金类	黑色	农副产品类	绿色
交电类	黑色	农药	黑色
化工类	黑色	化肥	黑色
针纺类	绿色	机械	黑色

(2)麻袋、布袋用绿色或黑色印刷;木箱、木桶不分类别,一律用黑色印刷;铁桶用黑、红、绿、蓝底印白字,灰底印黑字。表内未包括的其他商品,包装标志的颜色按其属性归类。

(三)标志的涂印方式

运输包装收发货标志,按照包装容器不同等需要,可以采用印刷、刷写、粘贴、拴挂等方式。

1. 印刷

适用于纸箱、纸袋、钙塑箱、塑料袋。在包装容器制造过程中,将需要的标志按颜色的规定印刷在包装容器上。有些不固定的文字和数字可在商品出厂和发运时填写。

2. 刷写

适用于木箱、桶、麻袋、布袋、塑料编织袋。利用印模、镂模,按标志颜色的规定涂写在包装容器上。要求醒目、牢固。

3. 粘贴

对于不固定内容的标志,如收货单位和到达站需要临时确定,可先将需要的项目印刷在 $60g/m^2$ 以上的白纸或牛皮纸上,然后粘贴在包装件有关栏目内。

4. 拴挂

对于不便印刷、刷写的运输包装件,如筐、篓、捆扎件等,将需要的项目印刷在不低于 $120g/m^2$ 的牛皮纸或布、塑料薄膜、金属片上,拴挂在包装件上(不得用于出口商品包装)。

(四)运输包装收发货标志的位置

运输包装收发货标志的位置应按《运输包装件各部位的标示方法》(GB/T 3538—

1983)确定标示部位,在不同的包装容器上有下面各项规定。

（1）六面体包装件的分类图示标志位置,放在包装件五、六两面的左上角。收发货标志的其他各项如图4-2～图4-5所示。

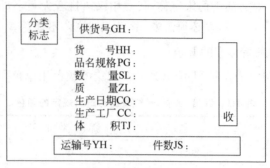

图4-2　纸箱五、六面收发货标志的标示位置

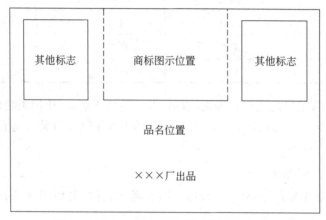

图4-3　纸箱二、四面收发货标志的标示位置

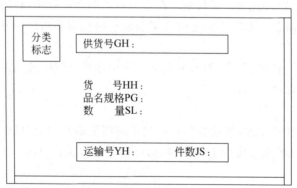

图4-4　木箱五、六两面收发货标志的标示位置

（2）袋类包装件的分类图示标志放在两大面的左上角,收发货标志的其他各项如图4-6所示。

图 4-5 木箱二、四两面收发货标志的标示位置

（3）桶类包装的分类图示标志放在左上方，收发货标志的其他各项如图 4-7 所示。

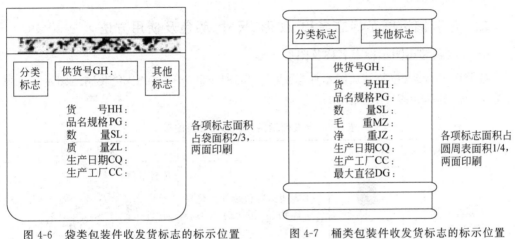

图 4-6 袋类包装件收发货标志的标示位置　　图 4-7 桶类包装件收发货标志的标示位置

（4）筐、篓捆扎件等拴挂式收发货标志，应拴挂在包装件的两端，草包、麻袋拴挂在包装件的两上角，如图 4-8 所示。

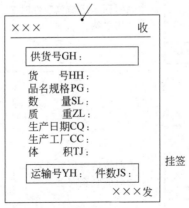

外径尺寸：105mm×74mm

图 4-8 拴挂式收发货标志的标示位置

第三节　包装储运图示标志

一、包装储运图示标志的作用

包装储运图示标志是根据不同商品对物流环境的适应能力,用醒目、简洁的图形和文字标明在装卸运输及储存过程中应注意的事项。

储运图示标志是根据物品的某些特性而确定的,如怕湿、怕振、怕热等。其目的是为了在货物运输、装卸搬运和储存过程中引起作业人员的注意,指示他们按图示标志的要求进行相应的物流操作。

二、包装储运图示标志名称、图形、尺寸、颜色及使用方法

(一) 包装储运图示标志名称及图形

按照国家标准《包装储运图示标志》(GB/T 191—2008)的规定,包装储运图示标志共分为 17 种,具体如表 4-4 所示。

表 4-4　包装储运图示标志名称及图形

序号	标志名称	标　志	含　义	说明及示例
1	易碎物品	易碎物品	表明运输包装件内装易碎物品,搬运时应小心轻放	位置示例:
2	禁用手钩	禁用手钩	表明搬运运输包装件时禁用手钩	
3	向上	向上	表明该运输包装件在运输时应竖直向上	位置示例: (a)　(b) (c)

续表

序号	标志名称	标 志	含 义	说明及示例
4	怕晒	怕晒	表明该运输包装件不能直接照晒	
5	怕辐射	怕辐射	表明该物品一旦受辐射会变质或损坏	
6	怕雨	怕雨	表明该运输包装件怕雨淋	
7	重心	重心	表明该包装件的重心位置，便于起吊	位置示例：
8	禁止翻滚	禁止翻滚	表明搬运时不能翻滚该运输包装件	
9	此面禁用手推车	此面禁用手推车	表明搬运货物时此面禁止放在手推车上	

续表

序号	标志名称	标志	含义	说明及示例
10	禁用叉车	禁用叉车	表明不能用升降叉车搬运的包装件	
11	由此夹起	由此夹起	表明搬运货物时可用来夹持的面	
12	此处不能卡夹	此处不能卡夹	表明搬运货物时不能用来夹持的面	
13	堆码质量极限	堆码质量极限	表明该运输包装件所能承受的最大质量极限	
14	堆码层数极限	堆码层数极限	表明可堆码相同运输包装件的最大层数	包含该包装件,n 表示从底层到顶层的总层数
15	禁止堆码	禁止堆码	表明该包装件只能单层放置	

续表

序号	标志名称	标志	含义	说明及示例
16	由此吊起	由此吊起	表明起吊货物时挂绳索的位置	位置示例：
17	温度极限	温度极限	表明该运输包装件应该保持的温度范围	(a) (b)

（二）包装储运标志的尺寸和颜色

1. 包装储运标志的尺寸

图形符号及标志外框尺寸如表 4-5 所示。

表 4-5 图形符号及标志外框尺寸

序号	图形符号外框尺寸/mm²	标志外框尺寸/mm²
1	50×50	50×70
2	100×100	100×140
3	150×150	150×210
4	200×200	200×280

2. 包装储运标志的颜色

包装储运标志颜色一般为黑色。如果包装的颜色使得黑色标志显得不清晰，则应在印刷面上用适当的对比色，最好以白色作为图示标志的底色。

必要时，标志也可使用其他颜色，除非另有规定，一般应避免采用红色、橙色或黄色，以避免同危险品标志相混淆。

（三）包装储运标志的使用方法

1. 标志的打印

可采用直接印刷、粘贴、拴挂、钉附及喷涂等方法。印刷时外框线及标志名称都要印上，出口货物可省略中文标志名称和外框线；喷涂时外框线及标志名称可以省略。

2. 标志的数目和位置

1）标志的数目

一个包装件上使用相同标志的数目，应根据包装件的尺寸和形状决定。

2) 标志在各种包装件上的粘贴位置

(1) 箱类包装：位于包装端面或侧面。

(2) 袋类包装：位于包装明显处。

(3) 桶类包装：位于桶身或桶盖。

(4) 集装单元货物：位于四个侧面。

3. 标志使用的规定

标志应标注在显著位置上，标志的使用应遵守以下几项规定。

(1) 标志 1 "易碎物品"应标在包装件所有的端面和侧面的左上角处。

(2) 标志 3 "向上"应标在与标志 1 相同的位置上。当标志 1 和标志 3 同时使用时，标志 3 应更接近包装箱角。

(3) 标志 7 "重心"应尽可能标在包装件所有六个面的重心位置上；否则至少也应标在包装件两个侧面和两个端面上。

(4) 标志 11 "由此夹起"只能用于可夹持的包装件上，标注位置应为可夹持位置的两个相对面上，以确保作业时标志在作业人员的视线范围内。

(5) 标志 16 "由此吊起"至少应标注在包装件的两个相对面上。

第四节　危险货物包装标志

危险货物包装标志是用来标明化学危险品的专用标志。为了能引起人们特别警惕，此类标志采用彩色或黑白菱形图示。

一、危险货物包装标志的标记和标签

危险货物包装标志又称危险品标志或警告性标志，是用来标明对人体和财产安全有严重威胁的危险货物的专用标志，通常由图形、文字和数字组成。

国家标准《危险货物包装标志》(GB 190—2009)规定，危险货物包装标志分为标记和标签，其中，标记 4 个，标签 26 个，如表 4-6 和表 4-7 所示，其图形分别标示了 9 类危险货物的主要特征。

表 4-6　危险货物包装标记

序号	标 记 名 称	标 记 图 形
1	危害环境物质和物品标记	（符号：黑色；底色：白色）

续表

序号	标 记 名 称	标 记 图 形
2	方向标记	(符号：黑色或正红色；底色：白色) (符号：黑色或正红色；底色：白色)
3	高温运输标记	(符号：正红色；底色：白色)

表 4-7 危险货物包装标签

序号	标签名称	标 签 图 形	对应的危险货物类项号
1	爆炸性物质或物品	(符号：黑色；底色：橙红色)	1.1 1.2 1.3
		1.4 (符号：黑色；底色：橙红色)	1.4
		1.5 (符号：黑色；底色：橙红色)	1.5

续表

序号	标签名称	标签图形	对应的危险货物类项号
1	爆炸性物质或物品	（符号：黑色；底色：橙红色）	1.6
2	易燃气体	（符号：黑色；底色：正红色） （符号：白色；底色：正红色）	2.1
2	非易燃无毒气体	（符号：黑色；底色：绿色） （符号：黑色；底色：绿色）	2.2
2	毒性气体	（符号：黑色；底色：白色）	2.3
3	易燃液体	（符号：黑色；底色：正红色）	3

续表

序号	标签名称	标签图形	对应的危险货物类项号
3	易燃液体	（符号：白色；底色：正红色）	3
4	易燃固体	（符号：黑色；底色：白色红条）	4.1
	易于自燃的物质	（符号：黑色；底色：上白下红）	4.2
	遇水放出易燃气体的物质	（符号：黑色；底色：蓝色） （符号：白色；底色：蓝色）	4.3
5	氧化性物质	（符号：黑色；底色：柠檬黄色）	5.1
	有机过氧化物	（符号：黑色；底色：红色和柠檬黄色）	5.2

续表

序号	标签名称	标签图形	对应的危险货物类项号
5	有机过氧化物	(符号：白色；底色：红色和柠檬黄色)	5.2
6	毒性物质	(符号：黑色；底色：白色)	6.1
	感染性物质	(符号：黑色；底色：白色)	6.2
7	一级放射性物质	(符号：黑色；底色：白色，附一条红竖条)	7A
	二级放射性物质	(符号：黑色；底色：上黄下白，附两条红竖条)	7B
	三级放射性物质	(符号：黑色；底色：上黄下白，附三条红竖条)	7C
	裂变性物质	(符号：黑色；底色：白色)	7E

续表

序号	标签名称	标签图形	对应的危险货物类项号
8	腐蚀性物质	（符号：黑色；底色：上白下黑）	8
9	杂项危险物质和物品	（符号：黑色；底色：白色）	9

> **小提示**
>
> ### 危险货物包装的分类
>
> 危险货物是指具有易燃、易爆、毒害、腐蚀以及放射性等危害生命、财产、环境的物品。由于危险货物品种繁多，性质各异，危害程度也各有不同，因此危险货物的包装分为下列三类。
>
> Ⅰ类包装：适宜装较大危险程度的危险货物。
> Ⅱ类包装：适宜装中等危险程度的危险货物。
> Ⅲ类包装：适宜装较小危险程度的危险货物。

二、危险货物包装标志的尺寸与颜色

1. 危险货物包装标志的尺寸

危险货物标志的尺寸一般分为四种，如表4-8所示。

表4-8 危险货物包装标志的尺寸　　　　　　单位：mm

号别	尺寸	
	长	宽
1	50	50
2	100	100
3	150	150
4	250	250

注：如遇特大或特小的运输包装件，标志的尺寸可按规定适当扩大或缩小。

2. 危险货物包装标志的颜色

标志的颜色按表4-6和表4-7中的规定。

三、危险货物包装标志的使用方法

危险货物包装标志的使用方法如下。

(1) 标志的标打可采用粘贴、钉附及喷涂等方法。

(2) 标志的位置规定：箱状包装应位于包装端面或侧面的明显处；袋、捆包装应位于包装明显处；桶形包装应位于桶身或桶盖处；集装箱、成组货物应粘贴四个侧面。

(3) 每种危险品包装件应按其类别粘贴相应的标志，但如果某种物质或物品还有属于其他类别的危险性质，包装上除了粘贴该类标志作为主标志外，还应粘贴表明其他危险性的标志作为副标志，副标志图形的下角不应该标有危险货物的类别号。

(4) 储运的各种危险货物性质的区分及其应标打的标志应按《危险货物分类和品名编号》(GB 6944—2005)、《危险货物品名表》(GB 12268—2005)及有关国家运输主管部门规定的危险货物安全运输管理的具体办法执行；出口货物的标志应按我国执行的有关国际公约(规则)办理。

(5) 标志应清晰，并保证在货物储运期间不脱落。

(6) 标志应由生产单位在货物出厂前标打；出厂后如改换包装，标志由改换包装单位标打。

本章主要介绍了包装标记与包装标志的主要含义。包装好的货物只有依靠标记与标志，才能进入现代物流而成为现代包装。物质流动要经过多环节、多层次的运动和中转，要完成各种交接，就需要依靠包装标志来识别货物。货物通常是包装在密闭环境中的，很难了解内装物是什么，而且内装物的性质、形态、保护要求等方面各不相同，这就更需要通过包装标记与标志来了解内装物品，以便正确、有效地进行物品的交接、装卸、运输和储存等。

4-1 什么是物流包装标志？它有哪些重要作用？

4-2 运输包装收发货标志应包含哪些内容？

4-3 包装储运图示标志的颜色是如何规定的？

4-4 危险货物包装标志在使用时应注意什么？

(1) 实践目的：通过阅读物流包装标志的案例，运用本章所学的包装知识对本章引导案例进行分析，进一步了解包装标志的意义。

(2) 技能要求：结合本章引导案例分析包装标记的重要性。
(3) 实践学时：2学时。
(4) 实践环节：以小组为单位(5～6人为一组)完成以下任务。
① 每小组收集两个以上包装标志，并加以分析。
② 以一种货物为例，简述包装标志设计的依据和标志的使用方法。

第五章

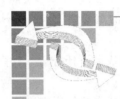

包装标准与法规

【学习目标】

（1）掌握包装标准、标准化、包装法规等有关知识。

（2）了解国际社会对于包装的相关标准与法规及形成的技术贸易壁垒所带来的影响。

【学习指导】

在相关课程中认识包装的标准，在实物教学中了解包装法规的知识。

【引导案例】

《快递封装用品》等 291 项国家标准发布

2018 年 2 月 7 日，国家质检总局、国家标准委在"质量提升行动年"活动开局之际，批准发布了 291 项国家标准，涉及产品质量提升、百姓消费安全、绿色可持续发展、防范金融风险等诸多方面。其中，新修订发布的《快递封装用品》系列国家标准，倡导快递包装减量化、绿色化、可循环，对原有标准进行了补充完善。随着新国标的实施，快递包装将更绿色环保。

2009 年，我国发布了《快递封装用品》(GB/T 16606.1—2009)系列国家标准，对规范快递封装用品的生产、使用和检测等发挥了积极作用，但标准中并未过多涉及绿色环保的相关内容。近年来，我国快递业务快速发展，快递包装废弃物对环境造成的影响不容忽视。2017 年全国快递服务企业业务量累计完成 400.6 亿件，同比增长 28%。积极应用低污染、低消耗、低排放、高效能、高效率、高效益的绿色环保封装用品，已成为推动快递业健康发展的必然要求。

新标准降低了快递封套用纸、气垫膜类快递包装袋、塑料编织布类快递包装袋的定量要求，降低了塑料薄膜类快递包装袋的厚度要求，对于快递包装箱单双瓦楞材料的选择不再做出规定,明确快递包装箱的基础模数尺寸为 600mm×400mm,要求快递包装袋宜采用生物降解塑料,增加了重金属与特定物质限量要求。

此外,新国标还补充完善了重复使用要求和印刷要求等,倡导快递封装用品二次使用。针对不同的快递封装用品,应分别印有可回收标志、重复使用标志或塑料产品标志,便于回收处理。

(资料来源:http://news.pack.cn/show-342417.html)

第一节 包装标准和标准化

一、包装标准

包装标准是围绕着具体实现包装的科学化、合理化而制定的各类标准,是保证产品在流通过程中安全可靠、性能不变,而对包装材料、包装容器、包装方式所做的统一的技术规定。

包装标准的分类有以下几种。

1. 包装基础标准和方法标准

它是包装工业基础性的通用标准,包括包装通用术语、包装尺寸系列、包装技术与方法、包装及包装件试验方法等。

2. 物品包装标准

它是对物品(包括工业品和农副产品)包装的技术要求和规定。一种是物品质量标准中对物品包装、标志、运输、储存等做的规定;另一种是专门单独制定的包装标准。

3. 包装工业的产品标准

它是指包装工业产品的技术要求和规定,包括包装材料、包装容器、包装机械等。

二、包装标准化

包装标准化是以包装为对象开展标准化活动的全过程。包装标准化工作是整个标准化工作的重要组成部分。标准化工作的目的在于实现产品包装科学合理,确保产品安全地送到消费者手中。

为此必须制定足够数量的包装术语标准、包装标志标准、包装尺寸标准、包装件试验方法标准、包装技术标准、包装方法标准、包装管理标准、包装材料标准、包装容器标准、包装印刷标准、包装机械标准以及大量的产品包装标准,这些标准相互制约、补充,构成一个独立、完整的包装标准体系。

在做好包装标准化工作的同时,应做好包装标准及法规的完善、宣传贯彻和服务工作,并不断完善包装标准体系,服务于包装领域的产品生产、国际贸易和国民经济建设。

随着生产的发展、贸易的扩大、人们生活水平的提高,物品包装必定会朝着科学合理、技术要求准确、美观实用的方向发展。这就赋予了包装标准化新的使命和新的功能,特别是加入WTO以后,搞好包装标准化对改善产品包装的质量,减少包装的经济损失,提高我国产品在国际、国内市场上的竞争力,将起到十分重要的作用。

三、包装标准和包装标准化的关系

贯彻实施包装标准是包装标准化过程的关键,修订包装标准则使包装标准化进一步完善。一般来说,包装标准和包装标准化之间存在以下几种关系。

1. 包装标准化的基本任务是制定包装标准

包装标准化的目的和作用必须通过制定具体的产品标准来体现。

2. 包装标准化的效果要通过包装标准的贯彻实施来体现

包装标准是一些具体量化的指标,它的贯彻实施也就体现了标准化的设想。因此,贯彻实施包装标准是一个关键环节。

3. 包装标准化是一个定性概念

包装标准化是人们对产品包装的一贯追求,因此它是没有止境的。随着生产流通的现代化,包装也被赋予了新的内容。因此,包装标准必须随之相应地修改或重新制定,以适应时代的发展。

从以上三个关系可以看出,包装标准所包括的范围是极为广泛的,包装标准化工作是包装工业的技术基础,包装标准是实现包装科学、合理的技术依据。

第二节 包装标准化的作用和意义

包装企业发展迅猛,包装产品种类繁多,市场竞争日益激烈。产品经过包装处理后会产生高附加值,而包装产品是以包装产品质量标准来衡量和判断其优劣的,包装产品质量标准是根据科学技术发展的要求、经济适用的原则和实际可能达到的生产技术条件而制定的。因此,如何运用标准化手段来提高产品质量、经济效益、市场竞争力,已经成为包装企业和标准化人员应该面对的重要课题。

一、包装标准化的作用

包装标准化在包装产品的生产和质量控制中起到了极其重要的作用,并且得到越来越多的包装企业的重视。具体来说,标准化的作用有以下几个方面。

1. 稳定和提高包装产品的质量

包装产品的某些性能受到原材料、环境、设备、操作人员和操作方法等因素的影响,如果不对这些影响因素制定某种标准加以控制,就不可能保证包装产品的质量。包装企业应该充分认识到这些影响因素就是使包装产品性能发生波动的原因,进而把这些因素逐一制定成标准,就可减少包装产品质量的波动,成为加强质量管理的一个有效对策。

2. 明确责任与权限

一个企业是通过组织来运营的,如果只注意整顿组织、赋予一定的责任与权限,而不注重开展标准化活动,经营好这个企业就较困难。所谓责任与权限是指规定在何处一定要进行何种工作,制定出标准以后就可以明确地提出权限。

3. 降低成本、提高经济效益

标准化带来的最大利益就是降低成本,在大量生产标准化产品时,其效益将进一步提高。例如,经过标准化对包装产品规格做了统一,在批量生产中就可缩减库存量,提高生产效率,使成本大大降低,从而收到显著的效益。

另外,一个包装产品有时往往不是一个企业或一个部门独立生产出来的,而是若干个部门或企业分工协作的结果,靠统一的标准将它们有机地联系起来,从而保证它们之间的统一协调。因此,包装企业应当充分运用标准化手段,开展生产分工与协作,实现生产要素的优化配置,提高劳动生产率和经济效益。

4. 有效地判断产品包装的适宜性

包装技术人员常常要迅速地判断产品包装的适宜性。例如,判断产品是否适宜某种包装材料,在没有材料标准时就得每次都进行试验,然后再根据试验结果进行判断,而且这种判断往往缺乏系统性和全面性,容易得出错误的结论。再如,在产品包装系统特性评价时,通过运用标准化列出设计图案、保护性能、运输性能、报关性能和销售性能,做出具体的检验一览表,就可以防止漏检,并且通过这些标准资料,还可以大大提高判断产品包装适宜性的准确性和效率。

5. 避免个人因素的影响

每个包装企业都会有一些有经验的优秀技术工人,在迅速发展的现代化企业中,这些优秀技术工人的技术和技能都是属于个人的,不容易成为不管什么时候、谁都能掌握的、归公司所有的精神财富。因此,以这些优秀工人的技术与技能为基础,归纳为一种成文的、谁都能运用的更高级的形式即标准,实现个人技术的均衡化。符合这些技术要领的标准,也就可以理解为企业的技术水平。标准可以避免因个人因素而对企业的包装产品质量及产品生产造成影响。

6. 促进包装产品技术水平的提高

技术是不断进步的,特别是现代化包装企业,这种技术进步的步伐是很快的。因此,企业必须经常致力于引用新技术以求得持续发展。但是也有人在担心,标准这个形式既然是使现有技术水平文字化后的产物,那么会不会阻碍技术的进步,而使其停滞不前呢?

事实上,标准绝不是一种一成不变的东西,标准是阶段性技术进步的基础。可以说,正是通过标准的采用,才可以顺应技术的进步,不断地把技术推向一个更高的阶段。

二、包装标准化的意义

1. 包装标准化是提高包装质量的技术保证

任何包装标准都是从实践经验和技术研究成果中总结出来而制定的,代表着当前的较好的、普遍的生产水平。因此,标准质量的好坏与是否实行标准化是紧密相关的,例如,包装容器的使用效果和价值一般与其结构形式、物理和力学性能等因素密切相关。

包装容器性能的这些最低要求,在标准中均做出了具体的规定,可以保证生产过程中质量的控制、评价和检验,从而保证包装的质量。

2. 包装标准化是实现企业间经济横向联合的纽带

随着科学技术的发展,生产的社会化程度越来越高,生产规模越来越大,技术要求也越来越高,分工越来越细,生产协作越来越广泛。包装这一既简单又复杂的事情,既涉及被包装的对象,又涉及仓储、装卸、运输等物流的各个部门。这些部门之间在技术上的统一与协调一致,要通过制定和执行许多包装标准和相关标准才能达到。

3. 包装标准化是企业合理利用资源和原材料的有效手段

标准化对象的主要特征之一就是重复性,标准化的重要功能就是对重复发生的事情尽量减少或消除不必要的劳动耗费,并促使以往的劳动成果重复利用。包装标准化有利于合理利用包装材料和包装制品的回收利用。例如,大部分的酒瓶,除形状可以各具特色外,其高度、外径、瓶口尺寸按标准统一后,瓶盖机和灌装机就能通用了。

4. 包装标准化可以提高包装制品的生产效率

实现统一的包装标准,有利于减少包装的规格型号,使同类产品相互通用,将包装制品的生产厂家由零星分散的小批量生产转变为集中的大批量生产,有利于生产的机械化和连续化,从而不断提高包装制品的生产效率。同时,实现统一的包装标准,还可以避免生产厂家对包装的形状、规格、图案和质量各行其是所造成的人力、物力的浪费。

5. 包装标准化能够促进包装技术和对外贸易的发展、增强产品的市场竞争力

随着国内外贸易的不断扩大和发展,包装标准化已成为国际、国内贸易的组成部分和互相遵守的技术准则。特别是出口商品,只有实行与国际标准化相一致的标准,才能便于在国际港口采用机械化装卸、集合包装和集装箱运输,扩大物资流通范围,从而降低包装破损、减少运输费、提高运输效率以及产品在国际市场的竞争能力。

推行标准化是世界各国的一项重要技术经济政策,因为它适应于日益扩大的国际贸易发展的需要,所以也就成为产品走向国际市场的重要条件之一。

三、提高包装企业标准质量的对策

1. 强化产品标准化的意识

企业的效益一般是通过销售产品来获得的,而产品销售的好坏依赖于产品的质量和特性。产品质量是企业的根本,而产品的标准则是全面衡量产品质量和特性的基础,是更好地参与国内外市场竞争的保证。因此,包装企业,特别是企业的管理者和决策者应当重视这项工作,加强产品标准化的意识,按照标准来组织包装新产品的开发和生产,使企业在激烈的市场竞争中立于不败之地,从而获取最大的经济利益。

2. 积极制定或采用先进的产品质量标准

产品生产应该有章可循,杜绝无标产品。国家允许包装企业依据供需双方和市场需求,决定采用什么样的标准来组织生产。包装产品的特性除了必须符合有关法律、法规及强制标准的要求外,企业还可自主决定衡量产品质量的依据。

国家允许并鼓励包装企业制定满足市场和用户的需求、水平先进的产品质量标准,并且鼓励企业采用国际标准和国外先进标准来组织生产。包装企业应积极制定或采用先进的产品质量标准,很多国内外先进的包装标准是经过长期实践、研究、探索而确定的,并且得到了普遍的公认。

企业应该充分了解和采用这些标准,结合企业自身水平和发展的要求,确定自己生产的产品质量要求。标准制定时应使标准技术水平既先进又合理,以最大限度地满足用户的要求为原则,以提高包装产品的竞争力为目的。企业标准应积极进行审查和备案,以确保其质量和地位。

3. 加强标准化人员的落实和能力的培养

标准化工作既是技术工作又是管理工作。标准化人员应该熟悉包装产品的生产过程、技术要求以及品质控制,了解国内外同类产品的标准、相关法律法规和标准编写方法。标准化人员应该是专职人员或主要从事者,并应尽量保持长期从事稳定的标准化工作。

企业应安排业务素质好、知识面广、经验丰富的专业技术人员到标准化岗位上工作,必要时应安排技术培训,只有确保标准化人员的水平,并让他们直接参与标准的编写,才能确保标准的质量和标准化执行的水平。

4. 发挥标准化在包装新产品研制中的作用

运用标准化可以加快新产品的开发,提高开发的效率,降低开发的成本。企业在包装新产品开发中,应该尽可能地推行产品系列化、组合化的设计,并且采用标准件、通用件和组合件来提高通用化的程度,从而可以大大缩短新产品的设计、试制周期,并开发出适应市场需求、用户满意的多样化、系列化的新产品。

5. 加强与包装专业标准化管理部门和包装科研质检部门的合作

很多包装企业由于质量意识、人员素质、技术手段、工作经验等因素的制约,在制定标准中会存在诸多问题,这些问题包括:标准编写不规范、不完整;技术项目不全;试验方法不完善、不合理;审查不仔细等。

为了弥补包装企业技术人员经验不足和试验设备不足的缺陷,熟悉标准化相关法律、法规和标准编写的方法,包装企业应积极与包装专业标准化管理部门和科研质检部门合作,获得必要的专业指导和技术支持,从而提高自身的技术水平和产品质量的标准。

6. 运用标准化来提高包装企业的现代化管理水平

在包装企业的发展过程中,既要重视技术进步,又要重视提高管理水平。包装企业应该通过运用标准化来建立现代化的企业制度,实施有效地管理,使权、责、利相统一,从而达到节约资源、降低成本、提高效率、在同行业中具有竞争力、获得更大利益的目的。

7. 积极参与包装行业标准和包装国家标准的制定和修订工作

包装企业应积极提升自身产品的质量水平和标准水平,在此基础上,积极向包装专业标准化管理部门申报并参与包装行业标准和包装国家标准的制定和修订工作,以此锻炼标准化人员队伍、提升企业形象、确立行业地位、提高市场竞争力。

标准化已成为包装企业组织生产和科学管理的重要组成部分,它不仅是提高产品质量的技术保证,也是推广应用新技术的桥梁。包装企业要有长远的眼光,在现阶段国内外激烈的市场竞争中,只有不断提高技术水平和质量标准,才能满足社会的需求,永远拥有竞争力而在市场经济大潮中立于不败之地。

第三节　我国包装标准体系

包装标准体系是包装标准化的主要内容，编制包装标准体系表是包装标准化工作的主要工作任务之一。

一、包装标准体系的有关术语

1. 包装标准体系

包装标准体系是包装标准按其内在联系所形成的一个科学的有机整体，它的组成单元是包装标准。

2. 包装标准体系表

包装标准体系中的标准按一定形式排列起来的图表，它的组成单元是用包装标准的名称来表示的。

3. 个性标准

个性标准是指直接表达一种标准化对象（产品或系列产品、过程、服务、管理）所具有的个性特征的标准。

4. 共性标准

共性标准是指同时表达存在于若干种标准化对象间所共有的共性特征的标准。共性标准构成标准体系中的一个层次，放在有关个性标准之上。

5. 相关标准

属于其他标准体系而本标准体系直接采用的标准。

小提示

我国包装的相关标准

我国的包装术语、定义标准已有一定的数量，但还没有形成完全良好的体系，标准的内容也有待于进一步规范和完善，在制定相关包装标准，特别是包装技术标准时，普遍存在引用国际标准或国外先进标准不够或不规范的现象，这方面需要进一步加强。涉及的包装术语、定义标准或相关内容主要有以下几个方面。

《集装箱名词术语》(GB/T 1992—2006)

《塑料术语及其定义》(GB/T 2035—2008)

《胶粘剂术语》(GB/T 2943—2008)

《托盘术语》(GB/T 3716—2000)

《包装术语　基础》(GB/T 4122.1—2008)

《包装术语　机械》(GB/T 4122.2—2010)

《包装术语　防护》(GB/T 4122.3—2010)

《包装术语　材料与容器》(GB/T 4122.4—2010)

《包装术语 检验与试验》(GB/T 4122.5—2010)
《纸、纸板、纸浆的术语 第一部分》(GB/T 4687—2007)
《印刷技术术语 基本术语》(GB/T 9851.1—2008)
《印刷技术术语 文字排版术语》(GB/T 9851.2—2008)
《印刷技术术语 图像制版术语》(GB/T 9851.3—2008)
《印刷技术术语 凸版印刷术语》(GB/T 9851.4—2008)
《印刷技术术语 平版印刷术语》(GB/T 9851.5—2008)
《印刷技术术语 凹版印刷术语》(GB/T 9851.6—2008)
《印刷技术术语 孔版印刷术语》(GB/T 9851.7—2008)
《印刷技术术语 数字印刷术语》(GB/T 9851.8—2013)
《玻璃瓶罐制造术语》(GB/T 9987—2011)
《防锈术语》(GB/T 11372—1989)
《条码术语》(GB/T 12905—2000)
《油墨术语》(GB/T 15962—2008)
《防伪技术术语》(GB/T 17004—1997)
《集装箱运输术语》(GB/T 17271—1998)
《物流术语》(GB/T 18354—2006)
《纳米材料术语》(GB/T 19619—2004)

二、包装标准体系的形成基础

标准体系是一个完整、独立的有机整体。国家标准体系由互相制约的多层次的子标准体系所组成。包装标准体系是国家标准体系中的一个子标准体系，包装国家标准体系又是我国包装标准体系中的一个子标准体系。

包装标准体系的建立必须遵循标准化原理，标准化的三维空间是包装标准体系的形成基础，它直接影响到包装标准体系的系统性、科学性、合理性和发展要求。

建立"与国际水平相当、具有中国特色的包装标准体系"是我国广大包装标准化工作者的奋斗目标。包装标准化工作是整个标准化工作的重要组成部分，建立和完善包装标准体系、制定足够数量的包装标准是包装标准化工作的主要内容。这些标准相互制约、补充，构成一个完整、独立的包装标准体系。

编制包装标准体系特别要掌握包装行业和相关专业的特点和规律，注意跨行业的协调；要分析和比较包装领域中的国际标准和国外先进标准，研究和完善我国的包装标准；包装标准化技术组织应在包装标准体系编制工作中起到领导和组织协调的作用。

三、我国包装标准体系表

(一)编制包装标准体系表的目的

包装标准体系表是用图表的形式把包装专业所需要的各种标准项目，按照标准的性质、类别、通用面大小以及标准间相互从属配套和协调关系等逐项列到图表上。编制包装标准体系表的目的包括以下几个方面。

1. 了解包装专业的标准概貌

通过包装标准体系表就能获得一个总的概念,可以比较形象、直观、系统地了解包装专业的标准概貌。

2. 完善包装标准及其体系

由于包装标准体系不仅包括现行的包装标准,而且包括正在组织制定中的包装标准以及将来要制定的包装标准。因此,通过包装标准体系表可以清楚地了解包装专业正在执行哪些标准,已在制定和修订哪些标准以及还有哪些标准需要制定等情况。

3. 形成科学管理的方法

编制包装标准体系表是包装标准化工作进行科学管理的一种好方法,对于进行分析研究、综合平衡、确定各个项目的轻重缓急以及组织协调等都是很有必要的。

4. 为制定和修订标准的项目计划提供科学依据

编制包装的标准体系表是编制好包装标准计划、规划的一项重要基础工作,它为制定和修订包装标准的项目计划提供了科学的依据。

(二) 包装标准体系表和包装规划的关系

标准体系表和标准规划有着密切的关系,两者在对项目划分的原则上是一致的,反映的内容上则有所不同:标准规划确定的是今后要进行的项目,包括完成这些项目的负责单位、参加单位以及标准的主要内容等;而标准体系表不仅包含今后要进行规划的项目,还包括已经批准、发布、还在执行的标准和已列入计划正在组织制定和修订的标准项目。

编制包装标准体系表是编制包装标准规划的基础,在编制包装标准规划前应先编出包装标准体系表。在审议包装标准规划项目前应先对包装标准体系表的构成状况和各包装标准项目进行逐项的审定,也就是先确定哪些项目是重点、哪些是配套;哪些要先编、哪些要后编等,然后再按照实际可能编制规划,从而使编出来的规划科学合理。

(三) 编制包装标准体系表的原则

根据标准体系表的编制原则,结合包装行业及相关专业特点,提出包装标准体系表的以下几点编制原则。

1. 全面配套

标准体系是一个系统工程,包装标准化工作是要为发展工业服务,包装行业需要的标准要全面配套。包装标准化为之奋斗的最终目的,是使产品包装科学合理。

包装综合基础标准(包装术语、包装尺寸、包装标志、包装技术、包装试验方法等)以及包装专业通用标准(包装材料、包装容器、包装机械等)都是为产品包装标准科学合理服务的。

2. 层次恰当

根据标准的适用范围恰当地将各项包装标准安排在不同的层次上。一般要尽量扩大标准的适用范围,或者说尽量安排在高层次上。

3. 划分明确

同一包装标准不要同时列入两个以上体系或分体系内,避免重复制定,同时注意包装共性标准和个性标准的准确划分。

(四)我国包装标准体系表

我国包装标准体系按其性质、类别、通用面积大小和标准间相互从属以及配套协调关系等分为三个层次。根据专业标准体系的层次结构,在包装标准体系表中最底层的个性标准即是产品的包装标准;上一层为门类通用标准,只适用于包装专业的某一门类,即包装专业通用标准;最上层是专业基础标准,适用于整个包装专业,即包装综合基础标准。我国包装标准体系框图如图 5-1 所示。为了简化图表,小门类不在总图上表示出来,可编制相应的包装标准体系明细图进行分类表示。

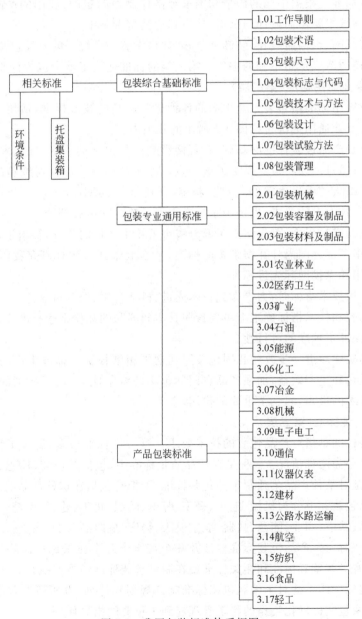

图 5-1 我国包装标准体系框图

1. 包装综合基础标准（第一层）

包装综合基础标准是包装行业最广泛、最基本、最有指导意义的标准，其中的每一个标准对整个包装专业都适用。包装综合基础标准包括图 5-1 所示的几项内容。

环境条件、托盘、集装箱及相关运载工具等方面的标准，作为包装标准体系的相关标准也列入了第一层。

包装综合基础标准是包装行业的基础标准，每一个产品包装几乎都要应用到，如国家标准《运输包装收发货标志》（GB 6388—1986）的颁布就进一步统一了运输包装收发货标志的问题。该标准是根据中国的国情和国家经济体制而制定的，我国的产品是由工业部门生产，流通领域主要由商业部门负责，然后到达消费者手中。

我国地域辽阔、运输路线长、装卸环节多，如果没有一个统一的收发包装标志，不仅容易发生差错，还会造成意想不到的损失。第一层的标准适用于整个包装行业。

2. 包装专业通用标准（第二层）

包装专业通用标准指包装工业生产的各种包装产品的技术标准，适用于包装专业某一方面。包装专业通用标准包括图 5-1 所示的几项内容。

这类标准是产品包装标准的基础，它直接影响产品包装的质量，如国家包装标准《瓦楞纸板》（GB/T 6544—2008）就说明了这一点。由于产品包装用瓦楞纸箱的质量是由制造工艺和瓦楞纸板的质量决定的，因此，制定《瓦楞纸板》（GB/T 6544—2008）的国家包装标准，是生产技术上的要求，也是国家标准中不可缺少的组成部分。

在制定该标准过程中，首先调查了部分省市纸箱生产厂的状况，征求了部分用户的意见，同时也收集了部分国内外瓦楞纸板的标准，基本上做到了认真研究我国情况，从实际出发，积极采用和靠拢国际先进标准。

在制定各项技术指标时，力求做到技术先进、科学合理、经济可靠。

在具体内容和技术指标确定上主要参照日本和苏联的瓦楞纸板标准及部分省市的企业标准，从而保证了标准的可行性。

该标准的实施对进一步改变我国包装用瓦楞纸箱纸板统一标准生产的落后状况，迅速提高包装质量和生产效益，加强产品在国际市场的竞争能力，发展我国的国民经济，促进包装工业技术的进步，起到了重要的作用。

3. 产品包装标准（第三层）

产品包装标准是指对产品包装的技术要求。这一层标准很多，属于个性标准。产品包装标准可以分为两种情况：一种是在产品质量标准中，包括对包装、标志、运输、储运的规定；另一种是对某种产品单独制定的包装标准，不把它包括在这种产品的质量标准中。

我国产品包装标准分为机械、电子、轻工、邮电、纺织、化工、建材、医药、食品、水产、农业、冶金、交通、铁道、商业、能源、兵器、航空航天、物资、危险品共 20 大类。产品包装标准涉及面较广，有时一个产品包装标准要涉及几个甚至十几个质量标准。除这些直接应用的标准外，还有一些基础标准和相关标准要在制订包装标准中参照执行。

我国包装标准体系曾对于编制包装标准制订规划和计划、分析研究包装标准项目和组织协调，以及包装标准化工作的科学管理起到了重要的指导作用。

但是随着我国经济体制、市场和贸易的发展和变化，现有的标准体系已不能满足现阶段国民经济的需求，其主要目的是从生产和技术角度对有关包装技术、试验、工艺、管理等提出要求，比较适合计划经济体制。

但对于目前我国的市场经济环境，尤其是加入WTO后，参与国际贸易竞争，该体系就显得软弱无力，尤其是在贸易方面和市场方面，几乎无所作为。因此，我国应尽快完善现有的包装标准体系。

第四节 包装法规

一、技术贸易壁垒与包装标准法规

随着经济全球化和贸易自由化进程的加快，在WTO的协调和限制下，关税、非关税的壁垒日益受到限制和约束。在此情况下，以技术法规、技术标准等为主要内容的技术性贸易措施就转变成为最普遍的贸易壁垒，成为各国保护本国产业和促进对外贸易发展的重要手段之一。

在我国出口产品品种数量迅速增加的同时，遭到的技术贸易壁垒也不断增加。有关研究表明，相关国家设置的技术壁垒对我国出口的直接和间接影响超过450亿美元。据商务部统计，我国每年有价值近240亿美元的出口商品因达不到国外发达国家的包装要求而受到影响。因此，加强对包装方面技术性贸易壁垒的研究，采取相应的对策，对突破技术壁垒、促进我国对外贸易的发展具有重要意义。

技术性贸易壁垒（Technical Barriers to Trade，TBT）是指一国以维护国家安全、保障人类健康和安全、保护生态环境、防止欺诈行为、保证产品质量为由，采取一些强制性或非强制性的技术措施，对外国进口商品进行有关技术、卫生检疫、商品包装和标签等标准认证，从而提高产品技术要求，增加进口难度，最终达到限制进口的目的。

它具有形式上的合法性、内容上的广泛性、保护方式的隐蔽性等特征，TBT是一个体系，在包装上主要体现在对包装和标签的要求，包装容器和包装材料不能对使用者或食用者的安全造成危害，不能对环境造成破坏。

在国际贸易中实施的技术壁垒主要有以下四个方面。

（一）技术标准和法规的技术壁垒

在国际贸易中用来设置技术壁垒最为广泛的是技术标准和技术法规。凭借技术标准、技术法规很容易达到使所实施的技术壁垒具有名义上的合理性。例如，日本有名目繁多的技术法规和标准，其中只有极少数与国际标准一致，外国产品要进入日本须同时符合国际标准和日本标准。

美国表面上极力倡导贸易自由化，实际在技术标准、法规方面有强烈的保护主义色彩。据了解，每月被美国食品与药品管理局（Food and Drug Administration，FDA）扣留的各国进口商品平均达3500批左右。

欧盟国家是最早意识到国际贸易中技术壁垒的国家，其成员国也是设置技术壁垒最严重的国家，尤其在有关汽车、机械和制药产业更为明显。以欧盟进口的肉类食品为例，不但要求检验农药的残留量，还要求检验出口国生产厂家的卫生条件。此外，欧盟理事会

92-5EEC指令还对工作间温度、肉制品配方以及容器、包装等做出了严格的规定。

(二) 产品质量认证和合格认定的技术壁垒

日本通过认证制度和产品的品格检验等对进口商品设置重重障碍;美国的质量认证管理是利用现有的国家安全、卫生、检疫及各种包装、标签规定,对外国产品进行检查与监督;欧盟规定了严格的欧盟指令和标准(CE)。

(三) 标签和包装的技术壁垒

在标签、包装方面,美国是世界上食品标签法规最为完备、严谨的国家,新法规的研究和制定一直处于领先地位。美国的食品标签在1992年12月12日实施,新的食品标签于1993年开始出现,从1994年5月起,美国所有包装食品包括全部进口食品必须强制使用新的标签,但新鲜肉类、家禽、鱼类和果菜可不受此限制。食品中使用的食品添加剂(包括防腐剂、品质改良剂、合成色素等)必须在配料标识中如实标明经政府批准使用的专用名称。

欧盟一直通过产品包装、标签的立法来设置外国产品的进口障碍。例如,对易燃、易爆、腐蚀品和有毒品,法律规定其包装和标签都要符合一系列特殊标志要求。关于食品标签,英国在1990年公布了《食品标签通用规则》,德国于1984年公布的《食品标签条例》在1993年做了修改。

欧共体于1979年发布的《食品标签说明及广告法规的指令》(79/112/EEC)为食品标签制定了总则,并于1986年和1989年做了修改。1990年又发布了《关于食品营养标签的指令》(90/496/EEC),还有一些有关食品标签专项指示的指令。欧共体发布这些技术法规的目的是协调、推动其成员国制定统一的食品标签法规。

(四) 绿色技术壁垒

随着人类环境意识的提高,发达国家利用自己的经济、技术优势,打着环保要求的旗号实施贸易保护,对其他国家特别是发展中国家设置"绿色技术壁垒"。这种壁垒已经越来越成为发达国家在国际贸易中所使用的主要技术壁垒,具体表现在以下几个方面。

1. 以国家安全为名限制商品进口

发达国家以保护环境、人类动植物的卫生安全健康之名,对商品中的有害物含量制定较高的指标,从而限制了商品的进口。

例如,1994年美国环保署规定,在美国九大城市出售的汽油中含有的硫、苯等有害物质必须低于一定水平,国内生产商可逐步达到有关标准,但进口汽油必须在1995年1月1日生效时达到;否则禁止进口。美国为保护汽车工业,出台了《防污染法》,要求所有进口汽车必须装有防污染装置,并制定了近乎苛刻的技术标准。

上述内外有别、明显带有歧视性的规定引起了其他国家,尤其是发展中国家的强烈反对。委内瑞拉、墨西哥等国为此曾上诉关贸总协定和世界贸易组织,加拿大、欧盟也曾与美国"对簿公堂"。

2. 绿色技术标准

发达国家的科技水平较高,处于技术垄断地位。它们在保护环境的名义下通过立法手段,制定严格的强制性技术标准,限制国外商品进口。这些标准都是根据发达国家生产和技术水平制定的,对于发达国家来说是可以达到的,但对于发展中国家来说是很难达到的。这些势必导致发展中国家产品被排斥在发达国家市场之外。

1995年4月,由发达国家控制的国际标准化组织开始实施《国际环境监查标准制度》,要求产品达到ISO 9000系列质量标准体系。欧盟最近也启动一项名为ISO 14000的环境管理系统,要求进入欧盟国家的产品从生产前到制造、销售、使用以及最后的处理阶段都要达到规定的技术标准,一般以消费品为主,不含服务业和已有严格环保标准的药品及食品,优先考虑的是纺织品、纸制品、电池、家庭清洁用品、洗衣机、鞋类、建材、洗护发用品、包装材料等26类产品。目前,美国、德国、日本、加拿大、挪威、瑞典、瑞士、法国、澳大利亚等西方发达国家纷纷制定环保技术标准,并趋向协调一致、相互承认。

3. 绿色环境标志

绿色环境标志是一种在产品或其包装上的图形。它表明该产品不但质量符合标准,而且在生产、使用、消费、处理过程中符合环保要求,对生态环境和人类健康均无损害。发展中国家产品为了进入发达国家市场,必须提出申请,经批准才能得到"绿色通行证",即"绿色环境标志"。这便于发达国家对发展中国家产品进行严格控制。

1978年,德国率先推出"蓝色天使"计划,以一种画着蓝色天使的标签作为产品达到一定生态环境标准的标志。发达国家纷纷效仿,在加拿大叫"环境选择",在日本叫"生态标志"。美国于1988年开始实行环境标志制度,有36个州联合立法,并在塑料制品、包装袋、容器上使用绿色标志,甚至还率先使用"再生标志",说明它可重复回收,再生使用。

欧盟于1993年7月正式推出欧洲环境标志。凡有此标志者可在欧盟成员国自由通行,各国可自由申请。美国食品与药品管理局规定,从1995年6月1日起,凡是出口到美国的鱼类及其制品,都必须贴有美方证明的来自未污染水域的标签。它犹如无形的层层屏障,使发展中国家产品进入发达国家市场举步维艰,甚至受到巨大冲击。

4. 绿色包装制度

绿色包装指能节约资源,减少废弃物,用后易于回收再用或再生,易于自然分解,不污染环境的包装,它在发达国家市场广泛流行。一种由聚酯、尼龙、铝箔、聚乙烯复合材料制成的软包装容器Cheer Pack在日本和欧洲市场大受青睐,已广泛用于饮料、食品、医药、化妆、清洁剂、工业用品的包装,其使用后的体积仅为传统容器的3%~10%。

德国1990年6月公布了《包装废弃物处理的法令》。奥地利1993年10月开始实行新包装法规。美国规定了废弃物处理的减量、重复利用、再生、焚化、填埋五项优先顺序指标。

这些"绿色包装"法规,虽然有利于环境保护,但却为发达国家制造"绿色壁垒"提供了可能。尤其是发展中国家产品包装不符合其要求而限制进口,由此引起的贸易摩擦不断。

5. 绿色卫生检疫制度

世界各国设定的海关卫生检疫制度留存已久。世界贸易组织通过的《实施卫生与动植物卫生检疫措施协议》建议使用国际标准,规定成员国政府有权采取措施,保护人类与动植物的健康,其中确保人畜食物免遭污染物、毒素、添加剂影响,确保人类健康免遭进口动植物携带疾病而造成的伤害。

但是,各国有很高的自由度,要求成员国政府以非歧视方式,按科学原则,保证对贸易的限制不超过环保目标所需程度,而且要有高透明度。实际上,发达国家往往以此作为控制从发展中国家进口的重要工具。它们对食品的安全卫生指标十分敏感,尤其对农药残留、放射性残留、重金属含量的要求日趋严格。由于生产条件和水平的限制,发展中国家很多产品达不到标准,其出口到发达国家市场的农产品和食品将受到很大影响。例如,由于日本、韩国对进口水产品的细菌指标已开始逐批化验,河豚逐条检验,我国某些出口日本、韩国的虾仁、鱿鱼均因细菌超标而被提出退货。

6. 绿色补贴

为了保护环境和资源,有必要将环境和资源费用计算在成本之内,使环境和资源成本内在化。发达国家将严重污染环境的产业转移到发展中国家,以降低环境成本。发展中国家的环境成本却因此提高。

更为严重的是,发展中国家绝大部分企业本身无力承担治理环境污染的费用,政府为此有时给予一定的环境补贴。发达国家认为发展中国家的"补贴"违反关贸总协定和世界贸易组织的规定,因而以此限制其产品进口。美国曾就以环境保护补贴为由,对来自巴西的人造橡胶鞋和来自加拿大的速冻猪肉提出了反补贴起诉。这种"绿色补贴"壁垒有日益增加之势。

二、有关包装的法律、法规

(一) 各国相关的包装法律、法规

欧盟致力于产品的循环利用系统,而在该系统中包装废弃物的回收与利用被列为重点,并于1994年年底开始实施"包装指南方案",正式颁布了《包装和包装废弃物的指南》,该指南适用于各种包装。

欧盟94/62/EC法规中严格限制了包装产品中重金属的含量,其中对铅、镉、汞、铬四种重金属的检测和计算方法做了详细的解释,并制定了相应标准以确保化学物质不影响包装食品,规定了用于食品包装的油墨和黏合剂要求。例如,软包装用油墨向水性、醇溶性方向发展,以取代苯溶性油墨,黏合剂也向水性、醇溶性、无溶剂方向发展。

欧盟的新法律对食品公司使用的塑料包装材料提出了更严厉的要求,对从塑料中进入食品中的化学品做出了限制,并提出了一份禁止食品公司使用的材料名单。

德国是当前发达国家中最重视环境与包装的国家,1996年制定的《垃圾法》明确规定要减少包装废弃物与开展回收利用。在该国包装废弃物占城市垃圾的1/3,为解决这一难题,他们早在1990年颁布的《包装—包装废弃物处理法令》中指出,管理目标是包装材料能再利用与回收和减少包装废弃物的产生,是世界上第一部处理包装废弃物的法律。

美国在20世纪80年代末由各州相继颁布了各自的《包装限制法规》;1993年由36个州立法通过一项塑料回收标志方法。

我国于1995年颁布了《中华人民共和国固体废弃物处理法》,从1996年4月起执行。其中规定,对地膜、一次性包装材料制品应采用易回收、易处理的产品。铁道部也从1996年起规定在铁路上必须使用可降解的塑料快餐盒,接着,各大城市也开展了禁止使用一次性塑料包装袋、EPS餐具等非降解塑料制品的活动。对于食品包装标准也出台了一些法规,如《食品用塑料制品及原材料卫生管理办法》等。

> **小提示**
>
> ## 欧美食品包装法规
>
> **1. 美国 FDA 法规**
>
> 美国 FDA(食品药品管理局)规定,所有包装接触材料不能含有致癌物质,企业必须通过检测,确保自己的包装材料中不含禁用物质,并且将检测数据和企业的承诺写入合同中,并为此承担法律责任。
>
> 所以,那些试图打开国际市场而且是从事食品、医药等包装的国内厂家,首先要对自己的包装材料进行检测,如果没有检测条件,则要通过对方政府认可的注册检测机构进行检测,并且把检测数据和承诺写入合同中。
>
> 其次,国内企业要了解对方国家的相关法规,因为一旦包装不符合合同所述,将承担由此带来的经济损失。在欧美发达国家,甚至出现个别食品厂家因为包装出问题导致破产。
>
> 另外,国内对包装材料的迁移物总量没有一个明确的限制,而欧美国家对迁移物(残余溶剂、重金属和异物等)总量的限制十分明确,如 1kg 包装内容物的迁移物总量不能超过 60mg。
>
> 根据美国 FDA 的定义,包装材料是一种间接添加剂,其中美国 CFR21 对添加剂这样定义:在使用过程中,包装材料可能会直接或间接地变成食品的一种成分,如果食品包装材料不会迁移到食品中,它就不会成为食品的成分之一,因此也就不属于食品添加剂。
>
> 一般的油墨没有涉及食品添加剂的规定,印在食品包装外层的油墨,如果包装基材在油墨与食品之间充当了功能性阻隔层,那么印刷油墨不属于间接食品添加剂。
>
> **2. 欧盟食品接触包装法规**
>
> 英国、德国、法国和意大利等欧洲国家将各自的相关法规进行汇总归纳,发展成为欧盟地区共同适用的食品接触包装法规,并且此法规在不断完善的过程中。
>
> 欧盟界定,对食品包装材料来说,大部分法规都集中在塑料材料上,玻璃、金属实际上被认为是惰性材料,即便是纸包装,也不认为是有害的。
>
> 欧盟的食品接触包装材料相关法规框架是 EC framework Directive 89/109/EEC,此法规规定:食品接触包装材料必须符合食品生产厂家的要求,在正常使用条件下,食品接触包装材料不会迁移到食品中,从而出现下列问题,即危害人体健康、导致食品成分发生难以接受的变化、导致食品变味。

(二) 国内外对包装材料的相关环保法规要求

1. 欧盟双指令

2003 年 2 月 13 日,欧盟和欧洲议会颁布双指令,即《关于在电子电气设备中限制使用某些有害物质指令》(ROHS)以及《关于报废电子电气设备指令》(WEEE),限制铅、镉、汞、六价铬、多溴联苯及多溴联苯醚在电子电气产品中的使用,同时也适用于相关的包装材料。

2. 索尼技术标准(SS—00259)

索尼公司为了防止供应商提供的索尼产品部件或设备含有不符合环境管理的物

质,通过了索尼技术标准(SS—00259),对产品的铅、镉、铬等重金属以及有机氯化物、有机溴化物等有害物质进行了管制规定。该套标准的权威性逐渐得到了国际市场的普遍认同。

3. 日本食品包装用的印刷油墨标准

该标准以日本食品卫生法为基准,限制了180种造成公害物质或危害系数较高的化学物质,并且禁止作为生产油墨的原料。

4. 中国香港《就指定产品的挥发性有机化合物含量实施强制登记及标签规定建议计划》

该计划规定了印刷材料含挥发性有机化合物的限制,也在珠江三角洲地区同时实施。

5. 国家行业标准

国家行业标准(QB 1014—1991)规定印刷包装食品材料的残留溶剂总量小于 $10mg/m^2$,其中甲苯小于 $3mg/m^2$。

(三) 绿色包装技术标准与法规

1. 绿色包装法则

1981年,丹麦政府鉴于饮料容器空瓶增多所带来的不良影响,首先推出了《包装容器回收利用法》。由于这一法律的实施影响了欧共体内部各国货物自由流动协议,影响其成员国的利益,于是一场"丹麦瓶"的官司打到了欧洲法庭,1988年,欧洲法庭判丹麦获胜。欧共体为了缓解争端,1990年6月召开都柏林会议,提出"充分保护环境"的思想,制定了《废弃物运输法》,规定包装废弃物不得运往他国,各国应对废弃物承担责任。

1994年12月,欧盟发布《包装和包装废弃物指南》。《都柏林宣言》之后,西欧各国先后制定了相关法律、法规。与欧洲相呼应,美国、加拿大、日本、新加坡、韩国、中国香港、菲律宾、巴西等国家或地区也制定了包装法律、法规。

我国自1979年以来,先后颁布了《中华人民共和国环境保护法》《中华人民共和国固体废物污染环境防治法》《中华人民共和国水污染防治法》《中华人民共和国大气污染防治法》四部专项法和八部资源法。30多项环保法规明文规定了包装废弃物的管理条款。1984年,国务院设立环境保护委员会。1994年5月7日,中国环境标志产品认证委员会(CCEL)正式成立,并开始实施环保标识制度。1998年,省级绿色包装协会成立。

绿色包装分为A级和AA级。A级绿色包装是指废弃物能够循环使用、再生利用或降解腐化,含有毒物质在规定限量范围内的适度包装。AA级绿色包装是指废弃物能够循环复用、再生利用或降解腐化,且在产品整个生命周期中对人体及环境不造成公害,含有毒物质在规定限量范围内的适度包装。

2. 包装材料方面的技术规定

1) 禁止使用聚氯乙烯(PVC)制作的包装材料

欧洲各国在1992年完全禁止使用聚氯乙烯包装材料,而使用可循环利用的包装材料;日本严格控制不能再循环的塑料包装材料的使用。

2) 禁止使用含氯氟烃的泡沫塑料

美国早在1988年就有21个州颁布了共计2332条法令,限制和禁止使用某些塑料包装制品。目前在包装工业中已出现了多种替代氯氟烃泡沫塑料的新型包装材料,既有环保特性,又能有效吸收撞击,保护商品。

3) 严格规定使用某些包装材料

为了保护本国的资源、农作物、建筑物、水源和森林,防止因包装物中的病虫、细菌、微生物等造成危害,许多国家对包装物做出限制,严格检验和处理。例如,禁止使用木材、稻草、旧麻袋等传统天然包装材料,禁止使用含有铅、汞和镉等成分的包装材料等。

4) 限制使用不能再生或不能分解的原料

意大利政府1991年开始禁止在其境内使用不能生物降解的塑料杂品袋。瑞士1991年11月颁布有关包装的法律、法规,禁止生产无法循环使用的包装容器。欧盟于1992年颁布关于包装、包装废弃物的规定,从2000年1月1日起,从其市场上清除一切不能重复使用或不能降解再生的包装材料。美国加州1992年规定,所有的硬塑料容器要么可以再利用,要么按1991年的10%减少原料用量,或必须包含25%的可回收物质。

3. 包装容器方面的技术规定

1) 包装容器的结构和容量方面的要求

日本规定容器的空容积不得超过容器容积的20%,而在澳大利亚这个比例则是25%。美国规定,所有医疗、健身及美容药品都要具备能防止掺假、掺毒等防污能力的包装;为了防止儿童误服药品、化工品,凡属防毒包装条例和消费者安全委员会管辖的产品,必须使用保护儿童的安全盖。

2) 集装箱检验检疫方面的要求

世界卫生组织制定并经各国政府批准的《国际卫生条例》中规定:集装箱在离境时,各出口国检验检疫机构应采取一切切实可行的措施,对集装箱实施检验检疫;集装箱到达时,各出口国应对到达的集装箱实施检验检疫;各国检验检疫机构应尽可能确保国际运输中的集装箱在装运货物时无传染性物质、媒介昆虫和啮齿动物。

4. 国际社会对绿色包装的法律调控

1) 国际条约与绿色包装的法律调控

《里约宣言》是联合国环境与发展大会的中心成果之一。宣言的主要内容是宣布关于环境与发展问题的27条原则。宣言指出,环境问题与发展问题之间具有密不可分的联系,环境问题阻碍人类社会的可持续发展,不可持续的发展会引起并加剧环境问题。正是《里约宣言》的发表,在全世界范围内掀起了新一轮绿色浪潮。

绿色包装正是包装业为此所做出的努力,它使包装业走上了一条节约资源、保护环境的新道路。因此,《里约宣言》对绿色包装的出现和发展起了重要作用,绿色包装的许多思路都来源于《里约宣言》。

2) 世界贸易组织与绿色包装的法律调控

贸易与环境问题已成为世界贸易组织的主要议题。《建立世界贸易组织协定》规定:"按照持续发展目标使世界资源得到最合理利用,维护和保护环境,并根据各成员国因不同需要和不同经济发展水平的情况,加强管理措施。"在国际贸易中,包装是商品不可分割的组成部分。因此,包装当然受到世界贸易组织规则的制约,绿色包装也是世界贸易组织所提倡的包装方式。

3) 欧盟与绿色包装的法律调控

欧盟1994年12月提出《包装和包装废弃物指南》,目的在于避免或降低包装废弃物可能对环境产生的不良影响。而界定包装废弃物对环境造成影响的每一细节是一项十分艰巨的任务。因此,该指南添加了一个附件,附件中确定了《包装的基本要求》。

该文件的主要原则是:包装材料的重量和体积应当降低到最低限度,以能够保证被包装产品的安全和消费者接受为准;使用后,包装材料的有害成分和其他危险成分对环境的危害应当降低到最小限度;包装材料应当适合于材料回收和能源回收标准,或者可以腐烂成为混合肥料,或者能够再利用。

(四) 包装标签的有关法规

欧盟一直通过产品包装标签的立法来设置外国产品的进口障碍。例如,对易燃品、易爆品、腐蚀品和有毒品,法律规定其包装标签都要符合一系列特殊标志要求。欧共体于1979年发布了《食品标签说明及广告法规的指令》(79/112/EEC),为食品标签制定了总则,要求标签中应有商品交易名称、成分表、销售日期或过期日、使用和保存的特殊需要、产地、生产厂家的名称和地址、包装者或零售者、净重、必要的使用说明、用于识别属于谁的食品信息。

美国食品与药品管理局控制食品、药品、化妆品和制药设备的标签。食品标签立法中也包括对大多数食品包装的营养标签要求。比如,要求大部分的食品必须标明至少14种营养成分的含量,对于没有条件进行食品成分分析的国家而言,这条规定无疑就是禁止进口的措施。

(五) 包装卫生的法律、法规

包装的卫生通常是指流通过程中为保护产品、方便运输、促进销售而按一定技术方法采用的容器、材料及辅助物等所应具有的卫生性。对包装卫生的法规主要涉及对包装毒性的限制、对包装传疫的法律限制和对包装影响环境的法律限制三个方面。

1. 对包装毒性的法律限制

由于许多包装材料本身具有毒性,会造成对商品的污染或其毒性向商品迁移,使商品(主要是那些直接入口的食品、药品等)有碍人体健康,有的甚至严重影响人们的生命安全。各国的包装法规对包装的毒性都加以严格的限制。

这些法规主要有食品卫生法、药品管理法、消费者保护法、防毒包装法令等。这些包装法规,对加工包装容器的生产工艺方面也有规定。例如,为了有效地解决普遍存在的焊锡罐头带来的铅毒,世界各国现已取缔了焊锡罐头的生产,采取电阻式及两片冲压罐或纸罐来包装,或改用玻璃瓶包装。

出于公共卫生的考虑,许多国家都对包装容器及有关原材料制定了相应的卫生标准,如对塑料材料中有毒单体残留量的限制。我国规定食品包装用的PVC硬片,其氯乙烯单体残留量应小于1ppm。

在涂料方面,欧洲经济共同体有法律规定,为了防止污染食品,要求使用的金属包装涂料,不管是内涂料还是外涂料都应符合食品包装的卫生要求,具备应有的阻抗性能,涂料不应有任何毒性。涂料制造者对原材料的选择和成品中有毒物质的"游离量"都应遵循一定的规则。

2. 对包装传疫的法律限制

在有些包装和包装原材料中,有寄生或隐匿人类的传染病、动物的病菌及病毒、植物的病虫害,所以世界各国为了防止传染病的传入、传出而造成的危害,从防疫角度,以法律形式采取了卫生防护措施。在这些法律中对商品采用的包装、包装材料及作为包装的辅助材料等的种类进行限制,或采取强制性措施进行监督和管理。

在包装材料方面,各国主要限制那些原始的包装材料和部分回收复用的包装材料,如木材、稻草、竹片、柳条、原麻及以此为材料的包装制品(如木箱、草袋、竹篓、柳条筐篓、麻袋等)。

我国曾向美国出口一批瓷器,因用稻草包裹,被美国海关发现,稻草当场烧毁,并需付烧草费和重新包装费,造成了不必要的损失。

1999年6月1日,欧盟委员会公布决议,要求欧盟15个国家施行紧急措施,防止中国(不包括香港特别行政区)货物木质包装中携带的霉菌传入欧盟国家。具体要求为来自中国(除香港特别行政区外)的木材或非针叶树木质包装不得带有树皮,不能有直径大于3mm的虫蛀洞;或者必须对木质包装进行烘干处理,使木材含水量低于20%。

2005年1月,国家质检总局发布69号令,规定我国自2005年3月1日起采用国际植物检疫措施标准第15号《国际贸易中木质包装材料管理准则》,该标准的实施统一了我国出口木质包装除害处理方法,规范了木质包装企业行为,简化了出口木质包装的检疫和处理程序。

在包装辅助材料方面,如作为填充料的纸屑、木丝,作为固定用的衬垫、支撑件等,要事先进行消毒、除鼠、除虫或其他必要的卫生处理。

在包装容器方面,除对上述原始材料制成的容器需要进行必要的限制或处理外,对那些实际上起包装作用的运输设备,如集装箱和其他大型货物容器,国际卫生组织规定必须实施检疫。

3. 对包装影响环境的法律限制

包装影响环境主要是指包装废弃物对环境的影响,世界上20多个国家已经采用了包装生产者责任原则,并建立了相关的包装及包装废弃物的法律、法规。

德国政府为了提高纸箱回收与再生率,规定制造商和销售商有义务回收使用过的运输包装,实行"谁生产、谁回收;谁销售、谁回收",同时,有义务会同公共废弃物处理组织对这些运输包装物实施再使用和再循环。该法令规定,对于拒不回收或不配合运输包装再使用、再循环者,将追究责任。

欧盟规定,包装用品的设计、生产、商品化,必须使其能再利用和再生。对不可回收及不可分解的原料将制定管制新协议。

本章主要学习了物流包装标准和标准化的理论及实践技能,其中重点介绍了物流包装法规的知识。包装标准和标准化是物品包装研究的最重要目标,也是包装经营管理现代化与法制化的一个重要标志。包装标准是包装评价的依据,包装标准化是实现合理包装的手段。

5-1 包装标准与包装标准化是什么关系?

5-2 从自己的理解出发,写出包装标准化的重要意义。

5-3 如何提高包装企业标准质量?

5-4 在日常工作和生活中可以看出包装行业主要有哪些法规?

(1) 实践目的:阅读有关标准、法规文件,完成物流包装标准化案例分析。

(2) 技能要求:结合本章引导案例分析如何看待目前包装标准化、现代化的发展趋势?

(3) 实践学时:2学时。

(4) 实践环节:以小组为单位(3~5人为一组)对本章引导案例进行分析。

(5) 实践内容:

① 包装标准的表现形式。

② 包装标准化是如何体现的?

③ 包装法规是如何制定的?

第六章

包装的合理化、现代化和规范化

【学习目标】
（1）认识包装合理化和现代化物流的重要性。
（2）掌握不合理包装的表现形式及如何实现包装的合理化。
（3）了解物流包装合理化的发展趋势。
（4）掌握包装现代化的表现形式。
（5）理解包装规范化的意义。
（6）了解包装测试的评估标准及相关的包装件测试方法。

【学习指导】
　　本章的学习重点是掌握包装合理化的概念、包装合理化和不合理化的表现形式；学习难点是如何利用当今的科学技术实现包装的现代化，如何加强合理化的包装以及检测包装的方法。

【引导案例】

过度包装之殇

　　"过度包装"现象如今普遍存在。据了解，中国包装废弃物的年排放量在重量上已占城市固体废弃物的1/3，而在体积上更达到1/2之多，成为增长速度最快的废物流之一。

1. 快递行业成重灾区

　　据国家邮政局2016年发布的《中国快递领域绿色包装发展现状及趋势报告》显示，2015年，我国快递行业共消耗快递运单207亿枚、编织袋31亿条、防水快递包装袋82.68亿个、包装箱99.22亿个、胶带168.85亿 m、内部填充物29.77亿个，其中胶带使用量可绕地球赤道425圈。

　　这些庞大的消耗量真的等于快递包装的实际需求量吗？事实上，很多快递包装分量过重、体积过大、耗材过多、成本过高，这些都属于

"过度包装"。过度包装已经成为快递行业的通病。

2. 消耗资源，破坏环境

以包装的用纸量为例，制作1t快递包装箱需要用20棵树龄为20～40年的树；一个不超过50g的普通纸箱，则需要消耗2000g水和木材。而这只是冰山一角。过度包装造成资源能源的严重浪费，不符合人类社会的可持续发展要求，与建立资源节约型和环境友好型社会相背离。

我国目前还没有建立起有效的垃圾分类和回收利用制度，包装垃圾和其他种类的垃圾一样，主要采用填埋和焚烧处理。但是像透明胶带、塑料袋、空气囊等的包装垃圾，其主要原料是聚氯乙烯，这一物质需要上百年才能完全降解。

3. 双管齐下解决难题

近几年，随着过度包装成为广泛关注的社会问题，我国开始重视完善相关的法律法规和国家标准，出台了有关限制商品过度包装的国家强制性标准，在一定程度上遏制了过度包装的问题，但是还需要进一步细化责任。首先，要建立、完善包装法律法规，从源头上减少和避免过度包装现象的产生；其次，要对包装废弃物进行资源化的回收处理。

(资料来源：徐欣.过度包装之殇[N].人民日报(海外版),2017-5-9)

第一节 包装合理化

包装作为产品的"外衣"，主要起防护和辨识作用，包装方式不合适或包装质量不佳，一方面给物流运输带来不便，另一方面将直接造成产品的锈蚀、压痕、破损等缺陷，从而影响用户的使用，严重时可能导致商品材质降级或报废，给供需双方造成损失。

商品的运输包装不但要能够保证商品在运输过程中不改变其物理和化学性质，不破损、不散失、不渗漏、不降低使用价值，而且要能够保证运输工具、装卸人员的安全，并提高运输、装卸作业效率。

一、包装合理化的意义

包装质量是指产品包装能满足生产、储运、销售和消费整个生产流通过程的需要及其满足程度的属性。合理的包装具有提高服务水平、降低费用、提高物流效率的作用。包装质量的好坏不仅影响到包装的综合成本效益、产品质量，而且影响到商品市场竞争能力及企业品牌的整体形象。

在市场经济中，产品质量是竞争的焦点，而产品外观及包装质量作为产品质量的重要组成部分，在某种程度上也反映了一个企业的整体质量管理水平，代表着企业的形象。此外，外观质量还体现了企业的质量管理水平和企业的产品形象，是客户接触企业的第一印象，会起到先入为主的效果。同样的产品看质量，同样的质量比价格，同样的价格看包装。如果用户对产品表面的包装印象不佳，就很难对企业有一个优秀、正面的评价，即使产品的内在质量比其他企业好,要得到用户的认可,也得需要一段时间的磨合。因此,产品的实物质量和包装标识质量对于树立企业的产品形象、提高产品的市场占有率具有重大的战略意义。

目前我国商品的包装质量参差不齐,存在包装不足、过度包装、包装材料不环保、包装标准不统一等不合理现象,导致物品在物流运输途中发生破损的情况屡见不鲜,包装成本居高不下、包装回收难、造成环境污染等后果,影响物流质量的整体提升和生产生活的高效运行。特别是每年化工危险品因包装破损而导致的火灾、爆炸、腐蚀等事故的直接损失就高达数百万元。

因此,物流包装的合理化无论是对社会生产和人民生活,还是对物流业的发展都是极为重要的。同时还应注意到,随着国际分工的深化和全球经济一体化的发展,商品的国际流动已经成为常态,我国国际快递和国际物流的大发展时代已经开启,商品的包装不但要满足国内物流运输和市场销售的需要,还要迎合国际物流各种运输方式的需要和不同国别文化和规章的要求。所以,无论从当前还是长远利益来看,提高包装质量、减少储运中的质量事故、提高物流运输效率,都是刻不容缓和亟待解决的问题。

二、包装不合理的表现

从包装质量的含义看,物流包装不合理指的就是产品包装不能满足生产、储运、销售至消费整个生产流通过程的需要,或其满足程度不高。从社会效益看,包装不合理还应考虑包装材料对环境的影响;从经济效益看,包装不合理则更多是从成本控制的角度出发。

常见的物流包装不合理表现形式有以下几个方面。

(一)物流包装标准不一致

由于没有建立企业物流统一的包装和运作标准,使得现有的物流包装各具特色,物流容器和工位器具彼此不相容,无法做到单元化、标准化和通用化。另外,不同时期的包装标准不同,并且随着企业发展而不断地变化;不同物品物料的包装标准不一;相同物品的不同供应商包装标准不一;相同供应商不同时期所采用的包装标准也不统一。这些问题都增加了包装在物流流通过程中的管理难度,从而也会降低物流系统的效益。

在现阶段,我国很多行业物流运作的通常惯例是:上游供应商给下游企业发货,常常使用一次性纸箱、木箱进行货物包装与运输,即使采用带板运输方式,也经常由于托盘标准不统一或者没有在整个供应链上实现托盘循环共用,货物在送达目的地后需要人工卸车、重新码盘再入库存放。这样由于物流包装标准不一致的情况,必然使得货物运输、搬运、堆垛、存储等流通环节的作业量增加,不但耗费了时间和人力,也加大了货物损坏的风险,必然导致物流作业效率降低、成本升高。

(二)物流包装不足

物流包装的第一作用是保护商品。但在物流实践中,由于包装不足而造成货物损坏占比却最高。据统计,2015年前11个月,厦门海沧检验检疫局共退运(销毁)因包装破损而造成污染的进口食品395t,货值126万美元,同比去年分别增长220.1%和430.2%,占退运(销毁)不合格进口食品比例的18.8%,产品种类包括啤酒、葡萄酒、碳酸饮料、果蔬汁浆、巧克力原料等。包装不足,在流通过程中直接造成的损失以及促销能力的下降,不能不引起社会的关注。

物流包装不足主要指以下几个方面。

1. 包装强度不够

物流包装强度与包装堆码、装卸、搬运有密切关系,强度不够,使物流中保护性能不足,容易造成被包装物在物流环节破损。如易碎商品的包装不够坚固,导致进出口商品在运输流通途中破碎损坏;贵重商品因包装过于简易或封口不严受损或丢失;危险品包装容器结构薄弱与密封不良,造成危害环境与人身的严重后果等。

2. 物流包装材料不能承担防护作用

物流包装材料的选择应遵循以下原则。

(1) 包装材料应与包装物相适应。在满足功能的基础上尽可能降低材料费,节省包装成本。

(2) 包装器材与包装类别相协调。物流包装应注重包装防护及物流环节的方便性,常用的器材有托盘、集装箱、木箱等。

(3) 包装器材与流通条件相适宜。包装使用到的器材需要考虑到运输、保管、搬运、加工、地理及天气环境等条件。

3. 物流包装容器的层次及容积不足或者容积过大

在包装选择、设计、使用过程中要考虑到内装物的膨胀系数,灌装后容器内要留有一定空间,保证内装物受热膨胀不会引起包装质量变化或内装物溢出。例如,某外贸公司出口到哈萨克斯坦的羽绒服,该批货物系冬天生产,在装箱时用打包机将羽绒服捆扎后,满实满载地装入纸箱内,时隔几个月后该批货物运到口岸,正是炎热天气,内装物受热后剧烈膨胀,将方正的纸箱撑得像皮球,有些纸箱严重破损,造成该批货物不能正常出口,滞留在口岸库房。

4. 成本控制不合理

物流包装成本过低,不能有效地包装。无效包装的最终受害者就是物流过程中的物品,造成被包装物在物流环节中得不到有效保护。

(三) 物流包装过度

《限制商品过度包装通则》(GB/T 31268—2014)对过度包装(Excessive Package)的定义:超出正常的包装功能需求,其包装层数、包装空隙率、包装成本超过必要程度的包装。过度包装是一种功能与价值过剩的商品包装。其表现为耗用过多材料、过大体积、高档用料、奢华装饰等,使之超出了保护商品、美化商品的功能要求,给消费者一种名不符实的感觉,增加了经济负担。故过度包装是保护功能的过剩、方便功能的过剩、传达功能的过剩和装饰功能的过剩。

三、包装合理化的措施

包装合理化是指产品在包装过程中使用适当的材料和适当的技术,以达到节约包装费用、降低包装成本的目的;同时要满足储运的方便,还能起到对商品保护的作用和有利于销售的要求,最终提高包装经济效益的综合管理活动。总的来说,合理的包装是指能适应和克服流通过程中的各种障碍,是在成本合理范围内的最好包装。

包装合理化,一方面包括包装总体的合理化,这种合理化往往用整体物流效益与微观包装效益的统一来衡量,另一方面也包括包装材料、包装技术、包装方式的合理组合及运用。

(一)包装合理化的表现

1. 包装的轻薄化

由于包装只是起保护作用,对产品使用价值没有任何意义,因此在强度、寿命、成本相同的条件下,更轻、更薄、更短、更小的包装,可以提高装卸搬运的效率,更节约运输空间和成本。

2. 包装的单纯化

为了提高包装作业的效率,包装材料及规格应力求单纯化,包装规格还应标准化,包装形状和种类也应单纯化。

3. 符合集装单元化和标准化的要求

包装的规格与托盘、集装箱关系密切,也是应考虑到与运输车辆、搬运机械的匹配,从系统的观点制定包装的尺寸标准。

4. 包装的机械化与自动化

为了提高作业效率和包装现代化水平,各种包装机械的开发和应用是很重要的。

5. 注意与其他环节的配合

包装是物流系统组成的一部分,需要和装卸搬运、运输、仓储等环节一起综合考虑、全面协调。

6. 有利于环保

包装是产生大量废弃物的环节,处理不好可能造成环境污染。包装材料最好可反复多次使用并能回收再生利用;在包装材料的选择上,还要考虑不对人体健康产生影响,对环境不造成污染,即绿色包装。

(二)包装合理化的要求

合理的包装应满足以下九个方面的要求。

(1)包装应妥善保护内装的商品,使其不受损伤。这就要制定相应的适宜标准,使包装物的强度恰到好处地保护商品免受损伤。使其除了要在运输、装卸时经受住冲击、震动外,还要具有防潮、防水、防霉、防锈等功能。

在运输过程中,包装基本目的就是保证产品在使用时能执行其预定的功能,必须使被包装物的形态、功能、结构等从出厂开始,在经运输、存储、装卸最终送到用户手中为止的全过程中得到可靠保护。

设计合理的运输包装不仅能够防止产品因压力、振动、冲击而造成损坏,而且能防止因盗窃受损,可避免受自然因素的有害影响。运输包装很大程度上影响着现代物流的运作效率和货物在运输过程中的保全与减损程度。

(2)包装材料和包装容器应当安全无害。包装材料要避免有聚氯联苯之类的有害物质,包装容器的造型要避免对人造成伤害。

(3)包装的设计与制造工艺的合理化。如有的木箱尽管材质很好,但由于箱体设计失当没有侧挡板,在运输和堆码过程中箱体散架或者破损,使好的材质没有发挥应有的作用。

有些纸箱在设计方面没有考虑与内装物品的配套,装箱后内装物超出或填充不满箱体容积,导致内装商品在运输途中相互碰撞而损坏。另外,包装设计中没有充分考虑到各种化工危险品的不同特点,也是造成包装发生破损的原因之一。

(4) 包装的容量要适当,要便于装卸和搬运。
(5) 包装的标志要清楚、明了。
(6) 包装内商品外围空闲容积不应过大。
(7) 包装费用要与内装商品相适应。
(8) 提倡节省资源的包装。
(9) 包装要便于废弃物的治理。

(三) 影响包装合理化的因素

物流包装在应对物流作业过程中对物品的不良影响,保护商品使用价值的同时,也带来了商品成本的增加和对环境的污染,所以在考虑物流包装合理影响因素时,除了从物流系统的相关作业功能出发之外,还要考虑商品物流成本和环境保护的因素。

1. 装卸搬运

装卸搬运是物流过程中发生频率最高的作业,也是直接接触物品包装的环节,对物流包装强度的要求最高。例如,国际航运的大型机械化装卸,就要求包装强度要大、规格尺寸标准符合常用吊车规格要求;铁路运输和公路运输中,如果是手工装卸,包装的外形和尺寸就要适合于人工操作。

现代管理科学对人工装卸最佳重量进行研究的结果确定,包装的重量为工人体重 40% 较为合适,及男劳力 20~25kg,女劳力 15~20kg 较为合适。如果是叉车配合托盘作业,则要求包装规格要符合常用托盘标准尺寸。如果用皮带输送机装卸,货物则大多是散货或简单包装。所以在确定物流包装时一定要根据装卸搬运的手段,合理选择不同强度的包装材料和包装规格。

另外,装卸人员作业不规范也直接引发商品损失。例如,从香港报关进口的一件大木箱,内装精密设备,要求运输途中不能倾斜。当木箱运至客户手中时,货主肯定地认为货物已被倾斜了,因为木箱外包装上有一个标识变成了红色——原来该货物倾斜 45°时,外包装上的标识就会变色。因此,引进装卸技术、提高装卸人员素质、规范装卸作业标准等都会相应地促进包装、物流的合理化。

2. 仓储保管

尽管随着现代物流管理水平的提升,物流信息化的普及和"零库存"、精益物流思想和理念的深入,物流过程中的货物停滞的时间整体呈缩减态势。但是为保证生产、销售、生活的正常运营,必要的物品仓储保管往往是不可缺少的。物品在仓储期间,不像搬卸搬运会频繁接触外包装,但是不同的储存环境对物品包装的要求不同。

例如,露天存放的货物要求包装物防风、防水、耐高温,如集装箱常常采用金属材质制成。仓库温度、湿度、货架安排等储存条件的差异也对物流包装有着相应的要求。在确定包装时,应根据不同的保管条件和方式采用与之相适合的包装物。

3. 运输作业

对包装有影响的第三个因素是运输,运送工具类型、输送距离长短、道路情况等对包装都有影响。例如,航空运输速度快、货物在途时间短、中转较少,所以对货物包装强度要求较低;海洋运输货物在途时间长、作业环节多、内容复杂、途中风险多,对包装强度要求很高,当前主要采用集装箱为外包装物。

铁路运输中,国际铁路联运多采用集装箱方式,国内运输方面对包装强度的要求相对较低;公路运输,运输速度较快、运距较短,且客户接近末端消费者,所以物流包装选用常见的纸箱作为包装材料。在考虑包装材料和工艺时,应满足以上不同的运送方式对包装的要求和影响。

4. 物流成本

包装费用包括材料费用、制作费用、封装费用、运输搬运费用、储存保管费用、回收处理费用等,这些费用基本上都与包装尺寸、包装形式及复杂程度有关。包装的材料选取、结构形式等直接影响着包装成本。包装综合成本可以分成三个部分:一是包装物的价格;二是包装的使用成本;三是包装的管理成本。包装成本还包括管理、存储、运输、人工等的成本。这些成本构成了包装的直接成本。包装的直接成本指的是为了形成产品这个有机体系而需要花费在包装方面的成本。

比如由于纸箱设计的尺寸偏大,使得商品的运输、存储和搬运成本升高;由于纸箱设计的物理指标问题,造成运输过程中的商品损坏,产生报废的费用;纸箱的箱型设计问题,造成装箱作业的困难,产生"额外"劳动费用。这些成本都组成了包装的间接成本。商品的最佳包装不仅要求达到理想的技术性能指标,充分发挥其功能效果,而且要求费用少、成本低。

5. 环境保护

随着网购的迅猛发展,快递业迅速崛起,中国成为"快递大国"。但随之而来的是快递过度包装、循环利用率低等问题,有些包装物甚至会产生大量污染,给环境带来巨大压力和沉重负担。据统计,我国目前快递纸箱回收率不到20%。而包括透明胶带、空气囊、塑料袋等在内的包装物则是直接被送进垃圾桶。以包装材料为例,2016年我国快递行业使用约120亿个塑料袋、144亿个包装箱和247亿米封箱胶带,这些材料大多无法有效回收。

这些包装物的主要原料为聚氯乙烯(PVC),如果填埋在地下,需上百年才能降解;如果焚烧,则会产生大量污染物,危害大气或土壤环境。而快递包装只是物流包装的一部分,正和其他形式的物流包装一起为我国的生态环境带来巨大的压力。所以从环境保护和可持续发展的角度出发,要求开发更加环保或可降解的包装材料、可循环使用的包装技术,制定可行的包装回收制度等,以达到物流包装的合理化。

6. 运输范围

由于各国国情不同以及文化差异的存在,对商品的包装材料、结构、图案及文字标识等要求不同。因此,在国际贸易中,商品包装除了要满足在国际物流过程中应对各种作业对商品的影响、保护商品使用价值之外,还要特别注意严格按照目标国对商品包装的规定,应用合适的包装材料、包装技术和包装工艺,履行必要的包装过程,对出口商品进行合理化的包装。

避免因为出口商品包装不合理，造成国际物流过程对商品的损坏，或是包装不合规定而遭遇更换包装或退货的后果，不但影响环境，而且造成物流成本的增加。所以，物流的范围也是影响物流包装合理化的因素。

> **小提示**
>
> **不同国家和地区的销售包装要求**
>
> 不同国家和地区对于销售包装有不同的要求。美国食品药品监督管理局规定，所有医疗健身及美容药品都要具备能防止掺假、掺毒等防污能力的包装。美国环境保护局规定，为了防止儿童误服，必须使用保护儿童的安全盖。美国加利福尼亚、弗吉尼亚等11个州以及欧洲共同体负责环境和消费部门规定，在人体吸收的全部铅中，有14%来自马口铁罐焊锡料，因此，对焊缝含铅量的最高含量做出了限制。我国香港卫生条例规定，固体食物的最高铅含量不得超过6ppm，液体食物含铅量不得超过1ppm。
>
> 除了对于包装物本身的要求，有的国家也对使用的文种做出相应的规定。加拿大政府规定进口商品必须英法文对照。销往香港的食品标签必须使用中文，但食品名称及成分须同时用英文注明。希腊政府正式公布，凡出口到希腊产品包装上必须用希腊文字写明公司名称、代理商名称及产品质量、数量等项目。销往法国的产品装箱单及商业发票须用法文，包括标志说明，不以法文书写的应附译文。销往阿拉伯地区的食品、饮料必须使用阿拉伯文说明。

（四）包装合理化的措施

为更好地实现包装在物流中的各项功能，满足物流主要环节对包装的要求，同时又能使包装成本最低，必须使物流包装合理化。物流包装合理化通常可采用以下措施。

1. 深入了解产品因素和物流因素

深入了解产品因素和物流因素是搞好合理包装的重要前提；否则就无法进一步确定保护等级要求和进一步选择包装材料、容器、技法、标志等。

一般来说，在合理包装设计中，应考虑下列因素：了解产品的性质、尺寸、结构、重量、组合数等来决定采用什么类型的包装或者决定是否需要包装；了解产品的形状、脆性、表面光洁度、耐蚀性、电镀油漆类别等性质来决定采用什么样的内衬件或缓冲件；了解产品的价值或贵重程度，来决定如何选择保护措施；了解内装物与包装材料之间有什么互相作用，是否可能产生某种有害物质，以合理选择包装材料和容器；了解不同内装物放在一起，有无造成污染的可能性，来决定包装的方法；了解是否有必要提供空间或空隙；了解是否有必要提供防盗措施。

2. 了解流通环境和运输目的地

了解产品从生产厂到目的地之间整个路途，是国内运输还是国际运输、是热带地区还是寒带地区、是车站还是港口、是城市还是村庄等。了解运输方式，是公路、铁路、水路还是航空，弄清楚运输工具的类型、振动、冲击等量值，道路路面情况，是否使用集装箱运输，是按体积计算货物运价还是按重量计算。

了解搬运、装卸及库存情况,弄清楚装货和卸货的预计次数和特点,流通中转及目的地装卸条件的机械化,搬运操作的文明程度,运输前后及中途存放日期和条件等。了解运输途中或目的地的气候条件,弄清楚温度、相对湿度的可能范围,有无凝结水珠的可能性,是否会有暴雨袭击,是否会受海水侵害,所经受大气压的范围,尘土、空气污染等情况。

3. 注意包装与物流功能间的平衡

包装的合理化就是要做到在合理保护产品安全的基础上,尽量降低包装成本和减少物流费用。这一问题实质上是搞好包装各种功能之间的综合平衡。运输包装的保护功能的提高,可以降低运输、储存环节因为包装不可靠带来损失而支付的费用;而运输包装方便、传达功能提高也将降低物流管理费用。

另外,包装保护功能的提高,将导致材料费、设备费、人工费、技术引进等费用的增加,结果是包装费用的增加。因此,为了求得上述功能间的合理平衡,就需要设计出在技术经济上最优的运输包装,也就是使产品可靠地从生产厂到达用户手中,在包装费用与物流费用之间保持平衡。合理包装并不是可靠度最高的包装,而是运输包装各功能之间平衡的一种包装。

第二节 包装现代化

一、包装发展的现代化

包装现代化是指在包装产品的包装设计、制造、印刷、信息传递等各个环节上,采用先进、适用的技术和管理方法,以最低的包装费用,使物资产品经过包装顺利地进入消费领域。要实现包装的现代化,就需要大力发展现代化的包装产品,加快开发现代化的包装机械设备和推广普及先进的包装技术,加快新型包装材料的研制和生产。

包装现代化包括以下几方面的内容。

(一) 包装设计的现代化

包装设计的现代化,要求包装设计具有科学性和理性化,也就是要求包装的经济效益与社会效益的完美结合,即功能包装和生态包装及以符合人类共性文化心理特征为设计原则的国际文化包装的结合。包装设计的现代化包括以下内容。

1. 适合于环境保护的绿色包装设计

研究新的包装材料和环保型设计方法来减少包装固体废弃物带来的环境问题。在设计上力求减少后期不易分解的材料用于包装上,尽量采用质量轻、体积小、易压碎或压扁、易分离的材料;尽量多采用不受生物及化学作用就易退化的材料,在保证包装的保护、运输、储藏和销售功能时,尽量减少材料的使用总量等。

2. 适合于电子商务销售的现代商品的包装设计

网络作为传递信息的载体,已渗透到全球的每一个角落,需求与分配的组织化已不分国家、市场、投资、贸易的大小,一律将通过网络来完成,按照网络秩序来活动。网络技术彻底改变了顾客的消费行为和消费方式,包装装潢的促销功能也将随之被淡化,失去了它昔日耀眼的光环。社会进入电子商务时代,对包装的功能提出了新的要求,随之商品的包装设计也遇到了新的问题。

3. 安全防伪的包装设计

现代科技的高速发展,一般的包装设计防伪技术对造假者已产生不了作用。研究远东包装设计与技术的专家克里斯廷·罗梅尔指出,中国大陆在包装设计中的模仿抄袭已成为很多小型企业实际操作中所采取的策略。强化包装设计的视觉效果和加强包装印刷工业技术已成为打假维权行动中一个有力的武器。

可以在包装设计中采用特殊纹理的纸张、特定的颜料与包装设计工艺技术,如全息图像、正品检验封印、浅浮雕压纹等来获得特定的效果,使那些假冒伪劣商品因复制成本过度或效果不逼真,知难而退。因此,包装设计的创新方法与融汇高新科技成果的印刷工业技术强强联手,追求精辟独到的原创性和独特视觉效果是未来包装设计业可持续发展的又一方向。

(二) 包装材料、工艺的现代化

包装材料是整个包装行业中最为活跃的研究方向。包装质量的好坏,绝大部分取决于包装材料的性能。包装新材料与包装新技术都是每一个包装企业或科研院所首选的方向。不利于环保的包装材料亟待取代。新型的包装材料正需开发,有的已初见成效。主要有下面几大类。

(1) 以 EPS 快餐盒为代表的塑料包装将被新型的纸质类包装所取代。EPS 类包装制品急需研制替代的还有 EPS 工业包装衬垫。

(2) 塑料袋类包装材料正朝水溶性无污染方向发展。

(3) 木包装正在寻求替代包装材料。由于美国等西方国家以中国出口产品中的木包装发现"天牛"为借口,限制中国产品出口,凡是用木包装的产品必须进行复杂的特殊处理或用其他材料的包装。即使是用重型瓦楞纸箱包装也难以胜任,因此目前中国已在进行攻关,推荐用蜂窝瓦楞纸代替,但必须解决托盘的装卸和承重受重力和装卸强度问题。

(4) 其他新型的辅助包装材料也亟待研究,如黏合剂、表面处理剂、油墨等。在包装材料上的革新,如用于隔热、防振、防冲击和易腐烂的纸浆模塑包装材料;植物果壳合成树脂混合物制成的易分解的材料;天然淀粉包装材料;自动降解的包装材料。

包装工艺主要指包装制作过程中的制造工艺,包装工艺的发展是依赖于相关科学的发展得以实现的。例如,包装的成型工艺、包装的黏合工艺、包装的印刷工艺、包装的整饰工艺等,都经历了一个改进、完善的过程。

包装工艺的现代化可以降低包装的费用,而且可以提高包装工序的效率,使包装的性能及效果发生显著的变化。现代科技应用于包装领域,使很多包装工艺得以简化,更加科学合理。例如,过去塑料包装的挤压、热压、冲压等成型,已逐渐用到纸包装的成型上;过去的纸板类纸板包装压凸(凹)成型较为困难,现在已基本解决;塑料发泡成型技术已被广泛用于纸模包装制品的发泡与成型,使一些过去不能用纸包装的产品也用上纸类包装。

(三) 包装机械现代化

包装机械发展总的趋势是目前包装机械的特征趋于"三高",即高速、高效、高质量。发展重点趋于能耗低、自重轻、结构紧凑、占地空间小、效率高以及外观造型适应环境和操作人员心理需求、环保需求等。包装机械在我国包装行业发展中应当占有重要位置,但由于受国家整体经济及技术实力局限的影响,包装机械的发展一直处于低水平状态。

国外包装机械发展的趋势是,体现了现代化先进包装机械的高新技术,特别是科技、经济发达的欧美及日本等国家生产的包装机械与设备,其技术伴随着科技和商品经济的发展已处于国际领先地位。

近些年,发达国家一方面为满足现代商品包装多样化的需求,发展多品种、小批量的通用包装技术及设备,同时又紧跟高科技发展步伐,不断应用先进技术,发展和开发应用高新技术的现代化专用型包装机械。所应用到的新技术有航天工业技术(热管类)、微电子技术、磁性技术、信息处理技术、传感技术(光电及化学)、激光技术、生物技术以及新的加工工艺、新的机械部件结构(如锥形同步齿形带传动等)、新的光纤材料等,使多种包装机械趋于智能化。

目前,中国在包装机械方面与先进发达国家相比,某些加工工艺和元器件还有差距,有些关键性的材料还达不到要求,这些将是中国包装机械领域未来应重点突破和解决的问题。

(四) 包装技术的现代化

很多包装新技术是建立在包装新思维之上的。包装新思维是超脱现有的包装技术与产品,将其他相关技术组合应用到包装上形成新的包装技术。这方面的技术有以下几大类。

(1) 包装固化技术:固化与干燥能源在更新,从热能转向光能。

(2) 包装切割成型技术:新型切割与成型器械。

(3) 包装与加工结合技术:包装与加工相结合。

(4) 包装功能借用技术:包装功能超出包装,增值作用。

(5) 包装功能保护技术:在包装材料中加入保鲜、杀菌、防潮、防静电、防异味等功能性成分。

上述技术中最有前途的是包装与加工结合技术,它解决了很多处理工艺,直接借用包装机理,实现包装加工一体化。

小提示

物联网技术在物流包装中的工作原理

物联网技术在物流包装中开发应用的核心技术是 RFID 技术,一般会将集成了 RFID 电子标签的芯片嵌入物流包装的材料中,利用射频识别信号及其空间耦合、传输的特性,实现对静止或移动的待识别物品进行自动识别、数据通信、身份查验等相关互联活动。一个典型的物联网 RFID 系统一般由 RFID 电子标签、RFID 阅读器以及应用软件系统等组成。

其工作原理:由 RFID 阅读器发射出特定频率的无线电波能量或信号并传输给 RFID 电子标签,用以驱动 RFID 电子标签内的集成电路,并将其内部已经存储的数据信息自动送出,此时 RFID 阅读器便可依序接收解读相应的数据信息,再传送给相应的应用程序进行信息处理与控制。

> 电子标签一旦进入磁场范围,接收解读器就发出射频信号,并凭借感应电流中获得的能量发送出存储在芯片中的商品信息与数据,或由标签主动发送某一频率的信号,并经解读器读取数据信息且解码后,送至相应的中央信息系统进行数据处理与管理。然后,结合通信技术、互联网技术、数据库技术等信息技术构建一个基于 RFID 物流包装的供应链系统物联网,通过与供应链系统中生产、供应、运输、仓储、销售等各个环节的物联网智能设备进行信息通信、控制与信息处理,进而实现对供应链系统内物流活动过程的信息化管理。

二、实现物流包装现代化的要求

1. 包装模数

包装模数确定之后,各种进入流通领域的产品都需要按模数进行包装,这样有利于小包装的集合,有利于集装箱及托盘的装箱、装盘。包装模数应与物流模数相结合,是未来物流现代化发展的趋势。

2. 物流包装大型化和集装化

物流包装大型化和集装化有利于实现物流系统的机械化,有利于加快作业速度甚至物流系统的效率,有利于减少单位包装,节约包装材料及费用。物流包装大型化和集装化可促进实现物流机械化、自动化,从而提高物流效率。

3. 包装物的现代化管理

包装对被包装物及物流运作所起的作用贯穿整个物流的流通,包括最基本的对包装物的保护保管、运输、搬运几方面,另外,还涉及包装物的生产设备、包装物的成本、包装物的回收利用等多方面的管理问题。合理地对包装物进行现代化管理,将会有效地提高企业的物流效率,节省物流成本。

三、物流包装现代化的发展趋势

1. 重视包装质量

世界上经济发达的国家都具备完整的物流包装和测试设备及检测手段,在包装进入流通阶段之前就可以对其进行合格的检测。

2. 重视开发新型包装及新材料、新技术

根据市场调查不断开发消费者喜好的新型包装,并不断开发新材料、新技术,使物流包装科学化。特别是运用计算机控制包装技术及包装经济活动,是世界各国包装行业的共同努力方向。

3. 重视发展集合化包装和运输

集合化包装既可有效地保护商品,又可弥补包装本身的不足。集合包装与先进的机械化作业相配合,特别是实行"门到门"的集装箱运输是综合治理包装破损的有效措施。

集合化包装还可以节约包装费用,降低包装成本,促进对外销售,使危险品包装标准化、规格化、系列化。目前世界上发达国家和地区都采用集合化包装和运输。为了适应发展的趋势及与国际接轨,应大力发展集合包装和运输。

4. 重视包装规划方法及有效的包装管理

物流包装业需要一种有效的包装规划方法和一套现代化的包装管理方法，以使包装材料和物流成本达到最低。如考虑：选用更好、更经济的初始包装；减少需要作二次包装的物量；研究新的集装运输模式；优化运输组件中的托盘位置和提高集装箱的空间利用率等。

5. 重视包装评价体系的建设

由于缺少公开发表的研究材料，缺乏有效、可靠的包装评价数据收集技术，包装多因素评价技术上还存在困难，加上物流链中的合作单位缺少提高整个物料供应链运作效率的热情和迫切性，目前国际上基于现代物流平台的运输包装设计与管理方面尚缺乏统一而有效的技术方法和评价工具，这就是需要物流包装界进一步努力研究的重点问题。

四、我国包装工业现代化的发展

经过多年的建设发展，我国包装产业已建成涵盖设计、生产、检测、流通、回收循环利用等产品全生命周期的较为完善的体系，分为包装材料、包装制品、包装装备三大类别和纸包装、塑料包装、金属包装、玻璃包装、竹木包装五大子行业。

2015年，全国包装企业有25万余家，包装产业主营业务收入突破1.8万亿元。"十二五"期间，包装产业规模稳步扩大，结构日趋优化，实力不断增强，地位持续跃升，在服务国家战略、适应民生需求、建设制造强国、推动经济发展中的贡献能力显著提升，我国作为世界第二包装大国的地位进一步巩固。目前，包装工业已位列我国38个主要工业门类的第14位，成为中国制造体系的重要组成部分。

但在快速发展的同时，包装产业仍存在大而不强的问题。行业自主创新能力弱，重大科技创新投入和企业技术研发投入严重不足，高新技术难以实现重大突破，先进装备和关键技术进口依赖度高；企业高投入、高消耗、高排放的粗放生产模式仍然较为普遍，绿色化生产方式与体系尚未有效形成；包装制造过程自动化、信息化、智能化水平有待提高；产业区域发展不平衡、不协调；低档次、同质化产品生产企业重复建设问题突出，无序竞争现象未能得到遏制。立足现有基础，补齐发展短板，提升品质品牌，必须加强转型发展的全面引导和系统设计。

保持产业发展增速与国民经济增速同步，产业发展规模与配套服务需求相适应。到2020年，预计实现以下目标。

1. 产业规模

包装产业年主营业务收入达到2.5万亿元，形成15家以上年产值超过50亿元的企业或集团，上市公司和高新技术企业大幅增加。积极培育包装产业特色突出的新型工业化产业示范基地，形成一批具有较强影响力的知名品牌。

2. 自主创新

行业研发投入不断增大，规模以上企业科技研发经费支出明显增加。着力推动集成创新、协同创新和创新成果产业化，部分包装材料达到国际先进水平。

3. 两化融合

大中型包装企业两化融合水平处于集成提升阶段以上的超过80%，中小企业应用信息技术开展研发、管理和生产控制的比例由目前的30%提高到55%以上。数字化、网络化设计制造模式广泛推广，以数字化、柔性化及系统集成技术为核心的智能制造装备取得较大突破。

4. 节能减排

全行业单位工业增加值能源消耗、二氧化碳排放强度、单位工业增加值用水量均下降20%以上，主要污染物排放总量明显下降。初步建立包装废弃物循环再利用体系。

5. 军民融合

军民通用包装数量和质量显著提升，标准达到国际先进水平，逐步形成体系完善、创新引领、高端聚集、高效增长的发展态势。建成一批军民融合包装基地，包装技术军民通用水平显著提升。

6. 标准建设

深入开展包装基础标准、包装专业标准以及产品包装标准的研究，形成相关性、集合性、可操作性强的包装标准体系。建设全国包装标准推进联盟和包装标准信息化专业网站，建成5个以上包装标准创新研究基地，遴选一批标准化示范试点企业。

第三节　包装规范化

一、包装规范化的概念

包装规范化则是以包装为研究对象，对复杂多样、有着相似关联的产品采取统一、应用简化、协调和通用最优化等标准化原理的一系列活动的全过程，制定、实施和修改包装标准、规范，使之统一化、通用化、系列化、组合化和综合化，这一过程称为包装规范化。

具体来说，产品包装规范化的实现是根据产品包装缓冲材料类型、大小规格，物流包装环境，存储和包装测试方法及要求等来达到的。因此，对于不同的对象，使用规范化、标准化的原理，对之分类、统一相似或者类似的包装，使之系列化、通用化，符合国际通用标准，适应产品包装容器运输、产品装卸机械自动化和运输存储现代化。

二、包装规范化的意义

包装规范化就是使复杂多样、相似或相近的产品实现统一化、系列化、通用化、综合化。因此，在保证产品包装安全的情况下，通过实施包装规范化，有利于减少包装规格和料号，确保合理使用资源和原材料，促进包装容器及其他包装辅助物的尺寸规范化，从而提高运输空间利用率及运输效率，更有利于同国际包装规范化接轨，扩大对外贸易。

鉴于物流包装规范化对物流的发展起着举足轻重的作用，世界上各个国家都十分重视物流标准化建设，并且十分强调本国的物流标准与国际物流标准的有效衔接。而包装规范化是物流标准化的基础和重要组成部分，发达国家物流标准化工作的绝大部分都是从包装规范化开始的，即要实现物流标准化，必须先实现包装规范化。

目前,美国、日本、澳大利亚等发达国家都很重视包装规范化的建设及发展,并各自在国家内部建立了比较完善的物流标准和包装规范标准,然而对于整个物流体系来说,实现全球化统一标准的工作还需进一步努力。因此,接下来就要求各个国家在修改完善自己国家原有的标准外,更为迫切、更为重要的是逐步建立起一个全球统一的与物流标准接轨的物流包装规范标准,进而实现整个物流系统无国界,减少由于贸易技术壁垒而发生的各种国际物流纠纷。

随着近几年来我国物流业的迅速发展,我国在物流标准化建设方面也制定了不少相关标准(如物流信息管理标准、包装标准、集装箱标准等),取得了一定成绩。然而,目前还处于发展的低级阶段,必定会有很多问题有待逐步解决,尤其是我国加入世贸组织后,更凸显出了很多问题,如运输设备不配套且与包装规范标准之间缺乏有效衔接、各种运输方式之间装备标准不统一等。

三、实现我国物流包装规范化的思路

1. 借鉴发达国家的经验并消化吸收

发达国家在制定、组织、监督、实施以及修订物流包装规范标准等技术方面长期的探索及努力形成的研究成果,给我国物流包装规范化的发展提供了非常丰富的经验。对于物流包装的标准制定、实施以及监督这些规律方面基本是大同小异的,我国可以借鉴其成功和失败的经验、方法,并从中吸取教训,进而研究及消化吸收,然后再结合我国的实际情况,制定出既有中国特色、又符合国际通用标准的物流包装规范。此外,还应该跟踪国际上关于物流包装的发展趋势,以便及时修订我国的物流标准。

2. 政府强制执行、实施和监督

国家政府以及各行业及企业对规范化工作重要程度认识不足,是导致我国现有物流标准化工作开展缓慢和相对落后的一个重要原因。物流包装规范化工作是一个由政府主导,然后各个行业及企业结合,共同努力实现的工作。

建立、实施和监督这些物流包装规范化工作的平台,必须由政府出面,形成一种强制性的执行机制,从行业法规的角度通过国家政府强制执行,并进行普及性宣传和教育工作,使各行业及企业的广大从业者认识到规范化工作的重要性。只有这样才能保证物流包装规范化工作顺利进行,并有效、有序地稳步进展。

3. 加快建设物流包装规范化信息网络平台

信息化是一切的基础,如果在物流和运输过程中存在物流信息不对称,信息就得不到及时反馈,这样就难以及时调度、管理和平衡物流系统中的资源。随着计算机互联网的发展以及普及,信息传递也越来越迅速,同时也显得更加重要。

同样,现代化的物流包装规范化工作也需要各种新信息技术,能够更迅速、更有效地利用电子手段(如射频识别技术(RFID)、条码识别技术、全球定位系统、红外线感应器、语音识别技术、激光扫描器等)作为物流包装信息集成化载体,使物流信息在人与人、人与物、物与物之间随时随地的连接、流动、交换和共享,从而达到物联网的实现,推动物流包装系统信息集成化的迅速发展,使各个行业及企业与国家之间的信息共享和无缝链接,来帮助提高物流运输的运行效率。

物流信息化有多种表现形式,如物流信息存储的数字化、物流信息的商品化、物流信息传递的实时化和规范化、物流信息处理的计算机化和电子化、物流信息收集的代码化和数据库化等。例如,目前在物联网应用中的射频识别技术(RFID)、条码识别技术(Bar Code)、传感器等技术与观念能够随时随地采集物体的动态信息,然后利用互联网技术,及时对大量数据及信息智能处理,从而达到实时可靠地传送。

我国物流信息化建设正在依靠成熟的通用性信息技术循序渐进,通过互动发展的应用技术研究和开发,从而使物联网产业得到进一步发展,所以,作为我国的重点业务应用,政府也应该加强关键技术的研究,加快建设物流包装规范化信息网络平台,实现我国各企业、物流行业与政府之间的物流包装规范化工作的信息共享。

4. 加强培养高层次的包装物流专业技术人才

我国高层次的物流包装专业技术人才匮乏。人才是所有工作的基础和根本保证,只有真正懂得包装、现代物流、国际贸易、WTO规则、规范化的高层次人才,才能胜任和适应物流及物流包装规范化工作的要求。因此,要努力建立起合理的物流人才的教育培训系统,在大学设置物流管理专业和物流方面的研究生课程和学位教育,形成具有一定规模的研究生教育系统。

另外,国家政府或各个行业及企业等都应积极选派一些人员,组织专门的机构,协调统筹、规划和管理物流及物流包装规范化工作,尽快加强和完善高层次的包装物流专业技术人才的培养。

四、实现物流包装规范化的具体措施

1. 包装标识规范化

物流包装标志是指在物流包装外部制作的特定记号或说明。每一种产品在完成包装后必须依靠包装标志才能进入现代物流,继而成为现代物流包装。为了避免不必要的错误事故,以便运输部门及保管部门能够正确无误地工作,国家对包装标志应做出标准规定,各个部门在运输过程的每个环节都必须按照统一的标准规定使用。

2. 物流包装规格尺寸规范化

物流包装件要实现规范化,就必须使物流包装尺寸规范化,因为物流包装尺寸规范化是推进物流包装规范化的必由之路,是物流包装规范化的基础。在国际贸易频繁的今天,实现物流包装尺寸规范化已成为物流包装的发展趋势,各个国家及企业都在努力通过规范化包装尺寸及与货物流通有关的一切空间尺寸,来实现物流包装尺寸规范化,使物流系统各环节协调统一,进而使物流运输效率得到提高,而且在与国际标准接轨的同时,能争取更大的海外市场。

确定物流包装的尺寸,就是要使之规范化,这主要是通过包装模数化。包装模数尺寸是确定物流包装尺寸的基础。包装模数是为了使包装货物在物流过程中的合理化和标准化,而以数值关系表示的包装容器长度乘宽度的系列尺寸。一般用国际通用的集装基础模数尺寸(600mm×400mm)以分割及组合的方法确定物流包装系列尺寸。

3. 包装材料规范化

随着社会的进步及技术的发展,产品的包装材料也越来越多。但为了适应现代物流的发展,以保证包装材料来源以及材料质量的稳定,一定要尽量选择标准材料,不用或者少用非标准的包装材料。目前我国使用的包装材料主要有瓦楞纸、塑料、木材、有机玻璃、纤维织物、金属等。

为了确保这些包装材料在制成包装容器后能够承受在流通过程中的各种损害,中国包装联合会等有关单位分别对这几大类包装材料的各种性能(如耐破强度、每平方米重量、水分等)及技术指标做出了标准规定。

4. 包装工艺规范化

对于同一种物品采用一种科学合理的保护方法,统一包装工艺规范化。例如,包装箱内必须规定内装商品数量、排列顺序、合适的衬垫材料,并防止包装箱空隙过大以致产品在内部晃动;木箱包装有以下规定:木箱板的材质及厚度、木装箱用的钉子的规格及相邻钉子的距离、钉子不能钉在夹缝里等;又如瓦楞纸箱必须规定瓦楞的楞型(材质)、耐破强度、抗压强度、楞向以及黏合类型(胶粘或钉合)等。

5. 集合包装和装卸作业规范化

集合包装是现代运输的新发展,适合于大批量、长距离的机械化装卸,能安全保护产品的同时,又能提高劳动生产效率及运输效率。集合包装规范化是一个多目标规范化的问题,并从集装容器的利用率考虑如何充分利用运输设备的空间资源。近年来,我国集合包装有了较快的发展,制定了集装箱标准、栈板标准等相关国家标准,以及在装卸港口、码头、车站、仓库等处装卸货物时制定的装卸作业标准。

6. 包装测试规范化

产品在包装后要经过长途运输,经受各种环境的考验,在这个流通过程中,要使产品安全无损地送达到客户手中,就必须通过一些相关测试。但对同一种包装方案,不同的试验方法可能会得出不同的测试结果,这样制定的包装规范标准就失去了它的意义,不利于标准的推广,得不到普遍应用。所以,在进行包装规范化过程中,必须要统一包装材料的试验方法。目前,我国相关部门也制定了一系列规范化的包装测试标准。

第四节 包装测试技术

包装测试主要检验产品包装是否合适,包装设计与包装材料是否能为包装物在物资流通中起到保护作用。一个好的包装能够保证产品在进入市场前的安全性,少走弯路。一个包装甚至能够决定产品效益,因此绝不能忽视包装测试。

一、包装测试标准

产品能否经历漫长的流通环节,经受各种不同的环境条件,并安全无损地到达客户手中是每个买家所关注的问题。如果产品不妥善包装,难免会受损,并产生产品质量和安全问题。因此通过对产品进行运输包装的测试,可以尽早发现问题,以免利益和名誉受损。目前通用的包装测试标准为 ISTA 包装测试标准。

> **小提示**
>
> ### 国际安全运输协会简介
>
> 国际安全运输协会(ISTA)是一个专注于运输包装的组织。ISTA 测试程序定义了包装应如何发挥作用来保护内装物。运用 ISTA 测试程序减少运输环境中的风险,增加包装产品安全交货的信心。ISTA 在 60 年前率先提出了包装性能测试和认证的概念,今天他们的测试程序和认证计划处于运输包装的最前沿。ISTA 会员包括制造和配送产品的托运商、提供配送手段的承运人、提供包装材料和服务的供应商以及进行包装产品性能检测的实验室。
>
> (资料来源:http://www.ista-china.org/list-fazhanlicheng.html)

(一) ISTA 的测试类型

第 1 类:非完全模拟的性能测试。

测试产品和包装相结合的包装强度和韧性,无须模拟周围环境的设计。这对于筛选试验,特别是超时使用一贯基准点的测试是很有用的。

第 2 类:部分模拟的性能测试。

测试第 3 类一般模拟的性能测试中的至少一项因素,如大气环境或处于随机振动状态,与第 1 类以非完全模拟测试为基础相结合。

第 3 类:一般模拟的性能测试。

在提供会产生破坏的外力和运输环境条件下所设计的模拟实验,可适用于很多情况。例如,不同的交通方式和外部环境,或不同数目的筛选处理,特征包括形状简单的随机振动,对不同的跌落高度采用抽样方案,以及大气条件如热带潮湿或寒冷冰冻。

第 4 类:增强模拟的性能测试。

一般模拟测试中至少要包含重点模拟测试的一项因素,如测试顺序或者与实际了解的分配结构相联系的条件。目前,ISTA 正在极力开发 4AB 这种加强模拟的性能测试项目。

第 5 类:重点模拟的性能测试。

在实际测量领域中的危险和水平的基础上构思一个测试模拟。可测的危险主要包括形状复杂的随机振动、多层跌落高度的输送、极限温度和极限湿度及/或环境,以及动态或静态压力载荷。

第 6 类:预留系列,现不可用。

第 7 类:开发测试。

这些测试适用于运输包装的发展中,它们能用于比较两个或更多的集装箱设计中的相关性能,但是它们对于承载的包装产品并不具有保护价值。

(二) ISTA 的测试程序

从 1948 年第一个美国测试程序手册建立以来,ISTA 包装测试程序已成为产品包装专业测试领导者。其设计目的在于协助产品的运输商最大限度地减少产品在运输及搬运过程中的损失。

ISTA 目前有六个系列的测试,主要包括 1A、1B、1C、2A、2B、2C、3A、3E、3H 等测试程序。基本测试如下。

1A:重量在 68kg 及以下的包装产品的测试,如振动测试、跌落测试等。

1B:重量超过 68kg 的包装产品,如振动测试、斜面冲击测试等。

1C:重量在 68kg 及以下的独立包装产品的延长测试。

1D:重量超过 68kg 的独立包装产品的延长测试。

1E:组合负载。

1G:重量在 68kg 及以下的包装产品(随机振动)。

1H:重量超过 68kg 的包装产品(随机振动)。

2A:重量在 68kg 及以下的包装产品,如环境测试、压力测试、振动测试及跌落测试等。

2B:重量超过 68kg 的包装产品的环境测试。

2C:设备包装的测试。

3A:重量在 70kg 及以下的包裹运送体系的包装产品。

3E:同类产品的组合负载。

3H:用机械处理的散装运输的产品或包装产品的性能测试。

(三)ISTA 的包装测试项目介绍

包装测试是通过模拟包装产品在实际运输过程中可能经受各种振动、受压、跌落、冲击、温湿度等环境因素对产品造成的破坏而进行的。

(1)振动测试(以 1A 为例)。此测试是模拟产品在运输过程中受到的颠簸情况。将受测的样品按标准规定的方式放在模拟运输振动台上,设定振动台的频率和振动次数。

(2)跌落测试(以 1A 为例)。此测试是模拟包装箱在搬运过程中遇到的坠落、撞击等情况。将受测样品在跌落机上进行 10 次自由落体测试或撞击测试。不同重量的包装箱其跌落高度和撞击速度是不同的,如表 6-1 所示。

表 6-1 跌落测试数据

包装箱重量/kg	跌落高度/mm	冲击速度/(m/s)
$0 \leqslant W < 10$	762	3.9
$10 \leqslant W < 19$	610	3.5
$19 \leqslant W < 28$	457	3.0
$28 \leqslant W < 45$	305	2.5
$45 \leqslant W < 68$	203	2.0

二、包装的测试内容

一般来讲,包装测试是指对包装件进行各种测验、检验和试验,从广义上讲,包装测试的对象除了包装件外,还包括包装材料、包装容器等。

包装测试的目的有四点:一是检查包装件性能是否符合有关标准和规范;二是比较不同包装质量的好坏,以淘汰不合格包装;三是在一定的流通条件下检测包装的防护性能,看它是否可以保护商品;四是预检出包装件可能出现的问题,及时查出原因并加以改进。总之,包装测试就是为了确保包装在运输及销售过程中对物品起到保护作用,找出包装存在的质量问题,并对其进行改进。

包装测试的内容很多,主要包括以下四部分。

1. 包装件的静态性能测试

包装件的静态性能测试是指包装件受静载荷(所受的力不随时间而变化)时所产生的变化,有关测试如堆码试验、压力试验。

堆码试验是通过上面所堆重量或压力试验机对包装件施压,用来评定包装件或包装容器承受堆积静载和包装对内装物的保护能力。试验后容器不能出现可能降低其强度,或引起堆码不稳定的任何变形和影响运输安全的破损。例如,把包装件置放在压力试验机两压板之间,按要求加恒定压力245N,持续24h。试验后检查发现塑料桶有轻微变形,但没有损坏,因此认为该包装件通过了堆码试验测试。

2. 包装件的动态性能测试

包装件的动态性能测试是指包装件受动载荷(所受的力随时间而变化)时所产生的变化。这种变化很快,且随机性大,对检测方法要求很高,现在多用电测法进行测试。有关测试有冲击试验、跌落试验、六角滚筒试验、滚动试验和振动试验等。

3. 包装件内装物物理性能测试

包装件内装物物理性能测试是指包装件的内装物的某些物理参数的测试,如温度、湿度测试,防水试验,喷淋试验,高温试验,低温试验,浸水试验,渗漏试验,耐候试验等。

4. 包装件的特殊性能测试

包装件的特殊性能测试是指对某些有特殊要求包装的包装件进行的有关测试,如长霉试验、盐雾试验、防腐试验和防锈试验等。

三、常见产品包装测试设备

常见产品包装测试设备如表 6-2 所示。

表 6-2 常见产品包装测试设备

测试设备名称	设 备 作 用	设备相关图片
堆码试验机	适用于评定包装件或包装容器承受堆积静载的能力和包装对内装物保护能力的试验	

第六章 包装的合理化、现代化和规范化 139

续表

测试设备名称	设 备 作 用	设备相关图片
单/双翼跌落试验机	用于测试产品包装后受到坠落时的受损情况，及评估电子组件在搬运时、垂直落下时的耐冲强度	
破裂强度试验机	适用于以瓦楞纸箱包装检验纸箱的抗裂程度	
纸箱抗压试验机	适用于检验纸箱或者其他材料制成的容器的耐压强度	
环压强度试验机	适用于检验直立方向的耐压强度，或者测试纸板的竖压强度及平压强度。主要测试环形试样边缘受压直至压溃时所能承受的最大压缩力，单位以 kN/m 表示	
纸板戳穿强度试验仪	戳穿强度是指用一定的角锥穿过纸板所需的力量，即包括开始穿刺及使纸板撕裂弯折成孔所需的力量。该项性能是反映瓦楞纸板抗拒外力破坏的能力，是动态强度，比较接近纸箱在运输、装卸时的实际受力情况	

续表

测试设备名称	设备作用	设备相关图片
振动试验机	振动试验机是模拟产品在制造、组装运输及使用执行阶段中所遭遇的各种环境,用以鉴定产品是否具有忍受环境振动的能力	
喷淋试验箱	喷淋试验是用来评定包装件承受水侵袭的能力和包装对内装物保护能力的试验。通常将包装件在一定温度下,用水按预定的时间和喷水量进行喷淋,然后对其进行评价	
盐雾试验机	盐雾试验是通过创造的人工模拟盐雾环境条件来考核包装件材料耐腐蚀性能的环境试验。它分为两大类:一类为天然环境暴露试验;另一类为人工加速模拟盐雾环境试验	

本章小结

包装合理化是包装设计、管理和应用中的关键环节,本章全面地介绍了包装合理化的理论知识,以及包装在测试及实际应用方面采用的技术与方法,保障了企业和个人对包装风险的预防和控制,不断提高包装工艺与服务水平,使社会的正常经营活动秩序保持稳定,促进整个社会经济健康、持续地发展,最终实现包装的现代化。

本章思考题

6-1 指出不合理包装的表现形式。

6-2 包装合理化的要求是什么?

6-3 包装现代化主要包括哪几方面的内容?如何看待目前包装现代化的发展趋势?

6-4 实现物流包装规范化需要采取哪些措施?

实践课堂

（1）实践目的：通过阅读物流包装的案例，运用本章所学的包装知识对本章引导案例进行分析，进一步了解包装合理化及现代化在物流中所起的举足轻重的作用及相关影响。

（2）技能要求。

① 结合本章引导案例分析过度包装有哪些危害。

② 结合本章引导案例分析如何治理过度包装。

（3）实践学时：2学时。

（4）实践环节：以小组为单位（3～5人为一组）对本章引导案例进行分析。

（5）实践内容：仔细阅读并分析物流包装的案例，运用本章所学的包装合理化与现代化的知识对本章引导案例进行分析。

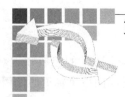

第七章

包装管理

【学习目标】
(1) 掌握包装管理的基本概念和基本内容。
(2) 掌握包装费用的管理。
(3) 了解企业包装组织与管理、企业包装计划管理。
(4) 了解流通领域中的包装管理的运作。

【学习指导】
本章的学习重点是掌握包装管理的基本内容、包装管理的运作过程;学习难点是如何在具体物流包装实践过程中进行包装管理。

【引导案例】

出口企业亟须关注产品包装质量

2015年11月,台州出入境检验检疫局对一批货物进行退运调查。调查过程中,发现产品存在包装质量问题,给企业造成了巨额损失。

今年夏末,台州某企业向美国出口的这批铝板、铝卷,总重量逾700t,总货值近200万美元。这批货物还未到美国,中途就先从韩国退运。调查人员发现,该批货物由于产品包装不当、防护固定不到位,在运输途中遭遇恶劣天气,相互发生碰撞。加上海水的进入,造成铝板、铝卷包装受损,产品划痕、变形严重,部分产品还被海水侵蚀,发生腐蚀,使得产品无法达到客户的要求。生产企业只好在韩国就安排退回该批货物,准备对其全数返工再出口。据初步估算,不包括重新返工的相关费用,该批货物已给生产企业造成直接经济损失100多万元人民币。

台州出入境检验检疫局三门核电办公室人员表示:"对于出口产品的包装,许多企业不太重视,没能周全考虑到运输途中可能遭遇到的各种复杂因素。认为只要有过硬的产品质量,产品包装过得去就好了,却不知道包装事小关系却大。这起因产品包装不当而造成巨额损失的事件就是其中一个案例。"

因此,台州检验检疫局提醒有关企业,出口产品时务必注意产品包装防护的设计,要使包装有足够的强度及防潮、防湿性去适应复杂的环境。同时,要在产品包装上多下工夫,尽量从源头上降低出口退货风险,切勿麻痹大意,造成不必要的损失。

(资料来源:张维. 出口企业亟须关注产品包装质量[N]. 台州日报,2015-11-16)

第一节 包装管理概述

一、包装管理的概念

(一)包装管理

1. 定义

包装管理就是在现代企业经营过程中,为了保护商品、促进销售、改善企业管理、降低物流成本、提高效益,而对包装进行科学的计划、组织、指挥、监督和调节的活动过程。

包装管理具有二重性,既有与生产力、生产技术、社会化生产相联系的自然属性,又有与生产关系、社会制度相联系的社会属性。现代企业在经营过程中,必须依据社会制度、生产力以及市场竞争的要求,采用适合的包装管理。

2. 包装管理的主要内容

包装管理要根据企业的具体情况,用最经济的方法使包装达到保护商品安全、便于商品储存运输、有利于商品销售的目的。管理的目的决定着管理的内容,包装管理的重要问题是社会经济效益问题。

因而,加强包装的组织管理,建立健全包装管理机构,加强产品包装的计划管理、质量管理、成本管理,加强包装的标准化管理和包装的人才培养管理等构成了包装管理的主要内容。

(二)包装物流管理

商品流通的各个环节的统一管理叫作物流管理。从事包装装卸、运输、储存和保管等工作的各种专业部门要以商品流通为总任务,应着眼于商品流通的全局来完成各自的工作。

对于包装部门,包装技术人员不应局限于包装技术的本身,而应兼顾到商品流通领域的全面情况和相互联系。也就是说,要着眼于商品流通的全局来完成他们的包装技术工作。这也正是我们所说的包装物流管理。

包装物流管理主要注意处理以下三个方面的关系,即运输与包装的关系、搬运与包装的关系和商品保管与包装的关系,否则就会使物流成本提高、服务质量降低、效益低下、效率下降。

二、包装管理的规范化

(一) 包装管理的标准化

包装标准化是以制订、贯彻和修改包装标准为主要内容的规范包装技术和生产的全过程,是根据科学技术发展,对包装标准不断完善、补充、提高,并在生产、流通、技术管理各环节中按定型化、规范化、系列化、标准化、科学化推行包装标准的全部活动。

包装标准化一般可以分成两类,即包装的系列化和包装的通用化。包装系列化是物品本身的系列化和为了销售方便、适应消费习惯的需要而存在的,一种物品存在几种规格型号而相应地存在几种规格的包装。而包装的通用化,即要求一种包装容器的设计,不仅能适应一种物品的需要,而且尽可能地考虑到能够在不同物品之间通用。

(二) 包装管理的合理化

包装与物流各环节都有密切的联系,从现代物流观点看,包装合理化不单是包装本身合理与否的问题,而是整个物流合理化前提下的包装合理化。

1. 包装合理化

包装合理化,一方面包括包装总体的合理化,用整体物流效益与微观包装效益来统一衡量;另一方面也包括包装材料、包装技术、包装方式的合理组合与运用。

2. 包装合理化的要求

1) 防止包装不足

(1) 包装强度不足,从而使包装防护性不足,造成被包装物的损坏。

(2) 包装材料水平不足,由于包装材料选择不当,材料不能很好地承担运输防护及促进销售作用;另外包装材料和包装容器应当安全无害。包装材料要避免用聚氯联苯之类的有害物质。包装容器的造型要避免对人造成伤害。

(3) 包装容量层次与容积不足,缺少必要层次与所需体积不足造成损失。

(4) 包装成本过低,不能保证有效的包装。

对由于包装强度、包装材料不足等因素所造成商品在流通过程中发生的损耗不可低估。

2) 防止包装过度

由于包装物强度设计过高,如包装材料选择不当而造成过度包装,这一点在发达国家表现得尤其突出。日本的调查结果显示,发达国家包装过度约在 20% 以上。包装内商品外围空闲容积不应过大,包装费用要与内装商品相适应,提倡节省资源的包装,包装要便于废弃物的治理。包装过度主要包括以下内容。

(1) 包装物强度设计过高,如包装材料截面过大,包装方式大大超过强度要求等,从而使包装防护性过高。

(2) 包装选择不当,选择过高,如可以用纸板却不用而采用镀锌、镀锡材料等。

(3) 包装技术过高,包装层次过高,体积过大,从而影响流通效率。

(4) 包装成本过高,一方面可能使包装成本支出大大超过减少损失可能获得的效益;另一方面,包装成本在商品成本中比例过高,损害了消费者利益。

包装过剩的浪费不可忽视,对于消费者而言,购买的主要目的是内装物的使用价值,包装大多作为废物丢弃,因而会形成浪费。同时,对于过重、过大的包装,有时适得其反,反而会降低促销能力,所以不可取。

3) 采取最优包装

从物流总体角度出发,用科学方法确定最优包装,包括确定包装形式、选择包装方法,都应与物流诸因素的变化相适应。必须考虑到装卸、保管、输送的变化要求,确定最优包装。

因此,确定包装形式,选择包装方法,第一要与物流诸因素的变化相适应,产品从出厂到最终目的地所经过的流通环境条件,如装卸条件、运输条件、储存条件、气候条件、机械条件、化学和生物条件等都对包装提出了要求。

另外,对包装有影响的第二个因素是保管。在确定包装时,必须对保管的条件和方式有所了解。例如,采用低垛或料架保管,包装的强度就可以相应降低,以节约资源和费用。对包装发生影响的第三个因素是输送。输送工具类型、输送距离长短、道路情况如何都对包装有影响。例如,道路情况比较好的短距离汽车输送,就可以采用轻便的包装,如果是长距离的车船联运,就要求严密厚实的包装。

3. 实现包装管理合理化的途径

1) 包装的轻薄化和方便化

由于包装只是起保护作用,对产品使用价值没有任何意义,因此在强度、寿命、成本相同的条件下,更轻、更薄、更短、更小的包装可以提高装卸搬运的效率。另外,产品的快速流通对包装的方便性提出了更高的要求,即包装的开启和再封合包装需要更加简便。

2) 包装的标准化

为了提高包装作业的效率,包装材料及规格应力求单纯化,包装规格还应标准化,包装的规格和托盘、集装箱关系密切,也应考虑到和运输车辆、搬运机械的匹配,从系统的观点制定包装的尺寸标准。因此,包装标准化包括包装的规格尺寸标准、包装工业的产品标准和包装强度的标准化三个方面内容。

3) 包装的机械化与自动化

包装的机械化从逐个包装机械化开始,直到装箱、封口、捆扎等外包装作业完成,此外,还有使用托盘堆码机进行的自动单元化包装,以及用塑料薄膜加固托盘的包装等。因此,为了有效地提高作业效率和包装现代化水平,各种包装机械的开发和应用的自动化是很重要的。

4) 包装的环保化

随着对"资源有限"认识的加深,包装材料的回收利用和再生利用受到了重视,所以也应该强调"绿色包装"意识,提高包装的环保水平。绿色包装是指无害少污染的符合环保要求的各类包装物品,主要包括纸包装、可降解塑料包装、生物包装和可食用包装等,这是包装合理化的发展主流。

5) 包装运输与流通的合理化

为了使包装起到其本身最基本的作用,同时满足物流的需要,必须了解流通环境和运输目的地,运输方式,搬运、装卸及库存情况,运输途中或目的地的气候条件,弄清楚温度、相对湿度的可能范围,有无凝结水珠的可能性,是否会受暴雨袭击,是否会受海水侵害,所经受大气压的范围,尘土、空气污染等情况。

三、包装质量管理

(一)包装质量

1. 质量的定义

质量的定义是产品、过程或服务满足规定或潜在要求(或需要)的特征和特性的总和。包装质量是指包装符合规定用途、满足保护产品和方便产品流通的属性总和。

2. 物流包装特性

物流包装特性一般包括以下几项。

(1) 对产品的保护作用。

(2) 对物流的物品包装操作(手工、机械、自动化)的可行性。

(3) 与国家有关安全、环保、卫生法规和运输、储存部门有关规定的符合性。

(4) 对运输、装卸、储存和包装物处理的便利性。

(5) 经济性和实用性。

(二)包装质量的检验

1. 基本要求

企业应严格按照包装质量检验的程序和方法,根据标准或合同要求对包装进行检验。

2. 检验范围

(1) 工序间检验。

其包括自检和互检,必要时设包装工序控制点进行中间检查。

(2) 包装件检验。

由厂检验员按规定的程序,根据标准或合同规定要求进行检验。合格后打合格标记或签发合格证明。

3. 抽样检验

抽样检验是指根据数理统计的原理,从一批产品中随机抽取一部分进行检验。通过少量产品来对这批产品的质量进行估计,并对该批产品做出是否合格、能否接收的结论。

小提示

抽样检验的适用情况

抽样检验一般适用于下列情况。

① 破坏性检验,如产品的可靠性、寿命、疲劳等质量特性的检验。

② 产品数量大,质量要求又不很高。

③ 检验项目多,周期长。

④ 被检验测量的对象是连续的。

⑤ 希望节省检验费用。

⑥ 督促供方改进质量的场合等。

(三)包装质量管理

1. 包装质量管理的概念

质量是一种合用性,而"合用性"是指使产品在使用期间能满足使用者的需求。

质量管理是企业内部全部管理职能的一个方面,是对确定和达到质量要求所必需职能和活动的管理。全面质量管理的基本方法就是全过程的质量管理,通过提高各个环节的工作质量来保证产品的质量。

对包装来讲,也就是说为了用最经济的办法,稳定地生产出可靠的和用户满意的包装,对包装质量形成全过程的质量职能的管理。

包装质量管理是指在现代企业提供服务过程中全面控制影响包装质量的各种因素,建立严密的质量责任制和质量检查制度,协调各方力量,使包装质量符合包装质量标准和满足客户需要。对包装质量不合格,材料结构、抗压力等达不到要求的应拒收或限期改进;在储运过程中,现代企业要不断改进运输、装卸、堆码方式,建立经济责任制,并简化环节和手续,以提高储运效率,达到提高效益的目的。

2. 包装质量管理要求

对现代企业而言,包装质量管理最为重要的是对包装的检查和测验。通过建立健全企业内部质量管理体系,加强包装质量检验工作。

(1)需要建立健全包装质量检验机构,配备能满足包装生产需要的质量检验人员和设备、设施。

(2)建立健全包装质量检验制度,实行包装质量追踪。同时,要把包装工人和检验人员的职能紧密结合起来,检验人员不但要负责质检,还有指导包装工人的职能。包装工人不能只管包装,自己包装出来的产品要先进行检验,要实行自检、互检、专检三者相结合。

(3)树立包装质量检验机构的权威。

第二节 包装设备与成本管理

一、包装设备管理

设备是指人们进行生产所使用的各种机械的总称,它是现代生产的物质技术基础,也是企业固定资产的重要组成部分。

设备管理是企业管理的重要组成部分,也已经由过去的只为生产服务转变到提高企业市场竞争力的服务上来,不只要追求较高的设备完好率,而且要以企业的经济效益为中心,这就要求设备管理工作既要重视维修费用的管理和控制,又要以最少的维修费用达到最高的设备利用率,以获得企业最大的经济效益。

(一)包装设备的基本管理

包装所使用的设备大致可分为工艺设备、动力设备、传导设备、装卸搬运设备及仪器设备等。物流包装设备管理指的是从设备采购开始到进入生产领域,直到报废退出生产领域为止的全过程的管理。

包装设备管理的主要内容如下。

(1) 按生产需求、技术先进、经济合理等原则正确选购设备。

(2) 按设备使用说明合理使用设备,及时做好设备维护及保养以及设备的检查工作,保证机器设备始终处于最佳的工作状态,减少故障。

设备的使用寿命长短、效率高低、精度等级与设备的正确、合理使用有着密不可分的关系。正确、合理使用设备能减少设备的磨损和疲劳,延长设备的使用寿命,确保设备充分发挥其效用。

设备的维护保养是指设备操作人员和专业维护保养人员在规定的时间及维护保养范围内对设备进行的预防性技术护理,是设备自身运动的客观要求。

对设备进行认真维修、正确操作、合理使用、精心维护,可预防设备零部件非正常磨损与损坏,减缓磨损程度,延长修理间隔期,减少维修费用。设备维护保养得好,就可以使设备的磨损和腐蚀程度降到最低。

对设备维护保养,大多数企业采用日常保养、一级保养、二级保养和三级保养。设备维护保养一般要求达到清洁、润滑和安全等要求。在编制设备的维护保养计划时,应针对不同设备的特点,正确地规定一般保养工作或者保养等级及其相应的作业内容。

设备检查是指对机器设备的运行情况、工作精度、磨损程度进行检查和校验。检查是设备维修中的一个重要环节,通过检查可以全面地掌握设备的技术状况、变化情况和磨损状况,及时查明和消除设备的隐患;同时还可以针对检查发现的问题,提出改进设备维护的措施。

设备修理是指修复由于正常的或者不正常的原因而引起的设备损坏。通过修理和更换已磨损、腐蚀的零件、部件,能够使设备的效能得到恢复。

虽然设备的维护保养可以减轻设备的磨损,防止意外事故的发生,但是它不能消除设备的正常磨损,也不能恢复设备在精度、性能和效率上已造成的缺陷。因此,要保持机器设备的完好状态,除合理使用和维护保养外,还应搞好设备修理工作,避免设备带病作业,而且对大中型设备还要实行计划修理制度;同时在制订修理计划时,应根据设备的具体情况合理确定修理间隔期和修理周期结构。

(3) 根据生产过程需要,做好设备交接的管理工作以及设备的资产管理。设备从采购开始到进入生产领域,直到报废退出为止的全过程都要做好管理工作,包括设备的购入、使用、维护、检查、修理等都需要进行相应的记录及登记,以备核查,同时也能确保设备的效用。

(二) 包装设备的综合管理

设备综合管理是以降低设备使用寿命周期费用为目的的综合性现代科学设备管理,而传统的设备管理是以设备维修为中心的管理。随着现代化水平的提高,许多科技成果运用到物流包装设备上,在提高生产效率的同时,也带来了环境污染严重、能源消耗大、零部件磨损腐蚀快、维修费用高等问题,这是传统的设备管理所不能解决的。因此,现代的设备综合管理会通过设备管理信息系统进行综合管理。

设备综合管理过程包括以下几个内容。

(1) 设备使用寿命周期费用作为评价管理工作的重要经济指标,追求最经济的使用寿命周期费用。

（2）对设备从设计、制造、安装、调试、使用、维护、维修、改造到报废处理为止的全过程进行跟踪管理。

（3）对设备的技术、经济、管理等方面进行综合性研究与管理，制定科学、先进的技术经济指标，加强技术改进工作，消除设备的固有缺陷。技术改进对完善设备性能，降低维修费用，具有特别重要的意义。

（4）建立一套比较完善的包括设计、使用和费用等方面管理的信息系统。在费用管理中进行月度统计、季度分析。由于维修的不确定性，维修费用的发生是不均衡的，要优化费用支出，必须对年、季费用进行统计、分析，才能找出费用发生的规律性与最佳控制值，把计划分析、预测分析和事后分析结合起来，建立完整的分析体系。

（5）建立切实可行的管理制度和考核办法。设备管理是否科学合理，规章制度是否完善，对成本管理具有很大影响。成本管理是企业管理的核心，也是设备管理的重点。为杜绝和减少设备管理与维修工作中存在的漏洞，如账物不符、维修保养不到位、设备带"病"运转、违章操作以及润滑不良等形式的浪费，应提高全体职工管好、用好、维护好设备的自觉性，培养职工树立爱护公物的责任心。

（6）制订维修费用管理规定，非正常损坏件与设备事故的报告及处理制度，关于旧件修复的鉴定与奖励制度等。编写安全操作规程、保养规范、岗位职责、点检与保养记录，提出工作要求等。

二、包装成本管理

包装作为物流企业的构成要素之一，与运输、保管、搬运、流通加工均有十分密切的关系。同时，包装是生产的终点和物流的起点，因而其包装的实施过程可能在生产企业，也可能在物流企业。

无论其为工业包装还是商业包装，都需耗用一定的人力、物力和财力。对于大多数商品，只有经过包装才能进入流通，因而包装成本在物流成本中占有非常重要的地位。

据统计，包装费用占流通费用的10%，有些商品特别是生活消费品，其包装费用所占比例高达40%~50%。因而加强其包装费用的管理与核算，可以降低物流成本，进一步提高物流企业的经济效益。

（一）包装成本构成

在物流过程中，大多数商品都必须经过一定的包装后才能进行流转。因而，为了方便商品正常流转，通常企业都会发生一定的包装费用。对于物流企业来说，其包装费用一般由以下几方面构成。

1. 包装材料费用

各类物资在实施包装过程中耗费在材料费用支出上的费用称为包装材料费用。包装材料成本主要是指个装、内包装和外包装的材料费用，通常分主材料和辅材料。常用的包装材料种类繁多，功能也各不相同，企业必须根据各种物资的特性，选择适合的包装材料，既要达到包装效果，又要合理节约包装材料费用。

2. 包装机械费用

包装过程中使用机械作业可以极大地提高包装作业的劳动生产率，同时可以大幅度提高包装水平。使用包装机械(或工具)就会发生购置费用支出、日常维护保养费支出以及每个会计期间终了计提折旧费用,这些都构成了物流企业的包装机械费用。

包装机械费用主要是指包装机械的维修费和折旧费。折旧是指包装机械由于在使用过程中的损耗而定期逐渐转移到包装成本中的那一部分价值。包装机械的维修费是包装机械发生部分损坏,进行修理时支出的费用。

3. 包装技术费用

为了使包装的功能能够充分发挥作用,达到最佳的包装效果,在进行包装时也需采用一定的技术措施,如实施缓冲包装、防潮包装、防霉包装等。这些技术的设计、实施所支出的费用合称包装技术费用。

包装技术设计费用是指人员在包装技术的设计过程中领用的材料或产品以及各种现金支出;包装技术实施费用是指实施包装技术所需的内包装材料费和一些辅助包装费用。

4. 包装人工费用

在实施包装的过程中,必须有工人或专业作业人员进行操作。对这些人员发放的计时工资、计件工资、奖金、津贴和补贴等各项费用支出,构成了包装人工费用支出。但是不包括这些人员的劳动保护费支出。支付给所有包装工人及其他相关人员的工资总额即为包装人工费用。

5. 包装管理费用

包装管理费用是指为了物流包装所进行的组织、策划、调研及实施过程中的管理费用,包括办公费、会议费、差旅费、党团组织及工会妇联活动费、消防费、安全费、卫生费、交际宣传广告费、职员培训费、通信费、审计费、业务招待费、劳动保护费等。

6. 其他辅助费用

除了上述主要费用以外,物流包装成本还应包括贷款利息、各种保险费、因不可抗拒因素而停工的损失费、税金及金融机构手续费等,而且物流企业有时还会发生一些其他包装辅助费用,如包装标记、包装标志的印刷以及拴挂物费用的支出等。

(二) 费用管理

包装环节管理得好坏,包装费用支出的节约与否,直接影响着物流企业的经济效益。因而,对于物流企业来说,加强包装费用的管理十分重要。物流企业包装费用的管理通常包括下列几个方面。

1. 合理选择包装材料与降低包装费用

在保证产品质量不降低的情况下,可以采用代用材料,如用国产材料代替进口材料、用价格低廉的材料代替价格昂贵的材料。选择适合具体物资的包装材料,既能达到包装效果又能减少浪费,从而降低材料费用支出。

2. 实现包装规格的标准化

通过标准化可以保证包装质量,并使包装的外部尺寸与运输工具、装卸机械相配合,不但方便物流过程中的装卸和运输,同时可以提高包装过程的效率,减少人工费用和材料费用支出。

3. 合理设计包装形态

应合理设计包装形态,内、外、个体包装都应有明显的区别。在设计包装形态时,不仅要考虑如何设法降低内、外包装形态本身的费用，还要考虑这种包装能否降低运输费用和保管费用。

4. 实现包装机械化

实现包装机械化可以大幅度提高效率，同时还可以确保包装质量，促进包装规格化，提高物流连续作业水平，降低包装劳动强度，改善包装工作条件，还可以减少物流过程的费用，因而可以降低各项费用支出。就瓦楞纸箱而言，分别有纸箱组装机，装箱、贴封签机，钉合机等。将上述几种机器连接起来，组成全自动瓦楞纸机械系列，可以节约劳动力。

5. 有条件的情况下组织散装运输

散装是现代物流中备受推崇的技术，也称为无包装运输。散装是指对一些颗粒或粉末状物资，在不进行包装的情况下，运用专门的散装设备来实现物资的运输。目前，美、日等物流发达国家水泥散装率超过了90%，而我国仅达15%左右。

物流企业应该根据各类物资的性能和特点，对适合进行散装运输的物资直接组织运输，这样可大幅减少包装费用支出。

6. 包装物的回收和旧包装利用

包装回收是将使用过的商品包装和其他辅助包装材料，通过各种渠道和各种方式收集起来，然后由有关部门进行修复、清洁、再次使用的过程。企业回收利用旧包装能解决部分急需，降低生产成本，还能及时解决产品的包装问题，保证产品物流活动的顺利进行。包装物的回收使用可相对节约包装材料，节约加工劳动，节约因包装而造成的能源消耗等。

> **小提示**
>
> **快递"绿"包装受阻高成本**
>
> 中国快递年业务量已跃居世界第一，由快递业拉动的下游包装产业规模已经超过百亿元，海量快递包装所带来的环境污染问题已引发社会关注。菜鸟网络曾做过分析，一只不可降解的塑料袋是8分钱，一只可降解的塑料袋价格是它的4~5倍。然而对快递行业来说，盈利空间主要有二，即快递单价和包装袋采购。20世纪90年代一件快递的投递费用约24元，2015年这一数字降到14元出头。与此同时，用工成本却在节节攀升，单价的利润空间在一层层被压缩。而在包装袋采购上，我国现在大多数快递企业的包装袋采用全国集中采购的方式，以求最大限度压低价格。尽管环保快递袋已经尽量压低价格，向传统快递包装袋的正常价格看齐，但是与集中采购价格相比还是有一定差距。所以，我国绿色的快递包装使用不是技术问题，而是经济成本问题。
>
> 国内外32家知名物流企业成立绿色联盟，推动物流业向低排放、无污染、可循环发展，并承诺到2020年，替换50%的包装材料，填充物替换为100%可降解绿色包材。同时通过使用新能源车辆、可回收材料等举措，争取达成行业总体碳排放减少362万t。不少快递企业已经在行动。浙江申通有限公司行政办公室经理章剑平介绍，申通已经在各网点推广重复使用的编织袋，使用次数可达到50次以上，并且编织袋上装有芯片，可实现信息追踪。
>
> （资料来源：http://paper.dzwww.com/dzrb/content/20160717/Articel03002MT.htm）

（三）降低包装费用的方法

1. 用价值分析法降低包装费用

价值分析法是指广泛搜集具有同样功能的包装材料或包装容器资料，分别核算它们的成本，研究运用更为廉价的材料、容器及包装工艺，在保持同样包装功能的前提下进行包装。通过比较分析，可以发现包装工作中容易疏忽的问题和漏洞，一般可以大幅度降低包装费用。

2. 采用机械化包装降低包装费用

在市场经济不断发展的今天，劳动费用不断升高，广泛采用机械化包装代替手工包装，是提高包装工作效率、降低包装费用的重要手段。

3. 通过包装的标准化降低包装费用

实现包装标准化，保证包装质量，并使包装的外径尺寸与运输工具、装卸机械相配合，不但方便商品的堆码、装卸、储存，还可以降低商品的运输费、装卸费和管理费，从而提高现代企业的效益。

4. 实行预算控制降低包装费用

实行预算控制，首先要编制包装费用预算，包括直接包装材料费、直接包装人工费、间接包装费的预算编制。直接包装材料费的预算编制，其包装材料价格要按三个因素来计算，即包装材料数量、包装材料总额、包装材料现价。直接人工费的预算编制，根据包装一个单位所需的平均标准时间计算包装费用。间接包装费用的预算编制，要求对直接材料费和直接人工费以外的包装进行恰当估计。

（四）包装费用的核算

包装费用可能发生在不同的物流环节，也可能发生在不同的企业。根据我国现行会计制度和法规政策，对于发生于物流诸环节的包装费用应区分费用的性质和项目记入"营业费用"总分类账户及其相关的明细账户。

"营业费用"账户主要核算物流企业在进货过程中发生的运输费、装卸费、包装费、保险费，以及运输中的合理损耗和入库前的挑选整理费等。

该账户借方登记物流企业进货过程中发生的运输费、装卸费、包装费、保险费，以及运输中的合理损耗和入库前的挑选整理费等，月度终了，将本期的营业费用全部从本账户的贷方转入"本年利润"账户。该账户可以根据物流企业业务的不同特点下设明细账户。

【例 7-1】 广州快捷物流公司在对 C 类商品进行运输前进行分类包装和运输包装，领用包装材料 2800 元，应支付包装人员工资费用 1300 元，以现金支出其他包装费用 600 元。作会计分录如下。

借：营业费用——包装费　　　　　　　　　　4700
　　贷：原材料　　　　　　　　　　　　　　2800
　　　　应付工资　　　　　　　　　　　　　1300
　　　　现金　　　　　　　　　　　　　　　 600

【例 7-2】 月末，广州快捷物流公司对一台包装机械计提折旧，该包装机械原值

24000元,净残值率为5%,年折旧率为10%。

$$该机械每月应计提折旧额=24000×(1-5\%)×10\%÷12=190(元)$$

企业应作会计分录如下。

借:营业费用——包装费　　　　　　　　　　　　　　190
　贷:累计折旧　　　　　　　　　　　　　　　　　　190

【例7-3】 该月,广州快捷物流公司为包装加工完成的商品,领用一次使用的包装箱40只,该包装箱每只单位成本为45元,共计1800元。作会计分录如下。

借:营业费用——包装费　　　　　　　　　　　　　　1800
　贷:包装物　　　　　　　　　　　　　　　　　　　1800

【例7-4】 该月,广州快捷物流公司有部分包装箱报废,估计残料价值900元,作会计分录如下:

借:原材料　　　　　　　　　　　　　　　　　　　　900
　贷:其他业务支出　　　　　　　　　　　　　　　　900

第三节　包装运作管理

一、企业包装组织与管理

包装行业管理是为了适应国民经济发展的需要,是国家宏观经济管理的一个重要组成部分。对于一个企业来说,包装管理同样是企业发展的需要,是企业管理的组成部分。

(一)包装管理与组织

1. 组织机构

企业中应有主管包装工作的领导,质量管理部门及有关业务部门应有分管或兼管包装的技术和管理人员,包装车间及各班级应设置专职或者兼职包装管理人员,负责日常的产品及包装管理工作。

质检部门应设专职的包装检验员,包装车间与班级开展自检和互检,形成由质检部门、包装车间及各班组集成的三级包装质量检验网,以保证包装质量。

2. 管理人员

1) 人员素质

(1) 包装技术人员和管理人员应具备高中以上文化程度,掌握包装技术和管理专业知识,并经考核合格,可以胜任包装管理工作。

(2) 包装操作者应具备初中以上文化程度,熟悉岗位操作规程。

2) 培训

企业应建立培训制度,明确培训要求,对所有从事包装工作的人员都要进行培训,对参加培训者进行考核,必要时可发给正式的资格证书。

对新上岗的包装工人,要进行包装技术培训和安全教育,经考核合格方可上岗操作。

3) 包装质量考核

应对有关人员完成产品包装质量情况进行考核,做到奖罚分明。

(二）包装负责人职责

包装管理需要企业内有关部门协助才能开展工作。包装管理的最高执行人员是包装负责人，企业应明确其责任和权限，大体可分为以下几点。

1. 确定包装管理的目标规划

包装负责人的主要任务是确定包装基本方针，以使本企业包装合理化，反映出企业经营方向。一般需要考虑成本比例、销售效果、产品寿命等问题。

2. 确定包装管理的科学规范

包装负责人必须运用科学的思维方法，对准备行动的若干方案进行选择，以期达到最优目标。当前，社会分工越来越细，每一个决策的失误都会带来很大损失，作为一个包装负责人应该经常提醒自己决策是否具有科学性。

3. 协调包装管理中的组织机构

建立合理而有效的组织机构，制订各种全局性的管理制度，协调好内部各种人员的关系，保证目标规划的实现，是包装负责人的又一项重要工作。只依靠包装负责人的个人力量去从事范围广泛的包装管理工作，是不可能做好的。

4. 在包装管理中的选才用人

任何一个管理者的思想、意图都需要下属去贯彻执行，管理者不一定处处比自己的下属高明。而管理者的工作要想收到事半功倍的效果，必须善于选才用人。因此，必须配备精干的包装管理人员，注重对基层包装技术人员的培养，组建一支能打硬仗的员工队伍。

此外，对包装合理化、包装质量、包装标准化等方面的要求及未来计划的拟定等都是属于包装负责人的工作职责。

二、企业包装计划管理

（一）包装计划管理概念

包装计划管理是根据物流需要和客户服务的要求制订计划，并以此为依据，组织、指挥和监督物流过程中包装活动的一种管理制度。主要包括：根据商品性质、供需双方服务要求、运输路程远近以及库存条件等来预算合理的包装费用；根据物流需要选用包装材料、包装地点、包装技术、包装方式，使物流过程衔接一致。

（二）包装计划管理指标

包装计划指标根据其性质和表现形式可以分为数量指标、质量指标、实物指标、货币指标和综合指标。

1. 数量指标

数量指标是反映企业包装管理发展总规模、总水平或工作总量的统计指标。它是计算质量指标的基础，包括包装数量、包装材料供应量等，用绝对数表示。

2. 质量指标

质量指标是从数量上反映企业管理发展相对水平或工作总量的统计指标，质量指标往往是相应的数量指标进行对比的结果。它主要包括包装材料的耗用额、包装成本、包装成本降低率等。

3. 实物指标

实物指标反映商品的使用价值，主要指包装材料的种类、包装规格、体积、重量等，用相应计算单位来表示。

4. 货币指标

货币指标的最大优点是能够把各种形式的实物指标通过价值（货币）的形式统一起来，给技术经济评价和计算带来极大的方便。实物指标体系反映实物平衡状况，是货币指标计算的基础。它主要包括包装成本、包装资金定额、包装物料回收节约金额等，以价值形式表示。

包装计划各项指标实现得好坏，将对现代企业各项主要经济指标产生直接影响，关系到各项经济指标的完成。

5. 综合指标

综合指标是指包装计划方案的综合反映，它主要包括包装原材料成本、能源成本、工资成本等。

三、流通领域中的包装管理

（一）运输包装管理

运输包装又叫外包装、大包装，其主要作用是保护商品在运输过程中不被损坏和损失。运输包装是以满足商品的运输、装卸和储存需要为目的的包装。通常运输包装不随商品卖给顾客。它一般不与商品直接接触，而是由许多小包装（销售包装）集装而成，如烟、酒、化妆品等。商品先装进小包装，然后集装于包装容器内。

运输包装在运输、装卸和储存中，首先是起保护商品安全的作用；其次是方便运输、装卸搬运和储存，以提高物流的效率；再次起传达作用，以便于物流管理。因此，运输包装应具有坚固、结实、通风、防潮、防振、防漏、防腐蚀、防散失和防盗窃等性能。运输包装分为单件包装和集合包装。单件包装按照商品外形使用箱、袋、桶、篓、筐、坛、罐和捆包等；集合包装常用的有集装箱、集装袋、集装包和托盘等。

对于运输货物包装的要求如下。

（1）货物包装要求坚固、完好、轻便，在一般运输过程中能防止：包装破裂，内件漏出散失；因垛码、摩擦、振荡或因气压、气温变化而引起货物损坏或变质；伤害人员或污损设备及其他物品。

（2）包装的形状除应适合货物的性质、状态和重量外，还要便于搬运、装卸和堆放，包装外部不能有突出的棱角及钉、钩、刺等；包装要清洁、干燥，没有异味和油腻。

（3）在特定条件下承运的货物、动物，如鲜活易腐货物等，其包装应符合对该货物特定的要求。

（4）凡用密封舱运送的货物，不得用带有碎屑、草末等的材料作包装物（稻草袋、绳等），包装内的衬垫材料（如谷糠、木屑、纸屑等）不得外漏，以免堵塞密封设备。

（5）货物的外包装上必须牢固地粘贴（或拴挂）写明货物的件数、毛重量和目的地的标签，并根据需要贴/挂表明货物特性或操作上须注意事项的标贴，同时在货物侧面应写明收货人的姓名和详细地址（收货人的姓名、地址应与货运单上填写的一致）。

（二）销售包装管理

销售包装又叫内包装、小包装或直接包装，它是与消费者直接见面的包装。其作用除了保护商品外，更重要的是美化和宣传商品。因此，销售包装应便于陈列展销，便于识别和使用，同时具有吸引力，才能使包装的商品在市场上有竞争力。

包装是无声的推销员，良好的包装能引起消费者的注意，激发消费者的购买欲望。包装的外形以精巧的造型、合理的结构、醒目的商标、得体的文字及图案，直接刺激消费者的购买欲，产生购买形为。此外，包装还可以彰显商品的品位，也是商家用于区分商品档次、实施价格差异的一个重要手段。

以销售为主的商业企业，包装管理以研究包装单元的形状、装潢设计，使之获得最佳销售效果为主体。

销售包装设计的原则如下。

1. 容纳性原则

包装必须满足标定的或是用户所要求的容纳内装物的要求，不得有任何渗漏或是内容物之间冲撞造成产品损坏。同时，商品常常是以组合形式容纳在一个包装内，如茶具、月饼、套装的礼品等，因此必须注意包装的整体性，使相同规格尺寸的产品有序地排列，又使不同规格尺寸的产品合理排列组合。

2. 保护性原则

包装最重要的作用就是保护性。商品在装卸、运输、储藏、上架、展示以及最后到达消费者手中消费前等流通过程中会受到各种不利条件及环境因素的破坏和影响，采用科学合理的包装技术、材料与结构可使商品免受或减少这些破坏和影响，以期达到保护商品的目的。

3. 便利性原则

包装既要体现在流通过程中对包装产品操作活动的方便性，包括装填、运输、装卸、码垛、展示、经营销售等方面的方便，又要体现对消费者的方便性，包括方便挑选、方便观察、方便提带、方便开启取用及方便保存等，使消费者满意。

4. 促销性原则

精美的包装是提高商品竞争能力、促进销售的重要手段，在现代商品经营中，销售包装设计的最大任务就是促进商品的销售。因此，在包装科学设计中也要特别注意其造型美观性和展示陈列性。

包装设计中，包装造型与结构的关系尤为密切。包装结构的可变性相对较小，而外观造型表现手法很多，同一结构往往可设计成多种不同的外观造型。

5. 经济性原则

在批量生产的情况下，必须考虑到生产上的合理性与经济性。再美观的包装，如果因为过于复杂而不能批量生产，仍不能称为好包装。要选择适合的生产工艺和原、辅材料，尽量使包装节省材料和储运空间；形状合理，避免设计过度包装和超大包装；提高标准化、系列化程度，实施适应成本和可控成本设计。

6. 环保性原则

包装设计要尽量采用环保材料和工艺，实施可回收重复使用、回收再生利用或轻量化的设计,力求实现包装产品生产加工的低消耗、低排放的生产过程,不给生态环境造成污染。

第四节　包装工作中的信息处理

一、信息处理的内容

物流包装中会处理大量的信息,信息处理主要包括信息收集、数据存储、信息加工、信息维护、信息应用等。信息是经过加工后的数据,它可以减少接收者的不确定性,对接收者的决策具有重要价值。

1. 信息的收集

在物流信息管理中最基本的工作就是数据采集,要把分布在各个部门的数据收集起来并对信息进行识别。由于信息具有不完全性,想得到物流包装的全部数据是不可能的,因此,确定信息需求要从调查客观情况出发,根据管理的目标确定数据信息的收集范围。

2. 数据存储

数据存储主要指把收集的数据进行信息输入并存储,通过信息系统存储大量的数据,并能根据用户的查询要求检索出有关的数据输出的过程。

3. 信息加工

信息加工是信息处理的核心,收集到的物流信息大都是零散、相互独立、形式各异的,这些不规范信息的存储和检索必须经过一定的整理加工程序。

现代物流管理对这方面的能力要求越来越高,尤其在开拓市场方面对此有更高的要求,同时也为决策者提供了有效的数据参考。因而计算机的使用将逐步代替大量的脑力劳动,大大方便人们的工作,同时可以改善信息加工和处理的方式和方法。

对物流信息的处理主要表现在信息的分类和信息的整理两个方面。通过采用科学方法对收集到的信息进行筛选、分类、比较、计算、存储,使其条理化、有序化、系统化、规范化,才能成为能综合反映某一现象特征的真实、可靠、有较高使用价值的信息。

4. 信息维护

信息维护是指保持信息处于合理适用的状态,这是信息资源管理的重要环节。信息维护的目的主要在于保证信息的准确、及时、安全和保密。

保证信息的准确性首先要保证数据是最新的,并做好信息的备份,以防信息丢失时可以马上使用备份数据,从而避免由于信息的丢失所带来的经济损失;其次是数据要在合理的误差范围内。另外,信息的安全性更是涉及商业秘密的问题。

信息的及时性要求能及时提供信息。为此,要合理地组织、存放信息,信息目录要清楚,常用的信息要放在易取的地方。

信息的安全性要求采取措施防止信息受到意外情况和人为的破坏,要保证存储介质环境的安全,对容易损坏的信息介质要定期检查,并做好备份,以防数据丢失。另外,对员工素质的培养也非常重要,对涉及重要信息操作的部门员工应该不定期更换其岗位或者部门。

5. 信息的应用

物流信息的应用是指利用经过收集、加工处理后的信息,以实现信息的使用价值和价值的过程。信息的使用价值是指信息这一商品所具有的知识性、增值性、效用性等特征决定其能满足人类某种特定的需要,给人类带来一定的效益。

二、识别信息的方法

1. 由主管(或信息员)识别

主管(或信息员)最清楚部门的目标,也最清楚信息的需求,可以用发放调查表或交谈的方法对其进行调查。

2. 由包装物流员亲自观察识别

有时主管(或信息员)对他们的决策过程不很清楚,因而不能准确地说明其信息需求,这时包装物流员可从了解其工作过程入手来分析信息的需求。

3. 共同识别

先由包装物流员观察得到基本信息,再向主管(或信息员)人员调查,加以修正和补充。

三、采集数据的方法

1. 自下而上地广泛收集

自下而上地广泛收集有固定的时间周期,如收集各种月报、季报、年报,逐步向上收集整理及归纳,及时做好数据更新工作。

2. 有目的地进行专项调查

有目的地进行专项调查可全面进行,也可随机抽样,如物料消耗调查。

3. 采用随机积累法

只要是经历过的业务单据、凭证、工作量等都可以记录下来作为备用数据。将收集到的数据按要求的格式加以整理、录入并储存在一定的介质上,经过一定的检验后即可作为信息保管起来。

四、管理信息系统的应用

管理信息系统是一个由人和计算机等组成的利用计算机硬件、软件以及其他办公设备,以企业战略竞优、提高效益和效率为目的,进行信息收集、传递、储存、加工、维护和使用的系统。它能实测企业的各种运行情况,利用过去的数据预测未来,从全局出发辅助企业决策,利用信息控制企业行为,帮助企业实现规划目标。

应该注意,管理信息系统绝不仅仅是一个技术系统,而是将信息系统放在生产运作之上进行考察、管理和运作,使之与组织、环境相互作用。它能辅助计算机管理人员完成信息搜集、加工等管理工作。

管理信息系统对企事业单位的作用在于加快信息的采集、传送及处理速度,实现数据在全单位的共享,及时地为各级管理人员提供所需的信息,辅助他们决策,从而改善单位的运行效率及效果。由于一般的组织管理是分层次的,如分为战略计划、管理控制、执行作业三层,因此,为它们服务的信息处理与决策支持也应分为三层。

> **小提示**
>
> 　　一个完整的信息管理系统应包括辅助决策系统(DSS)、工业控制系统(IPC)、办公自动化系统(OA)以及数据库、模型库、方法库、知识库和与上级机关及外界交换信息的接口等。

物流包装管理信息系统一般由系统维护、基础数据维护及管理、生产管理、财务成本管理、质量管理、设备管理、人员管理、车间任务管理、生产作业管理、物料消耗管理、技术资料管理、包装信息管理、决策管理及运输管理等功能模块构成。

1. 系统维护子系统

本子系统的主要功能是统一管理和维护整个系统的数据,保证数据的准确性与及时性。它包括系统初始化、编码管理、用户设定、密码设定、权限设定等功能。

2. 基础数据维护及管理子系统

本子系统的主要功能是输入系统使用的基础性数据,相当于输入子系统,通过输入一些基本表格信息和数据,对信息进行收集。另外,还完成对各类生产任务、设备、人员、货品位置、数量、消耗情况、成本、账目等相关项目的查询功能。

3. 生产管理子系统

本子系统的主要功能是根据业务订单和市场预测的数量和交货期经过财务核算使企业的生产计划落实到品种规格上,根据其结果编制物料需求计划和物资供应计划,另外接收外围设备传入的数据。

4. 财务成本管理子系统

本子系统的主要功能是根据企业的管理水平和管理层次,建立灵活的账目结构:自动登录各种分类明细账及总账,进行银行对账;提供各种账务核算功能,根据固定资产的分类及使用状态计算提取折旧;根据合同、到货和入库进行应付账管理,根据业务合同发货,进行预付款和应收账管理,核算业务收入和利润;提供灵活的财务报表。同时包括收付款管理、发票管理、催款管理、核销管理、成本管理、固定资产管理等相关财务的管理。

其中成本管理系统的任务是建立和维护成本数据,如废品损失、车间经费、材料差异等数据;编制货品包装和产品的定额成本、计划成本和实际成本;进行成本分析。

5. 质量管理子系统

本子系统的主要功能是对产品包装生产过程各阶段的质量情况进行统计和分析,包括对原材料、外购外协物料进行入厂检查,对包装质量进行检查,对产品码放、装载等质量数据进行采集和分析,对用户使用质量进行信息反馈,建立包装质量统计台账和产生各种统计分析报表等。

6. 设备管理子系统

本子系统的主要功能是管理设备资产档案,对设备能力与运行状态的数据进行维护,编制设备维修计划,对设备维修用备件的库存进行管理等。

7. 人员管理子系统

本子系统的主要功能是维护员工的基本信息,如员工的基本情况、人事档案摘要、技术等级、教育培训情况、岗位变动情况、分布情况、岗位工作性质的描述及工作负责制等;根据员工的基本信息编制劳动计划;按人员类别进行与劳动有关的统计分析等。

8. 车间任务管理子系统

本子系统的主要功能是根据物料需求计划的要求检查生产计划实施的条件,如物料、包装等;进行任务下达;打印加工路线单、物料分单、包装清单或缺货清单;对车间任务进行维护、监督和查询。

9. 生产作业管理子系统

本子系统的主要功能是编制车间任务和工序进度计划,计算作业优先级,产生派工单,监督工序进度,打印生产日报表,统计车间生产作业情况等。

10. 物料消耗管理子系统

本子系统的主要功能是将生产计划所规定的最终产品产量和交货期按产品流程和生产周期转换成各小组(车间)的月(或周)度生产作业计划。主要进行总生产计划、业务包装计划、分车间的月(或周)度生产作业计划、外购外协物料消耗计划等的编制和维护,以及对它们的执行情况进行报告。

11. 技术资料管理子系统

本子系统的主要功能是完成各种技术档案、文书、资料的登记(统计),制定各种管理规章制度、工艺要求、工序流程等。

12. 决策管理子系统

本子系统的主要功能是统计企业的业务、财务情况和员工的工作业绩等,帮助企业管理者随时了解企业的各种运作情况以便做出决策、制订计划。另外,还包括存储预警、储位分配优化、补货策略、在库移动、优化存取路径和包装原料,可以实现组合分拣、组合包装等功能。

五、国内包装行业相关管理系统软件介绍

PUB-MS2002 是一套综合了报刊、书刊、包装和纸箱印刷企业范围的企业信息管理计算机系统,它根据现代企业运用 TQM(Total Quality Management,全面质量管理)/MRPⅡ(Manufacturing Resource Planning,制造资源计划)/ERP(Enterprise Resources Planning,企业资源计划)全面企业管理模式进行日常企业工作的程序,开发出了应用 TQM/MRPⅡ/ERP 管理模式的管理模块,同时应用远程遥控监视企业内部功能以及留有以太网接口等,可在互联网上运行。该套软件系统与国内的一些印刷厂家及同行开发或正在使用的计算机信息管理系统相比大致有以下几个特点。

1. 注重客户管理

该系统注重对客户的管理,对客户的具体状况都加以登记存档。比如它的名片管理模块中对与客户有业务往来公司的企业性质、机构代码、资金状况、开户行、银行账号、地址等都有详细的记录,决策管理者能详尽地掌握客户基本情况,也可以通过互联网在名片的电话中直接拨号与客户通话或视频洽谈,从而加强与客户或正在建立业务关系的客户

之间的密切联系。

2. 具有客户限额放款功能

在市场经济发展的新形势下,对客户放款的权限关系以及额度、回笼资金多少,对一个企业经营的成败具有关键的作用。有了在客商管理模块中的这个功能,对于超过放款限额的客户,只要规定欠款未付清,则新的合同就无法打印,从而就无法调用生产工序及开出生产通知单;而且合同打印时也受到监控,只有在授权范围内的人员才能操作,真正做到印刷价格支付合理以及堵截一些违规作案漏洞。

3. 具有合同管理执行功能

在合同管理模块中,只有当合同签订确认后才能向生产部门发出生产通知单及生产工程单;这样就使有关合同的要求与生产部门的交接工单更加规范化,杜绝了内部扯皮现象。

4. 以代码为基础实现科学化库存管理

在物料的库存管理中,该软件完全根据 ISO 9002 质量体系的要求建立物料代码,使物料管理更有条理、更合理化。该系统中的库存管理模块就是运用了 MRPⅡ、JIT(Just In Time)等原理运行的。

5. 提供决策管理

公司的决策者与高层管理者可通过移动电子设备,随时掌握企业中各部门的工作情况,随时掌握生产进度以及各部门的成本核算、费用、统计等信息,并及时加强物流、资金等方面的管理。

包装管理是物流管理过程的起点,也是保证物流活动顺利进行的重要条件。包装本身是物流系统的起端,是物流中一种特殊的、综合的活动形式,包装管理作为物流系统的重要作业环节对于加强物流管理起到决定性作用。本章介绍了物流包装管理的理论知识,以及包装管理中设备管理、计划管理、质量管理、信息管理、成本管理等诸多方面的知识与实践技能和方法。

7-1 包装物流管理应注意处理哪几个方面的关系?
7-2 什么是包装质量管理?
7-3 包装费用管理主要涉及几方面的内容?
7-4 如何降低包装费用?
7-5 物流包装管理信息系统由哪些模块构成?

 **实践课堂**

(1) 实践目的:通过阅读物流包装管理的案例,运用本章所学的包装管理知识对案例进行分析,进一步了解包装管理中所涉及的包装标准化管理、质量管理、设备管理及成本管理等多种信息处理过程。

(2) 技能要求:

① 结合本章引导案例分析包装物流管理应该注意处理几方面的关系。

② 结合本章引导案例分析如何提高包装质量水平。

③ 结合本章引导案例分析包装质量管理的重要性,以及认识包装质量管理的要求。

(3) 实践学时:2学时。

(4) 实践环节:以小组为单位(3~5人为一组)对引导案例进行分析。

(5) 实践内容:阅读并分析物流包装管理的引导案例,运用本章所学的包装管理知识对案例进行分析。

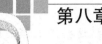

第八章

绿色物流包装

【学习目标】
(1) 掌握绿色包装的相关理论知识。
(2) 掌握物流包装废弃物的回收、处理及综合治理。
(3) 了解物流包装资源综合利用的情况。
(4) 学习国际社会有关绿色包装的法律、法规和措施。

【学习指导】
在课程中认识什么是绿色包装,并在实物教学中学习包装废弃物的知识。

【引导案例】

苏宁物流"漂流箱行动"

2017年4月18日,天猫苏宁开展了3C家电节,同时在物流上苏宁推出了一个环保神器——快递"漂流箱"。据苏宁介绍,这款漂流箱可以一年节省环抱地球一圈的快递盒。真有这么神奇?

1. 最后1km直接回收

据悉,苏宁上线"漂流箱计划",这款漂流箱就是可循环的塑料箱,目前上线的只有一种规格,长约0.3m,宽0.2m。用这种料箱可以代替纸箱装载消费者购买的商品,由快递小哥在最后1km投递,直接节省掉纸箱,非常环保。

2. 适用自提和送货上门

一般来说,有两种接收情景下可以收到这种漂流箱。一种是自提模式,消费者可以在苏宁的自提点或者是社区代收点自提快递,遇到这样的快递箱可以取出商品后将料箱放回自提点回收。另一种是送货上门时,消费者可以当面拆箱验货签收,然后将漂流箱交由快递员带回作为循环快递盒使用。

> **3. 打开箱子能否被发现**
>
> 苏宁物流方面介绍,为了增强用户体验,这些漂流箱还特意设计了牢固的"封箱扣",保证商品安全,保障用户隐私。
>
> 之所以说料箱两头两个小小的封扣能保障安全,是因为其寿命是一次性的,一旦使用被打开就会损坏,由此来保证安全性。
>
> (资料来源:http://www.chinawuliu.com.cn/office/25/146/12459.shtml)

随着我国经济的发展,作为我国国民经济主要产业的包装行业也迅速发展。与此同时,包装行业所产生的包装废弃物越来越多,造成巨大的资源浪费和环境污染,已严重影响社会的可持续发展。如何有效控制包装废弃物的污染已成为一个迫切需要解决的问题。

第一节　绿色物流包装的理论及其内涵

一、绿色包装的内涵

绿色包装是指完全以天然植物或有关矿物为原料制成的,能循环和再生利用、易于降解、可促进持续发展的,且在产品的整个生命周期中对生态环境、人体和牲畜的健康无害的一种环保型包装。

在国际贸易中,任何一项环保措施在有利于坏境保护的同时都可能成为贸易壁垒。因而由包装的环保要求而引发的贸易争端加速了绿色包装在世界各国的发展。例如,奥地利在 1993 年 10 月开始实施新包装法规;英国政府要求包装材料制造商拟定包装废弃物重新使用计划。其他一些国家和地区尤其是发达国家和地区,对绿色包装也都有积极的反应。

随着科学技术的进步和人们环保意识的提高,绿色包装的内涵不断增多,所以绿色包装是一个动态概念。就一般概念来说,绿色包装应是有利于环境保护和资源再生利用的包装,包括能够循环复用、再生利用或降解腐化并在产品整个生命周期中对人体及环境不造成公害等构成要素。

> **小提示**
>
> 许多发达国家把绿色包装概括为按"4R1D"原则设计的包装,即 Reduce(减量化)、Reuse(能重复使用)、Recycle(能回收再用)、Refill(能再填充使用)、Degradable(能降解腐化)的包装。

二、绿色物流的概念

绿色物流是指在物流过程中抑制物流对环境造成危害的同时,实现对物流环境的净化,使物流资源得到最充分的利用。绿色物流是可持续发展的一个重要环节,它与绿色制造、绿色消费共同构成了一个节约资源、保护环境的绿色经济循环系统,三者之间是相互渗透、相互作用的。

绿色制造(也称清洁制造)是制造领域的研究热点,是指以节约资源和减少污染的方式制造绿色产品,是一种生产行为;绿色消费是以消费者为主体的消费行为。绿色制造是实现绿色物流和绿色消费的前提。

绿色物流的目的是在物流过程中抑制物流对环境造成危害的同时,实现对物流环境的净化,使物流资源得到最充分利用。绿色物流其实是物流管理与环境科学交叉的一门分支学科。在研究社会物流和企业物流时,必须考虑到环境问题。

尤其在原材料的取得和产品的分销过程中,运输作为主要的物流活动,对环境可能会产生一系列的影响。而且废旧物品如何合理回收,减少对环境的污染且最大可能地再利用也是物流管理需要考虑的内容。

三、绿色物流包装的概念

绿色物流包装是从环境保护的角度对物流体系进行改进,形成一个与环境共生型的物流管理系统。

绿色物流包装管理又是建立在维护全球环境及可持续发展的基础上,逐渐改变过去经济发展与物流包装,消费与物流包装的单向作用关系;在抑制物流包装对环境造成危害的同时,形成一种能促进经济和消费健康发展的物流包装体系。

因此,绿色物流包装重视全局和长远利益,强调全方位对环境的关注,这是现代物流发展的趋势。

> **小提示**
>
> ### 国外企业的"可持续包装"战略
>
> **1. 可口可乐宣布到 2030 年实现所用包装 100%等量回收和再利用**
>
> 可口可乐公司 2018 年 1 月 22 日宣布,将重塑可持续包装全球战略,到 2030 年,让公司所有包装实现 100%等量回收和再利用。为此,可口可乐未来将在环境保护和包装创新两个大方向上持续投入,使包装废弃物问题成为过去。
>
> (1) 对环境保护的投入。到 2030 年,可口可乐公司每使用一个包装,就会努力回收一个同类包装物,使其得到循环再利用。公司会参与整个饮料行业的包装回收工作,包括回收其他公司生产的饮料包装。
>
> (2) 对包装创新的投入。为实现 100%回收目标,可口可乐公司将在包装材料 100%可回收这一工作上持续发力。为带来更环保的饮料瓶,可口可乐公司不断进行创新和研发,如应用环保再生材料、持续研发植物环保瓶技术、减少包装中塑料的使用量等。到 2030 年,可口可乐公司计划在包装原料中再生材料的平均使用比例达到 50%。目前,可口可乐公司的大多数包装材料都是可回收再利用的。
>
> **2. 联合利华敦促行业加大力度助力实现塑料循环经济**
>
> 联合利华全球 CEO 波尔曼 2018 年 1 月 23 日呼吁,日用消费品行业需加大力度,

积极应对日益加剧的海洋塑料废弃物挑战,助力实现塑料循环经济。

其实,早在2017年1月,联合利华就做出承诺,到2025年实现产品所用塑料包装100%可再用、可回收或可堆肥。而如今,联合利华还将在2025年前在产品包装中增加至少25%可循环利用塑料的使用,以及在2020年前发布整体塑料使用计划。

3. 英国星巴克涨价助力纸杯回收计划

英国议会提出对一次性纸杯征税,星巴克主动参与了这个提议。自2018年2月起,伦敦的20~25家星巴克将开始试运行,对每个一次性纸杯额外收取5便士(1英镑=100便士=8.8元人民币),试行时间为三个月。

此外,星巴克还将加强推广力度,尽可能鼓励在店饮用顾客使用陶瓷杯,并继续推行客户自带杯减免25便士的优惠。但议会成员表示,只有1%~2%的顾客会自带随行杯。

(资料来源:http://news.pack.cn/show-342201.html)

四、绿色物流包装的内涵

绿色物流包装是一项系统工程,它是物流系统的一个子系统,我们将其视为有机整体,采用系统分析的方法去研究,以求得到整体环境性能最优化,因此,必须在其整个生命周期中做到"五绿",即绿色材料、绿色设计、绿色加工、绿色流通和绿色回收处理。

绿色物流包装的关键是采购与使用绿色原材料。绿色原材料就是能够循环复用、再生利用或降解腐化,并且在物品的整个生命周期中对人体及环境不造成公害。

包装材料在很好地履行对物品的保护、方便、销售功能的同时能够轻量化,有利于节约资源、减少费用,减少废弃物数量,有利于环境保护。作为绿色材料最突出的性能是易于回收处理、再生利用,使它的降解回归自然,整个过程无污染、无公害。

绿色物流包装对材料选择应遵循以下原则。

(1)优先选用可再生材料,尽量选用回收材料。

(2)尽量选用低能耗、少污染的材料。

(3)尽量选择环境兼容性好的材料及零部件,避免选用有毒、有害和有辐射的材料。

目前,在国内外市场崇尚的绿色物流包装中,有纸包装、可降解塑料包装、生物包装材料等。然而最有发展前景的是可食用包装品,我国目前已将可食性果蔬液态保鲜膜用于果蔬包装。随着科学技术的发展,绿色物流包装将会得到更加快速的发展。

第二节 包装废弃物物流管理及处理流程

一、包装废弃物

包装废弃物是指在生产、流通和消费过程中产生的基本上(或完全)失去使用价值,无法再重新利用的最终排放物。

二、包装废弃物管理

包装废弃物管理的选项包括预防、重复使用、回收、填埋、焚烧、处理、回收再生等方面。为了便于学习,下面在此作简单的介绍。

1. 预防

预防意味着使包装极小化,预防的极端情况是避免。

预防的常见方法是减少,也称极小化。这意味着减少包装的使用量和用过的包装对环境的有害程度,减少在包装的整个生命周期中对环境的影响。

2. 回收

回收是指收集使用过的包装进行回收再生、堆肥或焚烧进行能量回收。

3. 回收再生

回收再生是指对使用过的材料进行再加工成原物或其他产品的过程,包含有机物回收再生,但排除能量回收。

4. 可重复使用

可重复使用是指确定包装在它的生命周期内的循环次数,它被重复充填或作为同样的目的使用。当可重复使用的包装不再重复使用时就变成了用过的包装。

5. 处理

处理是指收集、分类和运输使用过的包装以及它在地面和地下的存储,进行必要的处理使其能重复使用、回收或回收再生。

6. 有机物回收再生

有机物回收再生是指有氧堆肥或厌氧性处理,在一定条件下利用微生物使用过的包装生物分解,产生稳定的有机物滤渣或甲烷。

7. 能量回收

能量回收是指直接焚烧可燃烧的用过的包装来产生能量,进行热量回收,但可能产生其他废弃物。

8. 焚烧

焚烧是指直接焚烧可燃烧的用过的包装,可有能量回收也可没有能量回收。焚烧之后的残留物要填埋。

9. 填埋

填埋是指将使用过的包装埋入地下,这取决于使用的包装材料类型。填埋需要做不同等级的保护层以防止带有有害物质的污水流到地下水中。填埋不属于有机物回收再生方式。

三、包装废弃物的处理流程

包装废弃物由相关单位进行收集,然后进行分类。能重复使用的包装通过适当的清洗和修理之后继续使用;不能重复使用但可进行回收再生的包装废弃物进入回收再生环节;不能重复使用和回收再生但具有较高的生热值的包装废弃物可进行焚烧进行能量回收,同时进行气体清洁处理以免污染环境;堆肥很少应用于包装废弃物的处理;对实在无法处理的包装废弃物则进行填埋处理。包装废弃物的处理流程如图8-1所示。

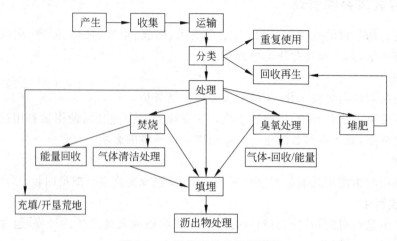

图8-1 包装废弃物的处理流程

四、包装废弃物物流

(一) 概念

包装废弃物物流又称反向物流,是将经济活动中失去原有使用价值的包装,根据实际需要进行收集、分类、加工、搬运、储存,并分送到专门场所处理所形成的物资流动。

在人类生产和生活过程中,所产生的大量包装废弃物有两种去向:一是将其中有利用价值的包装加以分拣、净化、加工,使其成为有用的材料重新进入生产和消费领域;二是对已丧失再利用价值的包装,出于环境保护的目的进行填埋、焚烧或堆肥等处理。对含有放射性物质或者有毒物质的工业包装,还需采取特殊方法处理。一般称前者为包装回收物流,后者为包装废弃物物流,而最终回收物流也将纳入废弃物物流中。

(二) 包装废弃物的物流渠道

包装废弃物的物流系统如图8-2所示。

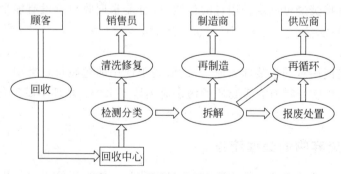

图8-2 包装废弃物的物流渠道

反向物流渠道可以采用数种不同的形式,取决于独自的渠道成员完成回收再生任务的功能和能力。此外,可以有额外的成员加入渠道来完成专门的搬运或处理任务。在这个模型中,消费者/家庭和最终的市场之间仅有一个中间环节。回收渠道如图 8-3 所示,实际上,回收渠道可以有多个中间环节和不同的过程。

```
消费者→市政回收公司→材料回收厂→最终用户
工业生产者→材料回收厂→中间处理者→最终用户
消费者/工业生产者→市政回收公司→经纪人→材料回收厂→最终用户
消费者/工业生产者→材料回收厂→经纪人→中间处理者→最终用户
```

图 8-3　回收渠道的多样性

(三)包装废弃物的物流活动

从回收渠道多样性可知,包装废弃物的反向物流中包含许多部门参与运作,这些角色的活动如下。

材料回收厂:分类和存储可回收再生的材料(物品)。

经纪人:在供应和需求之间进行连接(消费者/工业生产者和最终用户之间的联系)。

市政回收公司:通常是完成渠道的收集功能。

中间处理者:提炼可分离的资源材料给最终用户,它需要大量的可回收再生材料。

(四)包装废弃物物流系统的设计

包装废弃物的反向物流过程在许多方面不同于正向物流,为了处理好反向物流,必须建立新的配送机构、再配送机构。回收再生在许多方面影响已存在的配送系统,它们不得不部分被重新设计。

设计反向物流系统的步骤如下。

(1)管理收集过程。

(2)确定收集程序的目标。

(3)选择收集方法。

(4)设置统一的分解和再加工中心。

(5)使用第三方服务。

(6)完成信息系统(开发信息系统)。

在反向物流渠道中完成信息系统是反向物流竞争中成功的关键因素。实际上,在反向物流和正向物流渠道之间微小的差别,只存在于谁拥有更好的渠道性能。

(五)包装废弃物物流的合理化

包装废弃物的物流合理化必须从能源、资源及生态环境保护这三个战略高度进行综合考虑,形成一个将废弃物的所有发生源包括在内的广泛的物流系统。

1. 生产过程产生的包装废弃物的物流合理化

(1)建立一个废弃物收集、处理的管理体系。

(2)在设计研制物品时,要考虑到废弃物收集及无公害处理的问题。

(3)加强每个生产工序变废为宝的利用,并鼓励职工群策群力。

(4)尽可能将企业产生的废弃物在厂内合理化处理。

2. 物品进入流通、消费领域产生的包装废弃物的物流合理化

（1）遵守政府有关法律法规等。

（2）要求消费者把物品包装废弃物纳入企业废弃物的回收系统。

（3）教育企业职工增强环保意识，改变价值观念。

3. 企业排放的包装废弃物的物流合理化。

（1）建立一个能被居民和职工接受，并符合当地物品流通环境的收集系统。

（2）通过有效地收集和搬运废弃物，努力做到节约运输量。

（3）在焚烧废弃物的处理中尽可能防止二次污染。

（4）对于最终填埋的废弃物，要尽可能减少它的数量和体积，使之无害化，保护处理场地周围的环境。

（5）在处理最终废弃物的过程中，尽可能采取变换处理，把不能回收的部分转换成其他用途。

第三节　国内外包装废弃物的综合治理

一、治理包装废弃物的必要性和可能性

包装工业产品70%以上为一次性使用，使用后即为废弃物，产品生命周期较其他工业产品短，故消耗资源量大。由于目前国内还未形成一套完整的回收包装废弃物的有效机制和相关配套政策，对废弃物的回收利用率低，资源浪费严重。

据统计，2016年我国纸及纸板生产量达10855万吨，人均年消费量75kg，其中很大部分用于包装；每天塑料袋的使用量高达30亿个，全年超过680万吨；而金属包装材料中，仅易拉罐一项每年至少消耗100亿只。在包装物中，纸包装制品回收率在25%左右，塑料包装制品回收率只有15%，快递包装废弃物的回收率不足10%。加强包装废弃物的回收利用是一项重要任务。

包装废弃物的治理是完全可能的，这不仅是国际社会的呼声，也由于包装废弃物的回收处理及综合利用技术已日趋完善。并且加强包装废弃物的回收利用可以带来显著的经济效益、环境效益和社会效益。

包装废弃物并不是"废物"，而是有待开发的"第二资源"。包装废弃物的回收与综合利用，既是对资源的节约，也是对环境的有效保护，同时还是造福子孙后代的一项千秋伟业。

对企业来说，包装废弃物的回收与再生利用，不仅能创造可观的经济效益，而且会产生良好的环境效益。以回收铝罐为例，重熔冶炼1t铝比用铝土矿生产铝节约95%的能源，回收1t铝可以节约4t铝矿石，使排入大气中氟化物重量减少35kg。

经济发达国家都在大力发展废弃物回收利用产业，1990年全球废弃物回收行业市场规模约100亿美元，而2000年则增长到3000亿美元。美国仅废纸回收每年创收就达到200亿美元之巨。德国通过实行"绿色"包装系统，在第一年就回收100万吨包装废弃物，以后回收率逐年增加，最后达到每年回收1300万吨包装废弃物，从而使德国的废料减少

了10%,而废品利用率则由20%上升到25%。法国大约有1500家包装企业,共有12万名职工,每年可生产1200万吨包装品,其营业总额超过法国宇航业营业总额。

二、物流包装废弃物的治理措施

进入21世纪绿色包装有了较大的发展,世界各国治理包装废弃物的方法趋向4R (Reduce、Reuse、Recycle和Recover),即降低用量、再生、回收及资源恢复。

(一)节约资源和减少废弃物,反对过度包装

过度包装又称过分包装或过剩包装,通常是指一种功能与价值过剩的物品包装。表现是耗用过多材料、过大体积、高档用料、奢华装饰等装点被包装产品,使之超出了保护物品、美化商品的功能要求,给消费者一种名不符实的感觉,增加了经济负担。

经济发达国家已将反对过度包装作为减少包装污染、节约资源、通向绿色包装的一个重要途径。德国是世界上最早推崇包装材料回收的国家,并率先制定了循环经济法。德国在10年前就开始倡导商品的"无包装"和"简单包装",强调包装要无害于生态环境、人体健康和循环利用或再生,从而节约资源和能源。

在我国,由于历史原因和文化经济等因素,消灭过度包装是一项十分艰巨的工作。2006年的《定量包装产品计量监督管理办法》规定,定量包装产品的生产者、销售者在使用物品包装时,其尺寸应当与物品净含量的体积比例相当。不得采用虚假包装或者故意夸大定量包装物品的包装尺寸,使消费者对包装内的物品量产生误解。

(二)包装设计要有利于生态环境

在包装设计时,应从材料的选择、生产工艺等方面考虑废弃后的处理。目前提倡的设计方法如下。

1. 使用环保材料

发展绿色包装和生态包装,要求包装所选用的包装材料必须符合环保要求,有利于物质的生长、生存和循环再生,必须优先选用易于循环利用、耗资耗能少的包装材料。

2. 采用先进包装技术

要开发研制新型易生物降解、光降解、水溶性和可食性包装材料;要采用先进的物品包装技术、包装工艺和包装标准,逐渐减少包装对环境的污染。

3. 使用废弃物为原料生产包装制品

要提高对包装废弃物的回收利用程度,变废为宝。例如,加拿大已采用废木料、废纸板等包装废弃物生产各种中密度板材;美国、日本用废纸生产纸浆模塑制品取代对环境污染严重的发泡塑料。

(三)重视对塑料包装废弃物的治理

近年来,世界各国对于塑料包装的生产、销售和使用都加强了管理。曾被视为轻便、耐用的塑料制品由于其难降解性而成了"白色污染"。现在各国都对塑料包装废弃物加强了管理。例如,英国在公共场所禁止使用非降解塑料容器;德国1990年立法规定塑料包装必须是可回收的。

除了加强管理之外,国际上还将塑料包装研制和开发的重点放在可降解塑料上。例

如,美国在国内已建成数条可降解塑料生产线;英国已研制出 8~12 周即可完成光降解的塑料;我国也致力于此项研究,有关机构已相继研制成功了生物和光降解薄膜。

(四)建立专门的包装废弃物回收处理机构,提高回收处理技术

据不完全统计,目前世界上主要发达国家资源回收利用产业回收总值达 2500 亿美元,并且以年均 15%~20% 的速度增长。全世界钢产量的 45%、铜产量的 62%、铝产量的 22%、铅产量的 4%、锌产量的 30%、纸制品的 35% 来自再生资源的回收利用。

早在 1990 年 9 月 28 日,德国在工业联合总会、工商业协会支持下,代表零售业、消费业和包装业的 95 家公司于波恩成立了专门对包装废弃物进行回收利用的非政府组织——双向回收网络系统。2001 年 6 月,全日本已建成从事资源回收利用产业的"生态环保城"14 个;而在我国包装废弃物的回收工作一直由各级物资回收公司承担,并未形成系统,所以包装废弃物的回收效果并不好。今后我国的包装废弃物的回收处理工作也可以纳入城市发展规划,加强管理并制定具体措施。

美国为了进一步拓展塑料的应用领域,于 1985 年建立了"废旧塑料研究基金会"及"塑料回收研究中心"。日本先后研制出了热塑性塑料与其他材料(废纸等)的合成材料,开发出由废塑料与砂子制成的新型铺路材料。

(五)完善包装废弃物的管理法规

在废弃物回收处理方面,世界各国纷纷制定了与包装相关的各种环保法规。例如,欧盟各成员国经过多年的协调、商讨,在 1994 年颁布了《包装和包装废弃物指令》,强制制定了欧盟各国包装及其废弃物的回收指标。

此外,我国《中华人民共和国固体废弃物污染环境防治法》第十七条和第十八条明确规定产品生产者、销售者、使用者应当按照国家有关规定对可回收利用的产品包装物和容器等进行回收利用,但并没有回收再生和利用的具体规定。

因此,包装废弃物的法规应该贯彻"预防为主,防治结合"和"谁污染谁治理"方针,明确相关方的具体责任,并指出包装废弃物回收指标和相关具体回收利用规定以及回收目标。

第四节 物流包装资源的合理利用

物流包装资源是指包装制品所采用的原材料,包括生产和物流过程中使用的能源等,如自然界存在的森林、矿藏等天然资源。

物流包装资源的合理利用就是把有限的包装原材料用到最需要的地方,并开展节约、代用、综合利用及废弃物的回收利用,使用新的技术以节省能源,采用面向物流包装的设计方法使物流包装资源发挥最大效用,从而提高企业的经济效益和社会效益。

一、物流包装资源的危机

包装所使用的原材料主要有纸、塑料、金属、玻璃与陶瓷、木材等,在物流包装中还会

使用到能源及环境资源。

我国能源以燃煤为主,占消费量的70%以上,每年耗煤量已超过10亿吨,但能源利用率低,目前能源利用率仅30%左右。而西欧、日本和美国,其能源利用率则达42%～51%。从现在的开采速度,我国的煤炭最多可以开采300年。

从目前的国家资源状况来看,后备探明储量不足。在45种主要矿产中已有10多种探明储量不能满足要求,其中15种支柱性矿产有6种(石油、天然气、铜、钾盐、煤、铁)后备探明储量不足,或地质工作程度不够,铜矿只能满足需要的一半,石油和铁矿缺口很大。

另外,我国是世界上木材资源相对短缺的国家,随着木材消费量的不断增加,供需矛盾日益突出。因此,节约木材和代用是缓解木材供需矛盾、实现木材资源可持续利用的重要途径。

二、物流包装资源的利用与回收

(一) 包装原材料的合理利用

在包装成本中,原材料成本一般占60%以上,所以合理利用包装原材料、降低原材料成本是提高经济效益的重要途径。主要措施包括以下几个方面。

1. 合理选择包装原材料

合理选择包装原材料是合理利用包装资源、提高经济效益的重要途径。应结合实际情况及包装的功能特点和包装成本等,选择经济效益和社会效益最好的材料。

2. 合理利用包装资源

推行适度包装,提高包装的系列化、标准化和通用化程度,合理利用原材料。包装设计会直接影响到包装原材料的节约,如果设计不合理就会带来包装原材料的浪费。所以,必须从包装设计的不断改进中挖掘潜力,节约原材料,合理利用包装资源。

3. 采用先进的工艺和设备

采用先进的工艺和设备,并要加速原有设备的更新和改造。采用先进的工艺和设备可以大幅度降低原材料的消耗定额,在原材料消耗中,工艺性损耗占相当大的比例。

减少工艺性损耗,降低废品率,是充分发挥资源效应、提高材料利用率的重要途径。因此,积极推行新工艺,加速包装设备的更新和改造,减少原材料消耗,可以节约大量的包装资源。

4. 加强质量管理

在包装容器的加工制造和包装过程中加强质量管理,可以提高产品质量,减少废品率,减少原材料的消耗,节约包装资源。

5. 采用新型包装材料及代用品

研究开发新型的包装材料代替传统的包装材料能够有效地节约包装资源。随着科学技术的不断进步,包装中使用的代用品将越来越多,这也是节约包装原材料、合理利用包装资源的一个重要方面。

(二) 物流包装废弃物的回收利用

全世界包装废弃物所形成的固体垃圾占城市垃圾的1/3,而在我国这个比例则已超过10%,并以较快的速度在增加。但是其回收及综合利用率极低,如纸包装回收率仅为

20%~25%、塑料包装回收率只有15%左右。

实现包装废弃物的正确流向可以带来不可估量的经济效益和社会效益,这对于经济实力仍有待提高、人均资源严重匮乏的我国尤为重要。而合理利用包装废弃物,需要借助各种先进的技术和方法。

1. 废弃纸包装的回收利用

废弃纸包装被回收后,主要用于生产再生纸、各种用途的纸板以及纸浆模塑包装制品。它们的回收处理工艺的前期过程基本上是一致的,其工序包括:废纸的初步清理与分类筛选;废纸的碎解(包括初级净化);废纸的脱墨(包括去热熔物);油墨的清洗与分离。

废纸经过上述工序处理后,可成为重新造纸的浆液。在以后的生产过程中,根据产品的不同用途,再采用不同的工艺和设备。实践证明,废纸经过反复利用后,其纸浆强度基本保持恒定,这进一步说明废纸的再生利用极有价值。

1) 利用废纸和废旧纸板造纸

国内外利用废纸和废旧纸板造纸,普遍采用以下工艺:废纸→收集分类→粉碎→溶解→净化→筛选→脱墨→除杂→打浆→纤维分级→纸浆→纸料。

利用废纸和废旧纸板造纸有以下两个关键技术。

(1) 除杂及脱墨。除去废纸上油墨的方法是:先用化学方法溶解或分开油墨,再利用机械洗涤,从纸浆中除去油墨。如果要制成再生白色纸浆,还应漂白和漂洗。

理想的脱墨配方是:能皂化印刷油墨连接料的碱;有助于油墨颜料润湿的活性剂;能防止颜料在脱离纸张后相互聚集的分散剂能与颜料结合并防止重新沉淀于纤维上的吸收剂。

(2) 废纸重复使用适应性的恢复。为了防止废纸循环利用而降低纸张强度,要考虑废纸重复使用适应性的恢复。一般采用除掉部分细小纤维或利用低剂量增强剂、助滤剂、助留剂等,也可采用高分子补强剂使纤维黏合代替纤维间的氢键结合,以增加纸的强度。废纸复用技术在国外已日趋成熟。

2) 利用废纸和废旧纸板生产纸浆模塑包装制品

将废纸及废旧纸板通过制浆、除杂、模塑成型、干燥等工艺可制成各种形状、尺寸的纸浆模塑包装制品。

该包装制品不仅具有原料充分、无公害、适应性强、造价低、重量轻以及可塑性、缓冲性、互换性、装潢性均较好,并且可以反复使用、回收再生等特点,更重要的是它将纸包装由纸板造型发展到纤维造型这种有着本质飞越的新阶段。

2. 废弃塑料包装的回收利用

塑料具有材料综合性能优异、加工方便、生产和使用中可以显著节约能源等优点,被广泛用于工农业及人们的日常生活中。随着塑料工业的蓬勃发展及其大规模的使用,废旧塑料制品与塑料垃圾带来的环境污染也日趋严重。塑料制品的废弃与处置已引起一系列环境问题,"白色污染"已成为家喻户晓的塑料材料污染环境的代名词,并成为全球瞩目的环境公害。

填埋处理是目前处理废旧塑料的主要方法。但由此引起的环境问题日益突出。一是垃圾填埋侵占有限耕地,严重浪费国土资源;二是塑料垃圾填埋后需 200 年后方能分解殆尽;三是填埋后塑料垃圾经雨水长期冲刷,将大量有害物质带入人类的生活环境,形成污染源。因此,采用填埋法处理塑料垃圾对环境的污染是一种长期效应,在实际处置中应避免使用这类方法。

为解决填埋法占地、费用高以及对环境的长期性破坏,不少国家都在积极开发焚烧废弃塑料设备,并利用焚烧所产生的热量进行发电,达到资源再利用。但是塑料在热分解过程中会产生许多对环境有极大危害的物质,如重金属、多核芳烃、二氧化碳等对空气、土壤造成二次污染,对生态环境产生极大的影响。

除了填埋和焚烧方法之外,国内外还有以下几种废弃塑料的回收再利用技术。

(1) 废塑料熔融加工。该技术是目前废塑料再利用中最经济和最方便的方法,因为它能够使整个材料及能量得到最充分的利用。其基本原理是废塑料经粉碎送入熔融装置,废塑料在其熔化温度内被熔化,经挤压造粒、冷却、切粒即可获得二次母粒。这种技术主要遇到的问题是高能耗及废塑料中填充料的影响。

(2) 废塑料的水解回收技术。通过缩聚反应生产的塑料树脂,如聚氨酯、聚酰胺、聚碳酸酯等都可以进行水解,使这些聚合物重新恢复到原始单体或中间体。通过水解的产物能够作为泡沫塑料生产的起始原料。

(3) 废塑料的油化回收技术。塑料是由石油作为原料合成的高分子化合物,当对其施加能量切断原子链,可得到类似油分子构造的物质。利用这一原理,采用加热分解、蒸馏,即可获得汽油、柴油等石油燃料,这一过程称为塑料的油化。油化工艺产出的油品产率可达 75%~80% 以上。该技术较其他废塑料处理技术难度大、成本高,但从环保角度看则是一项适用的处理技术。

(4) 高温热解法处理废塑料。高温热解是指高温情况下高分子材料的热降解,同时放出大量气体。如温度可达 600~900℃,处理废塑料时可获得 44% 的燃料气体、26% 的芳香烃及轻质汽油和焦油的混合物,以及 30% 的固体残渣。

这种方法适合处理那些含金属箔或金属涂层的塑料制品,获得的燃料气体和油类混合物可作为燃料使用,但剩余的 30% 残渣必须进行再处理。

3. 废弃玻璃包装的回收利用

目前玻璃包装瓶(罐)的回收利用主要有四种类型,即包装复用、回炉再造、原料回用和转型利用。

1) 废弃玻璃包装的包装复用

废弃玻璃瓶包装的包装复用指回收利用中的包装利用。它又有回收利用中的同物包装利用和更物包装利用两种形式。

同物包装利用又分为同品牌和异品牌的包装利用。例如,啤酒玻璃瓶回收利用再作啤酒包装则为同物包装利用,但是,可能原来包装的啤酒不同于回收后包装的啤酒了,这是同物包装的异品牌包装利用;反之,回收瓶前后包装的为同一品牌啤酒,则称为同品牌包装利用。目前市场上的回收利用多为同物包装利用的异品牌包装利用。

复用工艺:挑拣分类→清理→清洗(水冲)→洗涤清洗→水洗→烘干水分→消毒→待用。挑拣分类指将不同品种类别的玻璃瓶按结构形状分类,以便于按用途进行使用。清理是指将瓶身上的标贴，特别是塑料标贴标签清除干净，同时还将瓶口损伤有缺口的瓶清除，以保证在使用中不发生事故（压碎压破或伤残的瓶会因机械压力而崩裂产生碎片落入瓶内物品中）。重复使用方法最大的缺点是消耗大量的水和能源。

2）废弃玻璃包装的回炉再造

回炉再造是指将回收来的各种包装玻璃瓶用于同类或相近包装瓶的再制造，这实质上是一种为玻璃瓶制造提供半成品原料的回收利用。其具体方法就是将回收的玻璃瓶进行初步清理、清洗、按色彩分类等预处理，然后进行回炉熔融，用回炉再造的料通过吹制、吸附等不同工艺方式制造成各种玻璃包装瓶。

3）废弃玻璃包装的原料回用

原料回用是指将不能复用的各种玻璃瓶包装废物用作各种玻璃产品的制造添加原料的利用方法。这里的玻璃产品不仅指玻璃包装制品，同时也包括其他建材及日用玻璃制品等产品废弃物。

适量地加入碎玻璃有助于玻璃的制造，这是因为碎玻璃与其他原料相比可以在较低温度下融熔。因此回收玻璃制瓶需要的热量较少，而且炉体磨损也可减少。研究表明，在玻璃制造中，掺入 30% 左右的碎玻璃是适宜的。

将废弃玻璃包装瓶（或碎玻璃料）用于玻璃制品的原料回用，应注意以下问题。

（1）精细挑选去除杂质。在玻璃瓶回收料中必须去除杂质金属和陶瓷等杂物，这是因为玻璃容器制造中需要使用高纯度的原料。例如，在碎玻璃中有金属盖等可能形成干扰熔炉作业的氧化物；陶瓷和其他外来物质则在容器生产中形成缺陷。

（2）颜色挑选。回收利用时颜色也是个问题。因为带色玻璃在制造无色火石玻璃时是不能使用的，而生产琥珀色玻璃时只允许加入 10% 的绿色或火石玻璃。因此，消费后的碎玻璃必须用人工或机器进行颜色挑选。碎玻璃如果不进行颜色挑选直接使用，则只能用来生产浅绿色玻璃容器。

4）废弃玻璃包装的转型利用

废弃玻璃包装的转型利用是指将回收的玻璃包装直接加工，转为其他有用材料的利用方法。这种利用方法分为两类：一类是非加热型；另一类是加热型。

（1）非加热型。非加热型利用也称机械型利用。具体方法是根据使用情况直接粉碎或先将回收的破旧玻璃经过清洗、分类、干燥等预前处理，然后采用机械的方法将它们粉碎成小颗粒，或研磨加工成小玻璃球待用。

（2）加热型。加热型利用指将废玻璃捣碎后，用高温熔化炉将其熔化，再用快速拉丝的方法制得玻璃纤维。这种玻璃纤维可广泛用于制取石棉瓦、玻璃缸及各种建材与日常用品。

> **小提示**
>
> ### 废弃玻璃包装转型利用的途径
>
> 转型利用途径有以下几种。
> ① 将玻璃碎片用作路面的组合体、建筑用砖、玻璃棉绝缘材料和蜂窝状结构材料。
> ② 将粉碎的玻璃直接与建筑材料成分共同搅拌混合，制成整体建筑预制件。

③ 粉碎了的容器玻璃还可以用来制造反光板材料和服装用装饰品。
④ 用于装饰建筑物表面,使其具有美丽的光学效果。
⑤ 可以直接研磨成各种造型,然后黏合成工艺美术品或小的装饰品,如纽扣等。
⑥ 玻璃和塑料废料的混合料可以模铸成合成石板产品。
⑦ 可以用于生产污水管道。

玻璃包装是耗能最多的包装产品之一,它的回收利用价值很高。如何更有效地使玻璃包装循环使用,是国内外研究的热点。

4. 废弃金属包装的回收利用

对于废弃金属包装制品,其废弃物处理主要包括回收及再造两种方法。

(1) 回收。回收即通过对各种不同规格、用途的金属罐或桶进行翻修整理,然后经过洗涤、烘干、喷漆等工序,重复使用。

(2) 再造。再造是将回收的废旧金属罐、盒、桶等,分别进行除漆等前期处理,然后成批量地回送到冶炼炉里重熔铸锭,进而重新轧制成铝材或钢材待用。

总之,国际社会节约资源、保护环境的呼声越来越高,特别是 20 世纪 90 年代以后,绿色包装和绿色物流正在兴起。世界各国特别是一些经济发达国家正在研究开发新的无害的包装材料,研究推广包装废弃物的回收和综合治理技术、物流包装过程的优化及资源的综合利用。

本章主要掌握绿色物流包装理论及物流包装资源的综合利用,学习物流包装废弃物的回收、处理及综合治理,重点理解绿色物流包装的内涵及如何提高我国治理物流包装废弃物的水平,把我国物流包装资源充分开发出来。

8-1 什么是包装废弃物?对包装废弃物有哪些管理方式?

8-2 什么是绿色包装?

8-3 合理利用物流包装废弃物主要有哪些措施?

8-4 结合国内外物流包装废弃物的综合治理,从自己的理解出发,总结可以从哪些角度对包装废弃物进行综合治理。

(1) 实践目的:通过阅读绿色包装的案例,运用本章所学的绿色物流包装的知识对

本章引导案例进行分析,进一步了解物流包装资源的综合利用。
(2) 技能要求:
① 结合本章引导案例分析如何理解绿色物流包装。
② 结合本章引导案例分析如何应对包装废弃物问题。
(3) 实践学时:2学时。
(4) 实践环节:以小组为单位(5~6人为一组)完成以下任务。
① 举例说明一种绿色包装,并说说它的依据。
② 以一种物品为例,制订一个绿色包装方案。

第九章

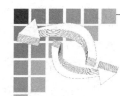

物流包装应用

【学习目标】

(1) 了解产品运输包装方案设计与优化的过程和关键要素。

(2) 了解新技术在物流包装中的应用,了解特殊产品对运输包装的要求。

(3) 了解B2C电商使用周转箱替代纸箱包装成本分析。

【学习指导】

认真阅读学习本章所列举的物流包装的实际应用案例,关注物流包装发展前沿。

【引导案例】

亚马逊的包装大变革

华尔街时报2017年12月文章 *Amazon Puzzles Over the Perfect Fit—in Boxes* 报道,Amazon在运输包装上做出了重大的策略调整:它准备尽可能地采用气泡袋和紧凑的纸箱来包装发货。Amazon预计它自营和FBA的SKU,有一半都能用气泡袋装下。

Amazon这个策略调整有四个背景原因:①包裹越来越多;②不断高涨的运费成本;③消费者特别是年轻一代,越来越重视环境保护,环保这个点能获取品牌忠诚度;④美国家庭处理网购的纸箱不便利。

上述这些原因促使亚马逊开始进行"包装革命"。亚马逊是美国电子商务界最重视客户体验的公司,用气泡袋代替纸箱可以省钱,但是会不会降低客户体验呢?这时候Amazon打造的产品留评体系又发挥了作用,亚马逊通过机器学习算法扫描那些运输包装从纸箱换成气泡袋的用户数据清单,在产品留评体系中获取到消费者对于包装变革的反应,从而做相应的策略调整。

> 除了运输包装的变革,亚马逊还积极引导供应商重新设计产品包装,减少产品的体积。大部分生产厂商的思维还停留在"以实体零售店展示为导向"的设计理念上,产品的设计主要是为了能在实体店的货架上抓人眼球,以牺牲"紧凑空间"为代价,用各种不惜体积的夸张设计冲击消费者的视觉,以期在竞争中突围。
>
> 这种逻辑在电子商务网站上显然有点过时了,竞品在电商网站上的竞争是图片战争,实物包装已经无法直接影响消费的下单决策。反倒是通过节省运费换来的价格优势对消费者更有吸引力。所以在亚马逊上看到很多其自营的商品,都有两种包装选择,即 Standard 和 frustration-free。它们分别代表了"实体商业思维"和"电商思维"。
>
> 一方面 Frustration-free 包装较 Standard 更容易拆卸,另一方面极大地节省了产品体积、仓库空间和运输费用。比如飞利浦剃须刀和一款星球大战儿童玩具,这两个产品 Frustration-free 包装比 Standard 节省的体积都高达 80%。
>
> (资料来源:http://info.printing.hc360.com/2018/01/301030653624.shtml)

第一节 电子产品运输包装方案设计与优化

一、产品运输包装方案设计和优化的必要性

随着市场经济的飞速发展,制造行业面临日益激烈的全球化竞争形势,降低产品的运输成本已成为企业的又一利润来源。现代化的产品运输系统,是利用先进的物流管理模式,结合有效的包装防护技术,为传统企业优化流程、调整结构、降低成本、控制风险、节约资源、提升服务品质发挥了重要作用。产品的包装设计是产品运输的基石,是降低运输存储成本的首要条件,没有科学而又合理的包装结构设计,难以实现企业控制成本的目标。

从产品现有的运输环境来看,主要有陆路、水路、航空运输。其中航空运输快速灵活,费用高昂,并且在全球化的销售竞争环境中,航空运输的占有率日益增加,降低航空运输费用成为包装设计成本控制的核心。

根据航空公司的规定,计费重量采用货物的总毛重或总的体积重量(体积重量也可以称为"体积重量比",它是运输行业内一种计算轻泡货物重量的方法,体积重量是将货物体积通过折算公式,获得的货物相对重量。其折算公式是 1:6000,也就是体积重量=体积(m^3)/0.006,重量单位为 kg,实际使用时取两者较大值进行计重计算),按两者之中较高的计算,即在货物体积小重量大时,按实际重量进行计算;在货物体积大重量小时,按照体积计算。因此,产品包装设计在考虑防护强度的前提下,需要考虑合理的体积和重量。

二、麻醉机的包装结构优化案例

如何有效地控制包装件体积重量,优化产品的包装设计,来降低运输成本,可以从包

装结构、产品结构、包装材料、包装工艺、集合发货等要素进行分析。以一款麻醉机的包装结构优化为例,从产品的特性分析、物流环境的调查、原有包装方案的优劣、新包装的成本优势、后续实际运输跟踪等方面,简单介绍包装结构优化常用的方式方法。

(一)产品特性分析

麻醉机是通过机械回路将麻醉药送入患者的肺泡,形成麻醉药气体分压,弥散到血液后对中枢神经系统直接发生抑制作用,从而产生全身麻醉的效果。它主要由麻醉蒸发罐、流量计、折叠式风箱呼吸机、呼吸回路(含吸、呼气单向活瓣及手动气囊)、波纹管路等部件组成。麻醉机产品外观如图9-1所示。

麻醉机属于典型的中型电子设备,选配件繁多,尺寸重量较大,包装设计需解决的关键问题如下。

(1)产品外形尺寸为726mm×630mm×1030mm,标准配置的质量为80kg,属于中型电子设备,产品重量大体积小,运输计费重量为整个包装件的重量,需控制包装材料的重量,降低运输成本。

图 9-1 麻醉机产品外观

(2)选用配件繁多,需考虑不同销售区域以及销售订单,会出现不同选配方案的包装需求。

(3)产品底部脚轮结构强度是否满足运输需求。

(4)整个产品重心偏上,直立放置易倾翻。

(5)易损件较多,如大屏幕、悬挂的呼吸回路、麻醉蒸发罐、流量计等。

(6)设备下部的抽屉为活动部件。

(7)底盘可受力的面积较小。

(二)物流环境分析

针对此款麻醉机的物流运输环境分析,其实主要是根据其销售订单的情况做具体分析。国内常规销售情况下,运输方式还是比较明确的,主要是以公路运输为主;复杂的是面向国际的外销订单,其主要外销区域为欧盟、北美等国家。但是根据不同的情况,其外销的运输方式也有所不同,主要可分为三种类型。

1. 常规外销订单

常规外销运输方式主要以采用海洋运输为主。

2. 特殊外销订单

特殊外销订单主要是指订购交货地离港口过远或是紧急外销订单,这两种情况下,则会采用航空运输的方式。

3. 代理商销售订单

这种情况下运输方式基本也是上述两种情况下的综合。但是代理销售会涉及代理商验货或者海关通关的情形,这时就需要包装方案可以支持重复性使用以及拆装便利的需求。

同时因医疗设备类产品属于非日常消费类产品,通常情况下,订单量小,单台发货的情况比较普遍,故而对包装防护强度要求较高。

(三) 原有的包装方式分析

原有的包装方案是将产品底部固定,配合 EPE 缓冲结构吸收振动负荷,对产品进行防护,产品销售多年,无不良反馈,具体方案如图 9-2 和图 9-3 所示。

图 9-2　原包装方案

图 9-3　原包装 3D 透视图

原方案是利用两个集束带将产品前后固定在木栈板上;四个脚轮受力,底部四周配合缓冲泡沫防护减少振动破坏;加配附件(麻醉蒸发罐、监护仪、上墙支架、吸收罐储气囊、呼吸管道等)利用瓦楞纸箱加缓冲材料单独包装,分别将纸箱堆放于主机右侧;把包装箱的顶盖板作为滑坡板,辅助将麻醉机移动至木栈板;采用重型瓦楞纸板围卡防止单独发货时的戳穿,以及对麻醉机倾翻时的防护。虽然原包装已使用两年,运输防护性能良好,但也存在以下不足。

(1) 产品包装的空间利用率较低,包装内部虽然可以满足多种配置的包装发货,但是空间浪费率仍然偏高。

(2) 包装材料成本较高。

(3) 该方案中产品重心位置偏高,容易造成产品倾翻现象。

(4) 包装材料过多,也相对零散,造成物料管理成本高。

(四) 新的包装方案设计

如何有效地优化包装件的体积和重量,降低包装成本,同时充分考虑到上述原方案的不足之处,新的优化方案将围绕着随机附件空间规划、包装材料减量化、多个物料的统一、方便使用等方面来进行详细阐述与介绍,新包装方案设计如图 9-4 所示。

1. 随机附件空间规划

因原包装随机附件均使用产品线通用的包装材料,且不同附件包装箱尺寸偏差较大,统一堆放于产品右侧,空间使用率不高,新的包装设计根据随机附件的装配顺序,利用产品自身的储物空间,对随机附

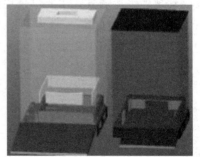

图 9-4　新旧包装材料对比

件的摆放重新规划。

直接插装的麻醉蒸发罐、回路组件分别用纸箱与缓冲泡沫包装后放置于麻醉机的工作台处；储气囊、呼吸管道、钥匙等重量较轻以及易丢失的附件采用泡沫防护后放置于产品第一个抽屉；将需使用者自行安装的吸收罐放置于第二个抽屉；将需安装且重量较大的上墙支架放置于第三个抽屉。

经过这样的空间配置优化，将原有方案中放置在产品右侧的附件位置取消，整个包装件的体积降低15％；通过将较重附件放置在下方，较轻附件放置在上方，这也使得整个产品的重心下移，减少了倾翻的风险。

2. 包装材料的减量化

采用木箱包装的产品，木质材料的重量在产品毛重的占有比例很高，通常高达20％以上。因此，减少木包装材料的使用数量，也是优化包装件体积重量的重要途径。新的包装结构不仅通过优化随机附件的放置空间来减少包材的使用数量，同时对顶盖结构以及木栈板结构进行调整，精减包装材料的使用数量，具体如图9-5所示。

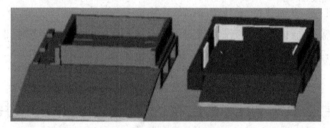

图9-5　新旧栈板结构对比

原有包装方案将顶盖板作为斜坡，辅助麻醉机移位至木栈板上进行包装；顶盖尺寸较大，需使用较厚的胶合板，同时配合四个楔形块才足够支撑麻醉机的重量；新方案中将前挡板作为斜坡，斜坡尺寸小，根据材料力学计算可知，使用两个楔形块足以支撑麻醉机的重量，同时顶盖用较薄的胶合板即可满足运输要求，如此更改后不但减少了木材的用量，更重要的是在放置顶盖板的包装操作中，降低了劳动强度，提高了包装的易用性。

3. 多个物料的统一

在中大型产品包装过程中，产品本身所配附件多，包装材料数量大，导致物料管理烦琐，零碎的物料易丢失；将多个物料统一为一个物料，不仅可以降低物料的管理成本，同时也降低了包装材料的购买价格，也是降低成本的有效途径。如图9-6所示，将防护泡沫粘贴于栈板上，减少了三个泡沫物料；栈板后部的卡位设计，结构简单，成本低廉，可节省一根集束带的使用。

4. 方便使用

在产品的打包和运输过程中，包装易用性的设计不仅可以降低劳动强度，更重要的是节省工时、减少特殊工具的使用。新的包装方案减少顶盖的重量；瓦楞纸板围卡的易开启结构设计；木栈板的木卡位设计，减少了一根集束带的使用；将泡沫与木栈板统一等方面的优化，总体将打包工时降低了25％。

新的包装方案在原有包装结构的基础上，通过以上四个方面的优化设计，减少包装材

图 9-6 新旧栈板物料整合

料的使用,优化随机附件的空间配置,将不同物料进行合并,减少物料数量,增强打包操作的便利性。将产品包装后的质量从 125kg 降至 106kg,体积减小了 15%;使得包装材料的采购价格降低了 32%。

在制造行业日益精细化的大环境下,降低物流运输成本已成为企业利润的第三个来源。将合理的运输包装体积重量作为设计目标,从包装材料、方案结构、制造工艺、集合发货等途径来实现设计目标,降低产品的运输成本也不再是难题。

第二节 新技术在物流运输包装中的应用

一、缓冲气柱袋在运输包装中的应用设计

缓冲包装是电子产品、家用电器、仪器仪表、玻璃陶瓷等各种易损易碎物品运输过程中不可缺少的一部分,对产品运输安全起着重要作用。目前,常用的缓冲包装材料主要有发泡塑料、纸板等。随着绿色包装的兴起和"限塑令"的实施,发泡塑料由于无法自然分解且燃烧时具有毒性等劣势,成为实现绿色包装的巨大阻碍。

纸板虽然比发泡塑料的后期处理更具优势,但在前期需耗费大量资源,生产过程中也具有一定的污染性,并且其作为缓冲结构时需要进行多次折叠,这无疑会造成人力资源的浪费,不利于智能制造在包装行业的推进。

在这种情况下,一种自然空气填充的新型包装系统——缓冲气柱袋,受到行业人士的重视,如今其已成为最具环保概念的缓冲包装材料之一,且表现出极大的发展潜力。

(一)缓冲气柱袋的优势与应用

1. 优势

与泡沫塑料、蜂窝纸板等缓冲材料相比,缓冲气柱袋具有较为突出的优势,主要表现在以下几个方面。

1)结构简单

对于质量较轻的产品,只需根据产品的外形尺寸合理选择缓冲气柱袋的尺寸,并将其充入气体,裹包在产品周围,放入纸箱以供运输和销售使用。

2) 应用范围广

缓冲气柱袋具有良好的回弹性、温湿度稳定性、吸湿性、防振性,可广泛应用于电子、食品、文物和仪器仪表等产品的运输过程。

3) 优良的社会和经济效益

缓冲气柱袋的优良缓冲性有效避免了产品(尤其是精密仪器、易碎品及军工产品等产品)在储运过程中的损坏,减小了经济损失,而且缓冲气柱袋的原料便宜,加工设备简单,既降低了包装成本,又提高了产品利润。

4) 良好的环保效益

与泡沫塑料相比,缓冲气柱袋使用量少,而且废弃的缓冲气柱袋薄膜可以回收再利用,减小了对环境的污染,具有良好的环保效益。

2. 应用功能

缓冲气柱袋最早出现于法国,主要应用于红酒包装(见图 9-7),可避免红酒在运输途中发生碰撞损害。如今,缓冲气柱袋的应用领域已经非常广泛,凡是运输过程中需要缓冲保护的产品几乎都能使用,归纳起来主要有以下几种应用功能。

1) 缓冲和防振功能

缓冲气柱袋的刚性会随着压缩量的变大而增大,因此其承载能力范围较大,具有良好的缓冲性能。采用缓冲气柱袋包装,在为这些产品提供良好缓冲的同时还能有效防潮。而对于木制家具等在搬运中容易因磕碰和摩擦而掉漆的商品来说,使用缓冲气柱袋则能有效防止产品在包装内的移动,贴体保护产品,使其免于磕碰和摩擦,对产品表面起到很好的防护作用。

2) 快捷功能

缓冲气柱袋在充气前大约为几张纸的厚度,卷料放置不会占用过多的仓储空间。使用时只需通过充气泵充入空气便可直接使用(见图 9-8),操作简单、快捷,质量轻,可显著减轻包装人员和快递人员的负担。

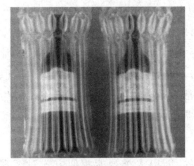

图 9-7 红酒缓冲气袋柱包装

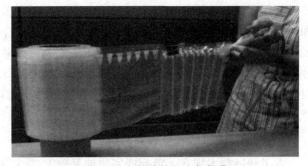

图 9-8 方便快捷的充气操作

(二) 缓冲气柱袋设计和应用时存在的问题

尽管关于缓冲气柱袋的性能研究已经非常深入,但从其包装设计的科学视角和工程应用视角来看,还存在一些问题亟待解决。

1. 缺少缓冲气柱袋设计的具体参考方法

目前,有关缓冲气柱袋性能的大部分研究均以试验法为主,缺乏定性分析充气气压、气室直径和气室长度等参数对缓冲性能的影响,难以真正用来指导缓冲设计和应用。即使提出了一些数学模型也相当复杂,对于工程应用人员来说,公式太过晦涩,难以实现落地性的指导作用。

目前,缓冲气柱袋的充气压力仍是随意填充,根据经验粗略确定。这能够满足普通产品的基本要求,但对于高精密贵重电子仪器等产品来说,这种粗略的填充方法难以提供最优的缓冲效果,充气压力过大时,气柱袋极易在挤压下发生爆破,反而会对产品造成一定的冲击伤害。

可见,充气压力对缓冲性能的影响非常显著,要使缓冲气柱袋对内装物提供最佳的缓冲效果,需要依据缓冲气柱袋材料的脆值等特性,通过较为严密的计算,合理确定充气气压。但截至目前,在包装行业内尚未推出可供行业人士参考的关于缓冲气柱袋具体设计的统一方法和具体步骤。

2. 对缓冲气柱袋防振性能的研究不足

从目前的研究来看,人们对缓冲气柱袋振动特性的研究还明显不足,产品运输过程中,随着内装物对缓冲气柱袋的压缩,导致其刚性表现出时变性,即在受到不同载荷作用时,缓冲气柱袋具有不同的刚性,从而对包装系统的固有频率造成一定影响。缓冲气柱袋振动传递性能的影响因素较为复杂,且目前对这一特性的研究还有待进一步深入。

3. 基缓冲性能尚待研究

在跌落冲击和振动作用下,缓冲气柱袋中的气体会发生高速流动,这种情况下,以静压缩过程分析气体缓冲包装的能量吸收性能和缓冲性能的结果会偏于保守,气柱袋的缓冲机理并未得到完全揭示。因此,还应该对缓冲气柱袋中密闭空气在高速冲击和振动作用下的动态力学性能进行研究,以获得其在冲击过程中的动应力和应变力,建立缓冲气柱袋的本构模型,从而提高其缓冲性能表征的精准性。

二、人工智能技术在金属容器包装中的应用与创新

金属容器包装即由金属薄板制造而成的容器薄壁包装,随着其应用范围的不断扩大和研究的不断深入,现阶段应用的金属容器包装在材料、样式等方面均实现了多样化发展。例如,马口铁罐可生产出三片锡焊罐、二片冲拔罐等;铝罐可生产成三片黏结罐、二片冲拔罐等类型。各种类型的金属容器包装在生产过程中,通常都要经过空罐、装罐、排气、封罐、杀菌冷却、贴标装箱等工艺,而且各工艺的要求非常规范,为保证金属容器包装的生产效率和质量,人们尝试将人工智能技术应用于金属容器包装中。

(一) 工智能技术在金属容器包装中的应用现状

人工智能技术即在了解智能实质的基础上,生产新的、能以人类智能相似方式对客观环境做出反应的智能机器的相关技术,如智能机器人、模式识别与智能系统、虚拟现实技术、系统仿真技术等。此技术在金属容器包装中的应用主要体现在以下方面。

1. 智能机器人在金属容器包装中的应用

近年来智能机器人在金属容器包装中应用的比例不断扩大,已经从 2010 年的 11.3% 提升到 2016 年的 21.2%,在金属容器包装的过程中,要准确地对零散的物品进行分类并安全地放置在金属容器包装中,这对操作机器人的灵活性、准确性、视觉能力和计

算能力等方面均有较高的要求。现阶段在金属容器包装中应用的智能机器人主要包括以下三种。

（1）装袋机器人。其以固定回转基座和360°旋转机身以及机械手为主要构成，图9-9所示为常见机械手。在运行过程中，需要机械手自行完成金属容器的输送、开启、计量、填充、封闭和堆码等操作，可见此类机器人在进行金属容器包装的过程中，要按照设定的程序，灵活地应对金属容器包装过程中可能存在的各类情况，智能化水平要求非常高。

图 9-9　现阶段在金属容器包装装箱阶段常用的智能机器人手臂

（2）装箱机器人。在金属容器包装过程中，应用的通常为刚性包装箱机器人，通过吸附或直接抓取已经包装好的金属容器，将其移动到指定的包装箱中，可见此类机器人要具有位置调节和方向辨识等人工智能。

（3）灌装机器人。在金属容器包装中填充完物品后，需要利用此类机器人进行计量、输盖和压盖、识别，要保证金属容器包装的质量，此类机器人不仅要具有自动识别容器内是否具有满足设定品质要求的物品，而且要判断容器是否产生破损等问题，所以对其模式识别与智能系统设计、计算机感知技术应用等方面具有较高的要求。

虽然现阶段在塑料容器包装等方面尝试应用了包装输送机器人，使容器在受力后按照设定的抛物线移动，但在金属容器包装方面，考虑到金属容器可能会因受力破损或变形，所以现阶段并未得到广泛的应用。

2. 专家系统在金属容器包装中的应用

我国金属容器包装生产的效率得到了大幅提升，这与我国在金属容器包装设计到生产的过程中，应用智能专家系统具有密切的关系。金属容器包装进行前，可以利用专家系统中的智能包装设计模块，根据存储于产品数据管理系统中的金属容器包装数据要求，确定具体的包装形式，如防护包装、单元包装数量、外包装、包装标志、包装件实验检验等。

在以上智能设计完成后，可以通过专家系统的人机接口，对设计的方案进行评价调度，并针对系统提供的多个相似的包装设计方案进行优选和排序，确定最优的金属容器包装方案。然后按照专家系统对金属容器包装各环节的数据设置，实现金属容器包装从设计到生产全过程的自动化、规范化，如金属容器在流通阶段的缓冲包装可以用专家系统中以知识库为基础的缓冲包装CAD控制和实现。

需要注意的是，由于不同金属容器包装阶段对专家系统内具体数据信息的设置要求存在差异，所以在此技术应用的过程中，对各环节信息的把握能力要求非常高，如知识的获取、表达、集成、协调管理、冲突决策等各方面。

3. 智能识别渗漏技术在金属容器包装中的应用

我国包装联合会统计数据显示，金属容器包装行业的产值几乎达到我国包装产业总产值的10%，其产值中33%左右来源于饮料罐、12%来源于食品罐、11%来源于化工罐，而饮料罐、食品罐和化工罐内的产品特质决定，此类金属容器包装在应用的过程中，不能发生渗漏等问题;否则可能会直接影响包装内物质的品质,甚至造成更加严重的后果。

在过去较长一段时间内,在检测金属容器包装是否发生渗漏的过程中,采用压力衰减法,即先向检测的金属容器包装中灌入达到设定值的空气,然后对容器内空气的压力进行检测,将检测的结果与预定值进行对比,进而判断金属容器包装是否产生渗漏,此种方式虽然可以达到检测渗漏的效果,但导致检测任务加重,特别是在金属容器包装市场需求量快速提升的情况下,其缺陷逐渐显现。

人们尝试将自动识别技术应用于金属容器包装渗漏的检测中,即先将被测试的金属容器放置在下层传感器上,由上层传感器对此被测金属容器包装的受测区域进行力的施加,通过读取位于下层传送器循环入口和出口的重力天平,依据被测金属容器施力前后的数值变化,判断金属容器包装是否产生渗漏的技术。

如果检测中自动识别系统发现施力后重力天平读取的数据等于或小于施力前的数据,则判定其为合格的金属容器包装;否则会由下层传感器直接将其输送至不合格产品区。可见整个识别过程快捷、可操作,数据读取、力的施加、不合格产品运输等环节均可以通过自动识别系统完成,不仅有效地防止了金属容器包装渗漏问题的发生,而且满足了我国对金属容器包装效率的要求。

(二) 人工智能技术在金属容器包装中的应用创新

现阶段我国在金属容器包装领域已经尝试应用人工智能技术,而且已经取得了一定的成效,对提升金属容器包装的质量、效率等方面均具有积极的作用。但随着人工智能技术的发展和金属容器包装市场需求的快速增加,金属容器包装领域应用的人工智能技术也需要不断创新,可以从以下方面进行。

1. 金属制罐行业创新应用人工智能技术

在现阶段人们尝试应用卷封过程自动化,可操作性强且安全系数较高的全自动封罐机进行金属容器包装的加工,但此技术在应用的过程中,并不能精准地控制压封过程中金属容器包装的受力,会在一定程度上增加金属容器包装的不合格率,所以在金属制罐行业封罐操作的过程中可以将专家系统技术创新性地应用,结合专家系统内存储的已有数据和数据变化等,有效地优化对金属容器包装施加的密封受力,可以提升金属制罐的合格率。

2. 电气自动化方面创新应用人工智能技术

现阶段人们已经将人工智能技术应用在直流传动和交流传动控制的过程中,如模糊逻辑控制技术、人工神经网络控制技术等,对降低企业生产成本、增加生产效率等方面具有积极的作用,但随着近年来数字控制理念的不断发展和健全,在现有人工智能技术的基础上,开发更加具有针对性的人工智能软件对提升金属容器包装的生产控制效果意义更加突出,所以这也是金属容器包装创新的重要方面。

3. 机器人技术研发设计过程中创新应用人工智能技术

现阶段虽然在金属容器包装过程中使用了多种智能机器人,但在金属容器包装运输方面可应用的智能机器人仍较少,我国应创新设计具有装配演示系统和视觉系统的机器人,提升金属容器包装的效率、稳定性及合格率,并降低针对性的管理和人工成本。

第三节　博物馆藏品在包装运输中的保护

博物馆藏品是国家宝贵的科学文化财产,妥善保护和科学管理博物馆的藏品,是博物馆各项工作中的基础业务。近年来,中国的博物馆事业有了很大的发展。各地中小博物馆都进行了改建和扩建。这就需要大范围包装、运输藏品。

此外,馆内藏品展览、换展、业务研究等各方面都涉及藏品的包装运输。藏品在包装、移动、运输过程中大大增加损坏的系数。藏品也由静态保管变为动态保管,增加了保管难度。因此,在藏品的包装运输的每个环节上都要做好保护工作,确保藏品安全。

藏品包装就是藏品包装人员利用各种主要和辅助包装材料,采用科学环保的包装方法,对被包装藏品进行的无害化包装。它有效地使包装箱内藏品的保存环境恒定,符合科学保存条件,使藏品本身所具有的历史、艺术、科学价值不受任何影响和损坏。

藏品运输就是对需要提取使用的藏品进行搬运、转移、运输。运输要求防失窃、防破坏、选择适合的运输交通工具运送。对相当脆弱的藏品,应当拒绝运输,对不得不搬迁的藏品,要分级别做好运输工作。

一、参与藏品包装工作人员的资格条件

根据国家文物局颁布的《出国(境)文物展品包装工作规范》相关规定,举办出国(境)文物展览的单位,从事藏品出境包装的工作人员必须经国家文物局(或指定机构举办的专业技术培训班培训),并经考核获得资格证书后,方能从事包装工作。除具备良好的身体条件外,包装工作人员要不辞辛苦,爱护文物,具有强烈的责任心。

二、藏品运输前的包装保护

(一)藏品包装原则

藏品包装的原则包括安全性、真实性、选择性、科学性、环保性。安全性原则适用在每个包装过程中,不能使藏品在各种包装环节中损坏。为确保安全,选择的包装材料要进行必要的杀菌、杀虫处理,直接包裹藏品的材料要环保,避免其有害化学物质对藏品表面及内部造成渗透和腐蚀,改变藏品本身性状。

真实性原则要求包装过程对藏品本身所具备的各类信息记录真实、完整。选择性原则是指对包装对象的选择。

不是所有藏品都适合于包装,对保存状况不佳、残损严重的藏品,包装人员不可强行包装,从而对藏品在以后的运输中出现损坏造成隐患。科学性原则是指包装藏品要遵从科学理论,讲求科学方法,应用新的科技成果,采用安全的工艺手段,这样才能更好地保护藏品。环保性是指在保证包装安全的基础上减少废弃物,增强无污染意识和环保意识,尽可能使用易于降解、可回收重复利用的绿色包装物,减少浪费,增加重复利用率。

（二）藏品包装的保护目的

首先，做好藏品包装工作，可防止在运输过程中振动、撞击等外力作用对藏品的损坏。其次，做好藏品包装工作，可防控运输过程中周围环境因素改变对藏品的损坏，使藏品动态保存在一个相对封闭、恒温、恒湿，无有害气体、灰尘和雨雪的环境里，保证藏品安全。

（三）藏品包装材料

藏品包装采用的材料可分为主要包装材料和辅助包装材料。主要包装材料是指在包装藏品时使用量较大，在包装过程中起主要作用的材料，如夹心板、多层板等木材。如果使用木材做包装材料，在使用前要经高温灭菌处理，因为原木本身含虫卵和挥发性乙酸，对藏品有腐蚀作用。

辅助包装材料是在包装过程中使用量较少，可促进包装工艺的进一步完美，提升藏品包装的密封性，在包装过程中不可缺少的辅助性包装材料，如衬垫、绵纸、黏合剂、捆扎带、防潮密封条、标签、螺钉、防潮剂、防虫剂等。藏品表面可包装缠绕一层棉纸，以起到保护器物表层、防振、防移位的作用，禁止使用报纸、牛皮纸。

（四）藏品包装结构

藏品包装结构包括外包装箱和内包装箱（或藏品原有囊匣）。

1. 内包装箱

目前，国内博物馆藏品在存放时，单件藏品一般存放于囊匣中。囊匣就是根据藏品个体的材质、器形、重量等因素，选用多种环保材料制成的藏品外包装容器，一般为盒状。在运输前包装过程中，可以把它作为内包装箱。如果原有藏品带有囊匣，可在运输包装中节省不少步骤。

> **小提示**
>
> **囊　匣**
>
> 囊匣的制作有悠久的历史传统，古代劳动人民巧妙地根据每件文物性质设计制做出保护它们的外包装容器，也是中国传统手工艺品，与文物相伴而生。博物馆里适合配囊匣的藏品种类繁多。
>
> 为科学地保护好藏品，可以为不同种类的藏品设计、量身制作不同品式和结构的囊匣。这样可以有效地保护好藏品主体的安全性，更重要的是细微的囊匣设计可以保护好藏品薄弱之处，如口沿、耳、颈、把、底等易损坏部位。因为这些地方更容易在搬移、运输时发生损坏。每一件精致的藏品囊匣，可以使藏品在保管和运输中起到防振、防尘、防风、防潮之功效。
>
> 大型博物馆因藏品数量众多，藏品的保管工作重要性突显。其中选用的种类有软囊、挖囊、暗格式软囊、明格多囊式、多层组合式、软囊附加闷盖式、软囊附加扣囊式、硬囊加配掩门式、软里式、硬里式等。制作方式依每件藏品的具体情况来制定，目的就是使藏品得到有效保护，使藏品在囊匣内位置固定而不会轻易位移，即使在出现突发情况时，也能保护藏品各部位不因受力不均而损坏。

2. 外包装箱

外包装箱是为保护藏品,在运输之前制作的最外层保护箱体,按内部结构分为集装箱式外包装箱和直接式外包装箱两种。集装箱式内可放多个内包装箱,直接式外包装箱内只装一件藏品。国家文物局《出国(境)文物展品包装工作规范》中对外包装箱的尺寸规定:空运外包装箱尺寸规格为(长×宽×高,单位为 cm)157cm×105cm×160cm、157cm×105cm×80cm、79cm×105cm×80cm;陆运外包装箱的尺寸规格为(长×宽×高,单位 cm)不超过 1190cm×220cm×225cm、不超过 590cm×220cm×225cm。箱体材料为多层板,禁止使用未经高温处理的原木为材料。箱内防水层使用的塑料布应在 0.05mm 以上,防振层厚度应达 2～5cm,外包装箱表面不应有凸出的锁扣,以免外包装箱在搬运过程中发生剐蹭现象,造成箱体安全隐患。

内包装箱和外包装箱之间应用防振减压的填充物填实,不得留空隙。直接式外包装箱系指一些分量较重、体积较大的藏品直接包装于箱体内部。其应选用质地坚实的板材、复合板,厚度达到 1.2～2cm,防振层要加厚,四周和顶面应达到 3～5cm,底面应达到 7～8cm。内包装箱(或囊匣)尺寸依藏品大小而定。箱体材料为多层板或达到国际标准的瓦楞纸板。防振层材料应选用中密度吹塑板为宜。

三、包装藏品一般采用的方法

博物馆藏品通常采用以下包装方法。

1. 悬空减振法

箱内立支架,将藏品置于支架上架空,然后固定于其上。

2. 捆扎法

先将两块多层板做成直角形框,将藏品放置其上,用带子把藏品捆扎在背板上。

3. 点式固定法

在箱内壁选两组对称点,粘贴高、中密度吹塑板块,以使展品固定于箱中。

4. 镟挖法

依照展品的形状,在较厚的中密度板上镟挖出凹槽,将器物放置其中,使之不移位。此种方法适用于小件玉器、瓷器、金银器以及形状不规则的展品。根据实际情况也可多种方法结合使用。

四、藏品包装信息的编制

1. 博物馆藏品包装箱内藏品信息的编制

包装工作人员应在封箱前对箱内藏品进行清点,认真核对箱内藏品数量、名称、完好程度,并填写好包装标签,列出核对的藏品的基本信息,并附上藏品照片。

2. 藏品包装、运输操作信息的编制

根据藏品的包装方法,考虑运输过程中的各种不安全因素,编制藏品运输、装卸及包装拆解操作规程信息,以及包装拆解的顺序表。

相关辅助信息的编制,即包装运输标志,主要包括易碎、防雨、向上、严禁挤压等标志,并在不易被擦掉且醒目的地方注明。

五、藏品包装程序

博物馆藏品包装程序依次为先制作内包装箱及外包装箱,然后将藏品包装好放在囊匣或内包装箱内,一般按上小下大、上轻下重的顺序再放入外包装箱内。其过程可应用多种适宜方法,选用适宜包装材料,不同种类藏品应区别对待,包装人员要用心设计,目的就是确保藏品安全,保证万无一失。

第四节 B2C 电商使用周转箱替代纸箱包装成本分析

随着我国经济的蓬勃发展,居民人均可支配收入逐年提高,我国人民的消费水平稳步上升,人民群众有更多的钱可以购买各种商品,从而提高自己的生活水平,促进社会经济的发展。进入新世纪以后,我国互联网高速发展,已经成为推动我国经济发展和社会进步的重要工具。互联网通过计算机把人与人连接起来,从而使互联网迅速渗透到社会生活及经济活动的各个领域。

社会信息化的进步,使得互联网服务产业高速发展,尤其是电子商务公司,借助互联网发展的春风高速发展。现在我国已经形成了以阿里、京东、卓越亚马逊、当当网为龙头的 B2C 电子商务公司。此类电子商务公司的出现和发展,极大地冲击了传统的商业模式,让人们可以轻松地实现网络购物。

一、B2C 电商的包装成本结构分析

与传统的商铺运营模式不同,电子商城可以租用成本较低的仓库,通过第三方或者自有的配送公司,直接把商品快递到客户手中,节省了传统商业模式中商铺的房租成本、人力和库存成本,从而降低了居民的购物成本。

但是客户在互联网上订购商品后,电商需要使用合适的包装去打包商品并发送到客户手中,这部分成本却是传统商铺所没有的一部分成本。电商的包装成本一般包含客户订单包装、调拨包装、干线运输二次包装三项成本。

1. 客户订单包装成本

传统的商铺销售商品的模式,客户大多在商铺现场,商铺不需要使用包装箱将商品包好再卖给客户。对于电商来说就大大不同了,客户在网上选好商品后,电商需要使用纸箱或者塑料袋对商品进行包装和保护,通过各种运输方式,送达客户指定收货地址。B2C 电商的特殊性决定了它必须承担这部分成本。实际的生产中,电商为了尽可能地优化包装效率,往往会有几种或者几十种大小的纸盒类型以满足各种商品的包装要求。

2. 调拨包装成本

一般来说,电子商务公司在全国各地都有自己的仓库。电商会根据市场的需求、供应商的工厂地址、及时满足客户订单要求(当日达、次日达)以及每个仓库仓储容量在仓库配备合适的商品类别及商品库存。当客户在电商网站上订购商品后,电商会通过网站后台

的数据处理中心自动分配客户订单到不同的仓储中心。在分配过程中,电商往往会使用最便捷的靠近客户收货地址的仓库向客户发货,以期达到最大限度地满足客户送货需求和使用最少物流运送费用。

由于电商的仓库分布在全国各地,每个仓库的仓储容量、库存商品都不同,本地仓库可能不能完全满足当地客户的需求,这时就需要电商的供应链管理部门从其他的仓库调货。客户每天的订单量巨大,需要调货的客户也多,仓库之间的调拨量非常大。这类客户订单调货往往是单品、散件,单独包装运输费用昂贵,电商往往会把每天的调货商品汇总到一起包装并运出。

当前,我国的电商仍处于高速扩张的时期,电商的供应链管理部门很难做到准确地预测各个地区的客户订单需求,仓库之间的调货行为不可避免,会长期存在。据研究表明,调货运输的包装成本占电商每年包装预算的15%左右,大多数的电商调拨运输的包装纸盒成本为5~6元。

3. 干线运输二次包装成本

干线运输指的是从仓库到分拣中心的客户订单运输,是客户订单送达客户的重要环节。当订单抵达仓库后,通过拣货、包装、检验等一系列的过程,客户网上订购的商品会被包装成客户接收时的包装形态。

由于电商经过多年的发展,经营的业务范围往往非常广泛,再加上每个客户订单的多样性,客户接收状态的包装外形往往有几十甚至几百种。不管是自有干线运输车队的电商还是由第三方承运干线运输的电商,在仓库与运输车辆时,交接效率是非常重要的衡量标准。包裹运输过程中,对包装外形和包裹安全又有极高的要求,如果仓库按照客户订单与承运商按单交接,耗时耗力、效率低下,很难满足客户的及时收货需求。

B2C电商市场竞争激烈,各家电商大都希望通过缩短送达时间、提高送货效率来提供更好的客户体验。客户订单包裹进行二次包装,对提高交接效率异常重要,是必须存在的。为此,大多数电商都会选择对这些客户订单包裹进行二次包装,以缩短交接时间,提高生产效率,及时满足客户订单需求,降低运输破损。

据研究表明,二次包装客户订单,每年占电商包装总费用的20%左右,干线运输的平均纸箱成本与调拨纸箱成本类似,平均为5~6元。在电商的包装成本里面,除了客户订单的包装会抵达最终的客户手中外,干线运输和调拨运输的包装都不直接为电商的客户服务。而这两部分的成本却占据了电商每年包装预算的35%左右的成本,通过使用可循环利用的周转箱,降低这两部分的包装成本,对于提高电商的竞争力、在激烈的电商竞争中生存下来具有重要意义。

二、可循环使用周转箱的成本分析

物流行业里,周转箱也叫物流箱,广泛用于机械、汽车、家电、轻工、电子等行业,能耐酸、耐碱、耐油污,无毒无味,清洁方便,周转便捷,可堆叠,便于管理。合理设计的周转箱,适用于物流中的运输、配送、存储等环节。对于电商来说,便捷设计的周转箱,可被应用于仓库内部上架、拣货等工作环节,特殊设计的可防盗的周转箱完全满足电商的干线运输的二次包装需求和货物调拨周转的需求。

通常来讲,塑料周转箱都是可以折叠的,这样在空箱运输和在仓库堆放的时候,就可以极大地节省运输体积和仓储成本。

1. 周转箱的购买成本

周转箱的购买成本大概在160元,对比每个纸箱5~6元的成本,周转箱循环使用30~40次,即可收回周转箱的采购成本。大部分的周转箱都可循环使用10 000次以上。与纸箱相比,可循环周转箱在采购成本上具有较大优势。

2. 增加的运输成本

在使用周转箱时,由于周转箱的壁厚较纸箱厚,相同容量的周转箱比相同容量的纸箱体积大,在运输同样数量(体积)的商品时,使用周转箱运输会比使用纸箱运输占据更多的运输体积。大多数的电商与承运商签订的是体积价格,运输体积增加,就意味着会带来运输费用的增加。实验数据表明,同等容量的周转箱和纸箱,周转箱会比纸箱多30%左右的体积,也就意味着会增加30%左右的运输成本。

3. 空箱调拨成本

空箱调拨的需要分两种情况,即干线运输和调拨运输。对于干线运输来说,由于无论使用纸箱还是周转箱,电商都会面临客户退换货的问题。干线运输承运商往往会免费载回B2C电商的退换货,同理,也可以要求承运商免费拉回周转箱,因此应用于干线运输的周转箱返回运输时,成本几乎为零。对于调拨运输来说,由于各个仓库的点位不同,在仓库之间的调拨量会出现不平衡,有的地方会紧缺空周转箱,有些地方有累积周转箱。这时就需要合理的周转箱管理程序对周转箱进行管理。

由于仓库之间的调拨车辆与干线运输不同,在仓库的调拨量出现极大不平衡时,空箱运输就需要雇用其他的车辆才能满足。各个仓库之间的空箱调拨并不用从调拨入库房返回调拨出库房,通过运筹学的算法,可以找到调拨网络内最省钱的空箱调拨方式。由于各家电商的运营模式不同、全国仓库布局不同,很难客观地评价各家电商的空箱调拨成本。

4. 周转箱跟踪管理成本

当电商在使用周转箱的时候,需要监控每个仓库的周转箱库存,基于目前的技术水平,电商可以选择使用RFID技术或者仓库手工的盘点周转箱数。使用RFID技术跟踪周转箱,主要的投入将是在RFID标签上,以普通的Inlay标签为例,如果要货量超过10个,单个标签可降到1元以下。

当电商拥有的周转箱数量不大时,对RFID标签需求有限,使用RFID技术则不划算,这时可以采用人工的跟踪方式。这样每个仓库的操作员每天都需要盘点并汇报代表仓库的周转箱流入流出数量,以及该仓库库存的周转箱数量。一般来说,跟踪管理系统的初期投入会很大,如果电商的调货业务量不大、调拨数量不够多,较大的管理系统投入会使得使用周转箱的运营成本过高。

5. 周转箱维修成本

在周转箱的日常使用过程中,周转箱难免会有破损,这就需要一套合适的日常维护体系,及时地对有破损的周转箱进行维修,以确保不会因为周转箱破损造成周转箱短缺,以及破损的周转箱无人管理,最终发生丢失。市场上的周转箱部分是一体成型,坚固耐用,但是一旦破损就不能继续使用,这类周转箱在计算时不应考虑其维修成本。

6. 周转箱清洁成本

周转箱在电商的物流系统内部流转时,由于仓储和运输环境参差不齐,使用时间一长,周转箱就会变脏,从而影响客户订单的包装质量。这时,周转箱定期清洁和整理就非常必要。电商往往会有大量的周转箱运转在物流系统内部,清理清洁成本也是一笔不小的开支。

7. 空箱仓储成本

折叠后的周转箱体积比折叠后的纸箱体积大很多,在相同的用量情况下,用来存储周转箱的仓库面积比用来存储纸箱占用的仓库面积多得多。在进行替换时,也必须考虑这方面的成本。当然,由于电商仓库的房租通常都是年付的,如果仓库有空余的空间可以存储空箱,仓储的成本应当为沉没成本,不应计入周转箱成本。如果电商仓库没有剩余的空间,需要占用其他业务的空间,这时就需要计算影响到业务的收益,此时为机会成本,在计算时需要计入这部分成本。

综上所述,如果在电商的仓库网络中实施周转箱,成本核算时需要考虑周转箱采购成本、相对纸箱增加的运输成本、空箱运输成本、跟踪管理成本、维修成本、清洁成本和空箱仓储成本。

本章分别从电子产品运输包装、物流运输包装、博物馆藏品运输包装、B2C 电商使用周转箱替代纸箱包装四个方面来介绍物流包装的应用。首先以麻醉机为例介绍了电子产品运输包装方案的设计与优化。其次介绍了缓冲气柱袋在运输包装中的应用以及人工智能技术在金属容器包装中的应用。再次介绍了博物馆藏品在包装运输中的保护方法。最后分析了 B2C 电商使用周转箱替代纸箱包装成本。

9-1 缓冲气柱袋有哪些优势?

9-2 包装藏品一般采用哪些方法?

9-3 B2C 电商的包装一般包括哪些成本?

实践课堂

(1) 通过上网查阅新包装技术的应用实例。

(2) 调查校园快递包装存在的问题。

思考题参考答案

第一章

1-1 简述包装在物流中的地位与作用。

包装的地位：在社会再生产过程中，包装处于生产过程的末尾和分销物流过程的开头，既是生产的终点，又是分销物流的始点。包装作为物流系统功能之一，是物流系统活动中最基本的因素。在整个流通过程中，包装的结实程度、美观与否和标准性，决定着产品是否能以完美的使用价值达到用户满意。

包装的作用：保护产品、方便储运、促销商品、传递信息、提高价值和增加企业收入。

1-2 简述运输包装和商业包装的区别。

商业包装是以促进销售为主要目的，这类包装与商品直接接触，通常作为商品的组成部分而随商品一起销售给消费者。

运输包装也叫工业包装，是指以强化输送、保护产品为目的的包装。运输包装的意义主要体现在物流过程中保护物品、促进物流作业效率化、降低物流成本等方面。

1-3 结合生活中的产品，说明其包装形式和特点。（略）

1-4 简述集装箱运输的优越性。

（1）扩大成组单元，提高装卸效率，降低劳动强度。
（2）减少货损、货差，提高货物运输的安全与质量水平。
（3）缩短货物在途时间，降低物流成本。
（4）节省货物运输包装费用，简化理货工作。
（5）减少货物运输费用。

1-5 列举常见集装箱的种类和作用。（略）

第二章

2-1 什么是包装技术？包装技术有哪些种类？

包装技术是包装系统中的一个重要组成部分，是研究包装过程中所涉及的技术机理、原理、工艺过程和操作方法的总称。

包装技术主要有防霉防腐包装、防潮包装、防湿包装、防水包装、防锈包装、防虫包装、防振包装、真空与充气包装、无菌包装、泡罩与贴体包装、收缩与拉伸包装等。

2-2 什么叫防霉防腐包装？防霉防腐包装技术有哪些？

防霉防腐包装技术就是在充分地了解引起霉腐的微生物（简称霉腐微生物）的营养特性和生活习性的情况下，采取相应的措施使被包装物品处在能抑制霉腐微生物滋长的特定条件下，延长被包装物品质量保持期限。

防霉防腐包装技术主要有：化学药剂防霉防腐包装技术、气相防霉防腐包装技术、气调防霉防腐包装技术、低温冷藏防霉防腐包装技术、干燥防霉防腐包装技术、电离辐射防霉防腐包装技术以及紫外线、微波、远红外线和高频电场防霉防腐包装技术。

2-3 防虫害包装技术有哪些？

①高温防虫害包装技术；②低温防虫害包装技术；③电离辐射防虫害包装技术；④微波与远红外线防虫害包装技术；⑤化学药剂防虫害包装技术。

2-4 贴体包装的操作方法与泡罩包装有哪些不同？

主要区别在以下三个方面。

① 贴体包装不用另做模具，是用被包装物作为原始模具。

② 贴体包装只能用真空吸塑法进行热成型。

③ 衬底上必须加工许多小孔，以便抽真空。

第三章

3-1 什么是包装机械？它有哪些功能？

包装机械是指完成全部或部分包装过程的机器，包装过程包括成型、充填、封口、裹包等主要包装工序，以及清洗、干燥、杀菌、贴标、捆扎、集装、拆卸等前后包装工序，转送、选别等其他辅助包装工序。

其功能主要体现在以下几个方面。

(1) 实现包装生产的专业化和自动化，提高生产效率。

(2) 提高包装质量，增强保护内装物的可靠性。

(3) 降低包装成本，节省原材料，节约总投资费用。

(4) 改善工作环境，减轻工人劳动强度，防止环境污染。

(5) 节约基建投资。

(6) 促进包装工业的发展。

3-2 包装机械主要由哪些部分组成？

主要由给料装置、计量装置、包装容器与包装材料的供给装置、充填或灌装装置、包装件的封口装置、转位和定位机械装置等部分组成。

3-3 包装机械是怎样进行分类的？

(1) 按包装机械的自动化程度划分为全自动包装机和半自动包装机。

(2) 按完成包装产品的类别划分为专用包装机、多用包装机和通用包装机。

(3) 按包装机械的功能划分为充填机械、灌装机械、裹包机械、封口机械、贴标机械、清洗机械、干燥机械、杀菌机械、捆扎机械、集装机械、多功能包装机械、包装材料制造机械、包装容器制造机械，以及完成其他包装作业的辅助包装机械。

3-4 包装印刷机械是怎样进行分类的？

(1) 按印版的结构不同，包装印刷机有凸版印刷机、平版印刷机、凹版印刷机、孔版印刷机和其他特种印刷机等。

(2) 按其自身的结构、印刷幅面、印刷纸张的形式、印刷色数、印刷面、印刷方式等不同，包装印刷机有单面四色四开胶印机、双面八色轮转胶印机、高速八色轮转凹印机等。

3-5 试述一般包装印刷机的基本结构及各部分的作用。

(1) 输纸装置。输纸装置是将待印刷的承印物传输给印刷装置的设备，现代印刷机都采用自动输纸方式。单张纸印刷机和卷筒纸印刷机的输纸装置采用不同的工作方式。

(2) 印刷装置。印刷机的印刷装置包括装版部分、上墨部分、印刷部分及其他附属装置部分。

(3) 干燥装置。为防止印刷过程中,印刷品背面蹭脏和保证油墨的良好转移,印刷到纸张上的油墨应尽快干燥,所以现代印刷机中都配备有各种干燥装置。

(4) 收纸装置。收纸装置用于将印刷、干燥后的印刷品堆放整齐。

第四章

4-1 什么是物流包装标志?它有哪些重要作用?

物流包装标志是用来指明被包装物品的性质和物流活动安全以及理货、运输需要的文字和图像的说明。其作用主要体现在三个方面:一是识别货物,实现货物的收发管理;二是明示货物储运过程中应采取的防护措施;三是识别危险货物,暗示应采取的防护措施,以保证物流过程的安全。

4-2 运输包装收发货标志应包含哪些内容?

运输收发货标志通常印刷在外包装上,其内容包括分类标志、供货号、货号、品名规格、数量、重量、生产日期、生产工厂、体积、有效期限、收货地点和单位、发货单位、运输号码、发运件数等信息。

4-3 包装储运图示标志的颜色是如何规定的?

包装储运标志颜色一般为黑色。如果包装的颜色使得黑色标志显得不清晰,则应在印刷面上用适当的对比色,最好以白色作为图示标志的底色。

必要时,标志也可使用其他颜色,除非另有规定,一般应避免采用红色、橙色或黄色,以避免同危险品标志相混淆。

4-4 危险货物包装标志在使用时应注意什么?

(1) 标志的标打可采用粘贴、钉附及喷涂等方法。

(2) 标志的位置规定:箱状包装应位于包装端面或侧面的明显处;袋、捆包装应位于包装明显处;桶形包装应位于桶身或桶盖处;集装箱、成组货物应粘贴四个侧面。

(3) 每种危险品包装件应按其类别粘贴相应的标志,但如果某种物质或物品还有属于其他类别的危险性质,包装上除了粘贴该类标志作为主标志外,还应粘贴表明其他危险性的标志作为副标志,副标志图形的下角不应该标有危险货物的类别号。

(4) 储运的各种危险货物性质的区分及其应标打的标志应按《危险货物分类和品名编号》(GB 6944—2005)、《危险货物品名表》(GB 12268—2005)及有关国家运输主管部门规定的危险货物安全运输管理的具体办法执行;出口货物的标志应按我国执行的有关国际公约(规则)办理。

(5) 标志应清晰,并保证在货物储运期间不脱落。

(6) 标志应由生产单位在货物出厂前标打;出厂后如改换包装,标志由改换包装单位标打。

第五章

5-1 包装标准与包装标准化是什么关系?

(1) 包装标准化的基本任务是制定包装标准。
(2) 包装标准化的效果,要通过包装标准的贯彻实施来体现。
(3) 包装标准化是一个定性概念。
5-2 从自己的理解出发,写出包装标准化的重要意义。(略)
5-3 如何提高包装企业标准质量?
(1) 强化产品标准化的意识。
(2) 积极制订或采用先进的产品质量标准。
(3) 加强标准化人员的落实和能力的培养。
(4) 发挥标准化在包装新产品研制中的作用。
(5) 加强与包装专业标准化管理部门和包装科研质检部门的合作。
(6) 运用标准化来提高包装企业的现代化管理水平。
(7) 积极参与包装行业标准和包装国家标准的制定和修订工作。
5-4 在日常工作和生活中可以看出包装行业主要有哪些法规?(略)

第六章

6-1 指出不合理包装的表现形式。
(1) 物流包装标准不一致。
(2) 物流包装的不足。
① 包装强度不够。
② 物流包装材料不能承担防护作用。
③ 物流包装容器的层次及容积不足或者容积过大。
④ 成本控制不合理。
(3) 物流包装过度。
6-2 包装合理化的要求是什么?
(1) 包装应妥善保护内装的商品,使其不受损伤。
(2) 包装材料和包装容器应当安全无害。
(3) 包装的设计与制造工艺的合理化。
(4) 包装的容量要适当,要便于装卸和搬运。
(5) 包装的标志要清楚、明了。
(6) 包装内商品外围空闲容积不应过大。
(7) 包装费用要与内装商品相适应。
(8) 提倡节省资源的包装。
(9) 包装要便于废弃物的治理。
6-3 包装现代化主要包括哪几方面的内容?如何看待目前包装现代化的发展趋势?
包装现代化主要包括以下内容。
(1) 包装设计的现代化。
(2) 包装材料、工艺的现代化。
(3) 包装机械现代化。

(4) 包装技术的现代化。

包装现代化的发展趋势主要有以下内容。

(1) 重视包装质量。

(2) 重视开发新型包装及包装材料、新技术。

(3) 重视发展集合化包装和运输。

(4) 重视包装规划方法及有效的包装管理。

(5) 重视包装评价体系的建设。

6-4　实现物流包装规范化需要采取哪些措施？

(1) 包装标识规范化。

(2) 物流包装规格尺寸规范化。

(3) 包装材料规范化。

(4) 包装工艺规范化。

(5) 集合包装和装卸作业规范化。

(6) 包装测试规范化。

第七章

7-1　包装物流管理应注意处理哪几个方面的关系？

包装物流管理主要注意处理以下三个方面的关系：运输与包装的关系、搬运与包装的关系、商品保管与包装的关系；否则就会使物流成本提高、服务质量降低、效益低下、效率下降。

7-2　什么是包装质量管理？

包装质量管理是指在现代企业提供服务过程中全面控制影响包装质量的各种因素，建立严密的质量责任制和质量检查制度，协调各方力量，使包装质量符合包装质量标准和满足客户需要。

7-3　包装费用管理主要涉及几方面的内容？

(1) 合理选择包装材料与降低包装费用。

(2) 实现包装规格的标准化。

(3) 合理设计包装形态。

(4) 实现包装机械化。

(5) 有条件的情况下组织散装运输。

(6) 包装物的回收和旧包装利用。

7-4　如何降低包装费用？

(1) 用价值分析降低包装费用。

(2) 采用机械化包装降低包装费用。

(3) 通过包装的标准化降低包装费用。

(4) 实行预算控制降低包装费用。

7-5　物流包装管理信息系统由哪些模块构成？

物流包装管理信息系统一般由系统维护、基础数据维护及管理、生产管理、财务成本管理、质量管理、设备管理、人员管理、车间任务管理、生产作业管理、物料消耗管理、技术资料管理、包装信息管理、决策管理及运输管理等功能模块构成。

第八章

8-1 什么是包装废弃物？对包装废弃物有哪些管理方式？

包装废弃物是指在生产、流通和消费过程中产生的基本上（或完全）失去使用价值，无法再重新利用的最终排放物。

包装废弃物管理的选项包括预防、重复使用、回收、填埋、焚烧、处理、回收再生等方面。

8-2 什么是绿色包装？

绿色包装是指完全以天然植物或有关矿物为原料制成的，能循环和再生利用、易于降解、可促进持续发展的，且在产品的整个生命周期中对生态环境、人体和牲畜的健康无害的一种环保型包装。

8-3 合理利用物流包装废弃物主要有哪些措施？

（1）节约资源和减少废弃物，反对过度包装。

（2）包装设计要有利于生态环境。

（3）重视对塑料包装废弃物的治理。

（4）建立专门的包装废弃物回收处理机构，提高回收处理技术。

（5）完善包装废弃物的管理法规。

8-4 结合国内外物流包装废弃物的综合治理，从自己的理解出发，总结可以从哪些角度对包装废弃物进行综合治理。（略）

第九章

9-1 缓冲气柱袋有哪些优势？

（1）结构简单。

（2）应用范围广。

（3）优良的社会和经济效益。

（4）良好的环保效益。

9-2 包装藏品一般采用哪些方法？

（1）悬空减振法。箱内立支架，将藏品置于支架上架空，然后固定于其上。

（2）捆扎法。先将两块多层板做成直角形框，将藏品放置其上，用带子把藏品捆扎在背板上。

（3）点式固定法。在箱内壁选两组对称点，粘贴高、中密度吹塑板块，以使展品固定于箱中。

（4）镟挖法。

9-3 B2C电商的包装一般包括哪些成本？

电商的包装成本一般包含客户订单包装、调拨包装、干线运输二次包装三项成本。

参 考 文 献

[1] 陆佳平.包装标准化与质量法规[M].北京：印刷工业出版社，2007.
[2] 罗松涛.物流包装[M].北京：清华大学出版社，2010.
[3] 董金狮,王鹏.限制商品过度包装将缓解我国垃圾围城[J].中国包装，2010(9)：19-22.
[4] 李作聚.回收物流实务[M].北京：清华大学出版社，2011.
[5] 叶翀,庄文娟.我国物流包装的发展现状及问题初探[J].物流工程与管理，2012(5)：3-5.
[6] 黄俊彦.现代商品包装技术[M].北京：化学工业出版社，2013.
[7] 郭彦峰.包装物流技术[M].2版.北京：中国文化发展出版社，2013.
[8] 张军,梅仲豪.基于物联网技术的物流包装及其应用研究[J].包装工程，2014(17)：135-139.
[9] 王伟.汽车零部件的运输包装问题分析、改进及设计原则[J].中国包装工业，2014(10)：26-27.
[10] 郭彦峰,许文才.包装测试技术[M].3版.北京：化学工业出版社，2014.
[11] 武文斌.物流包装实务[M].3版.北京：中国财富出版社，2014.
[12] 张立雷,乔洁.产品包装设计中视觉语言的绿色设计[J].包装工程，2015(4)：26-28,42.
[13] 李占祝.国外水泥工程项目货物包装管理及改进措施[J].水泥工程，2015(1)：86-88.
[14] 李妍月.欧盟绿色贸易壁垒对中国茶叶出口的影响研究[D].大连：东北财经大学，2015.
[15] 谢春国.现代包装设计的可持续发展策略研究[J].包装工程，2015(10)：101-103.
[16] 廖雨瑶.智能包装研究及应用进展[J].绿色包装，2016(2)：39-46.
[17] 戴铁军.包装废弃物的回收利用与管理[M].北京：科学出版社，2016.
[18] 高泉.日本绿色物流政策与立法及其借鉴[J].商业经济研究，2016(17)：119-120.
[19] 戴宏民,戴佩燕.工业4.0和包装机械智能化[J].中国包装，2016(3)：51-56.
[20] 将侬辉.荔枝保鲜包装技术研究进展[J].包装工程，2016(15)：95-101.
[21] 李琼.电子产品运输包装方案案例设计与优化[J].上海包装，2016(8)：27-29.
[22] 代冬芳,俞会新.绿色物流发展的影响因素及对策建议[J].价格月刊，2016(10)：70-73.
[23] 刘林,王凯丽,谭海湖.中国绿色包装材料研究与应用现状[J].包装工程，2016(5)：24-30.
[24] 方海峰,李春伟,陈春晟.包装标准与法规[M].哈尔滨：东北林业大学出版社，2016.
[25] 陈慆.弹药外包装箱标志的探讨[J].包装工程，2016(1)：43-46.
[26] 陈伟亮.人工智能技术在金属容器包装中的应用与创新[J].中国高新技术企业，2017(2)：35-36.

推荐网站
[1] 中国包装网.http://www.pack.net.cn.
[2] 中国包装联合会.http://cpf.org.cn.
[3] 食品与包装机械网.http://www.spbz.org.
[4] 包装博览.http://www.pdchina.com.cn.
[5] 包装材料网.http://www.cnbzcl.net.
[6] 中国包装机械网.http://www.chinabz.com.cn.
[7] 中国包装设计网.http://idea.chndesign.com.
[8] 中国包装信息网.http://www.cpi118.com.
[9] 中国包装科研测试中心.http://www.packagetest.net.
[10] 包装前沿网.http://www.pack168.com.